建构中国通史：理论·中国路径·体例

曹大为 著

岳麓書社·长沙

导 言

马克思、恩格斯在《德意志意识形态》一书中提出，“我们仅仅知道一门唯一的科学，即历史科学”，[①] 其中包括互相密切关联的自然史（即自然科学）和人类史。正因为人类史是以客观存在过的“人们实践活动和实际发展过程”为依据和研究对象，历史研究才可能成为“真正的实证科学”。[②]

历史学作为一门科学，应当力求真实地反映客观历史原貌及历史发展的过程。当然，这并不意味将一切发生过的历史事象庞杂无序地堆砌罗列，而是要在考辨史实的基础上进行理性的概括与描述，以展现丰富多彩的历史发展全貌，并揭示出蕴含在历史表象背后的深刻内涵及历史发展演变的规律。但人类社会发展规律毕竟不同于可以反复验证和精确计算的物质世界的客观规律。人们从历史学揭示的规律中所能得到的启示，主要体现在有助于对时代发展脉络、走向及社会各层面之间的互动关系做出洞察和预判，总结经验教训，察往知来，从中汲取经验和智慧，更好地投身现实，创造未来。而历史所独具的无法再现和不可重复性特点，也使人们认识到的历史和客观发生过的历史之间总会存在一定的距离。人类历史上发生过的实践活动难以数

① 《马克思恩格斯选集》第1卷，人民出版社1995年第2版，第66页。
② 参见马克思：《关于费尔巴哈的提纲》。

计，作为个体，人们所能亲历、亲为或亲见者不及沧海之一滴。今天人们其实只能将研读人类世代研究、编写、记述历史的成果作为了解历史的主要途径。而历代历史的记述者和研究者，包括一些历史事件的亲身参与者，均不可能摆脱其所生活的时代与社会的影响，不能不因受理论素养、史学观念、科技手段、认识能力、时代潮流与价值取向，包括阶级立场、特殊视角以及特定利益驱动等因素的制约，而导致其表述出现或大或小的误差。这种误差既包括在搜集、整理、鉴别史料的实证层面出现无意的偏失误漏，乃至刻意的捏造虚构；也体现不同时代不同学者在探索人类历史发展规律的理论诠释层面存在重大的差异。

任何严谨的历史著作，或者今天人们所能了解到的历史，实际上都既有以客观存在为依据的“实证”的一面，同时又是编写者主体建构的结果。如李大钊所指出的，“一时代有一时代比较进步的历史观，一时代有一时代比较进步的知识，史观与知识不断的进步，人们对于历史事实的解喻自然要不断的变动”。① 这就提示我们，通史著作在力求体现客观性、科学性、规律性的同时，也不应忽略历史研究固有的人文性、主观性和丰富性的一面。随着时代发展，人们理念更新、认识深化，总体上对历史的认识更加深刻、更加接近客观真实；因而对历史的认识是一个不断探索、深化的过程。当然新编的史著并非就一定处于学术前沿，毕竟诠释历史的当代学者自身的视野和史观不尽相同。当我们在新世纪之初将新编中国通史②呈献给读者时，理当首先对编者建构通史的指导思想、理论框架和体例设计做必要的说明。

本书第一部分“指导思想与理论关注”，围绕唯物史观的基本原理和科学方法展开。重点针对过往理解、运用唯物史观方面的偏差，

---

① 《李大钊全集》第4卷，人民出版社2000年版，第404页。

② 新编中国通史即将由学苑出版社出版。参见“后记”。

正本清源、拨乱反正，为新编通史的思路框架提供理论依据。全章侧重从彰显新编通史的特色和创新之处铺陈，有别于系统讲述理论的“总论”，而类似于更具针对性的“导论”。

第二部分“‘中国路径’探讨”，是第一部分的细化和深化，对于建构中国历史发展的主干和经纬脉络至关重要。既然编写中国通史，自然要紧紧把握住中国历史发展的特殊路径，不能脱离具体的中国历史问题空论，而认识、诠释中国历史问题同样离不开唯物史观的指导。一、二两部分各有侧重，但又互相交叉，密不可分。例如社会结构和社会发展路径，社会形态、历史分期和社会转型等，既是重大理论问题，又是探究中国路径的关键。本章进一步结合中国的历史实际，从全球视野、中外对比的角度出发，在把握世界普世性规律的基础上，侧重揭示中国历史在政治、经济、社会、文化等方面呈现出的独特风采，展现中国历史发展的特殊路径。唯其如此，方能切实以唯物史观为指导，实事求是地编好中国的通史。

第三部分“体例与方法”，专讲编写体例与方法论。

历史是过去了的一切，是人类主体活动与客观世界运动留下的轨迹。人们对历史的表述，自当是对主、客观世界存在与运动的真实反映，其间也受到人们史观与认识能力的制约。这种制约也会表现在对史书体裁的设计——即对描述历史时采取何种编排、展现方式等方面产生影响。随着人们创造历史活动的深度、广度不断拓展与人自身素质、能力的不断提升，人们表述历史的方式也不断创新、发展。自历史唯物主义创立以来，特别是经历近三十多年改革开放拨乱反正，史学界在史学理论、研究视野与研究方法等方面都有重大推进，面目一新。今天编纂大型通史著作，不但要充分汲取诸多具体研究成果，还势必要在编排体例、内部结构、展现方式上寻求更加多样，更能体现新理念、新视野，更适应新思想的体例框架。本书拟在继承传统史学优秀遗产、借鉴现当代史家创新经验的基础之上，针对新的问题与挑战，探索一条可供操作的建构大型全方位通史体例的对策。

正文之外，一些与编写《中国大通史》相关的材料，以及笔者编写中学《历史》教材“小通史”的体会与思考，也一并辑入附录，供作参考。

一、指导思想与理论关注

中华文明是世界上唯一没有中断的古老文明。中华先民十分重视对历史经验的积累和借鉴，传留下丰富的史学遗产。其间不但保留下大量宝贵的历史资料，同时“究天人之际，通古今之变”，在对历代治乱兴衰经验教训的探究中亦不乏一些精辟见解。但总体看多为描述性、总结性成果，属于零星片断的认识，缺乏理论概括，距离科学把握历史发展规律相去甚远。直到马克思发现唯物主义历史观，才真正指出了“把历史当做一个十分复杂并充满矛盾但毕竟是有规律的统一过程来研究的途径”。[①] 这种历史唯物主义观点认为，“一切重要历史事件的终极原因和伟大动力是社会的经济发展，是生产方式和交换方式的改变，是由此产生的社会之划分为不同的阶级，是这些阶级彼此之间的斗争”。[②] 与自然科学领域发现能量守恒与转化定律以及达尔文发现有机界发展规律意义相同，马克思的历史唯物主义第一次“发现了人类历史的发展规律”。[③] 由此揭示了生产力和生产关系、经济基础与上层建筑、社会存在与社会意识之间的关系，并提出历史发

① 列宁：《卡尔·马克思》，1913年。《列宁全集》第21卷，人民出版社1959年版，第39页。

② 恩格斯：《社会主义从空想到科学的发展》。《马克思恩格斯选集》第3卷，人民出版社1995年版，第705页。

③ 恩格斯：《在马克思墓前的讲话》。

展的辩证法以及阶级斗争是历史发展的动力、人民群众是历史的真正创造者等重要观点，使历史研究真正成为科学。自从马克思主义传入中国，特别是中华人民共和国成立之后，中国学者运用历史唯物主义研究历史取得了重大进展，颠覆了神创和帝王将相创造历史的唯心史观。尤其是20世纪50年代对中国古史分期、土地制度、资本主义萌芽、农民战争和汉民族形成等问题集中讨论取得了丰硕的成果，这些成果被充分吸收到通史著作的撰作之中。

不过马克思主义经典作家从来不把历史唯物主义当作历史科学中的“公式”。恩格斯就曾明确警告：“如果不把唯物主义方法当作研究历史的指南，而把它当作现成的公式，按照它来剪裁各种历史事实，那末它就会转变为自己的对立物。”① 新中国史学是在继承民主革命时期建立的中国马克思主义史学的基础上发展起来的，革命时期的中国马克思主义史学，在变革旧的专制主义文化，发展新的民主主义文化，建立科学的世界观等事业中曾起过巨大的积极作用。但革命时代的特征也不能不使它着力于说明中国社会历史所蕴含的人类社会历史发展的共性，而对其个性较少探究。这就使新中国的史学认识一开始就局限于“从具体上升到抽象”的阶段，在总体上未能“从抽象深入到具体”、充分把握中国历史的多样性的统一。加上20世纪50年代后期开始形成的“左”倾思潮的长期影响，史学研究不仅未能突破这一局限，其缺陷和不足反而日形严重。那种不顾中国历史发展的特点，简单、生硬地把马克思、恩格斯主要是针对欧洲历史得出的某些个别结论拿来机械地裁量阐释中国历史的做法，造成简单化、形式化、绝对化的偏向。对文化学、社会学等学科的贬抑和对当代国外史学的盲目排斥，导致史学研究领域狭窄、方法简单、观念僵化。那种随意剪裁历史从而为图解政策做注脚的做法，那种一味片面夸大

① 恩格斯：《致保·恩斯特》（1890年6月5日），《马克思恩格斯选集》第4卷第471—472页。

经济基础、阶级斗争决定作用的倾向，实际上都在很大程度上背离了历史唯物主义原则，把唯物史观庸俗化。毋庸讳言，这些缺憾也不可避免地在那个时代的通史著作中或多或少留下一些痕迹。

改革开放以来，通过对史学界上述种种偏向的认真清理，中国史学研究取得了长足进步，无论理论、观点、视野、角度、范围、内容、方法，以及史料的挖掘考证和各类专题与综合研究的成果，都较前大为丰富和发展。这就为我们今天站在新世纪的高度，继承前辈史家优秀传统，吸收和反映近三十年国内外多学科研究的最新成果，编纂一部既反映历时性社会纵向流变，又展示共时性社会全貌的全方位中国大通史，奠定了坚实的基础。

通史建构的关键在于理顺一横一竖的时空架构。新编中国通史对中国历史的重构，集中体现在纵向以文明发展脉络取代“五种社会形态”单一演进图式，横向用当代学术分类视野对社会展开分层考察，用现代学理重新梳理传统架构，并在体例设计方面提供一个兼顾宏大叙事与细节展现的撰作平台，处理好历史发展的“规律性”（经济中轴线的终极制约）与“丰富性”（历史创造者的主体选择）之间的辩证统一关系，力求展现历史在横向互动中整体滚动的全貌。

理论是实践的折射与升华，现代人文社会科学是西方经历工业革命、科学革命后现代化的产物。其主要概念、理论、体系、方法来源于西方的历史经验、社会实践、语言传统、宇宙观和思维方式。这种以西方社会为中心参照的理论视角与分析框架，对于中国突破传统知识体系、适应现代化和全球化时代学术范式曾经起过重大推动作用，至今仍有重要参考借鉴价值。但一味将中国问题纳入西方理论的架构中，盲目套用西方流行的话语系统解读，也难免刻板僵化、苍白无力，导致刻舟求剑之弊。而中国自身缺乏原创性的理论与话语体系，也使中国的历史研究难以在世界范围被充分接纳。马克思主义经典作家并未直接涉足中国历史研究，即使我们运用马克思主义原理指导中国历史研究，同样要体现马克思主义“中国化”的精神，即运用马克思主义唯物史观诠释中国历史上“特殊”的具体问题，解读中国的历史实践、中国道路，总结中国经验，从中提升出新概念、新范式、新表述。

鉴于以往在理解、运用唯物史观方面出现的偏差曾对“通史建设”带来消极影响，今天，当我们新编中国通史重申坚持以唯物史观为指导思想之际，有必要就我们对历史唯物主义的理解作出解释，为重构中国通史的新视野、新思路、新框架提供理论说明。这里，我们不可能针对所有的问题一一详加辨析，只集中论述人与自然的关系、经济基础与文化选择的关系、社会结构与历史路径之间的关系，以及历史发展的动力等几个带有总体导向的重大问题；并结合中国历史的实际，重点探讨如何把握中国历史发展的特殊道路和反映重大社会转型的历史发展阶段分期问题。有关“中国路径”的一些具体问题将在本书第二部分专章探讨。其他相关问题拟在“理论提纲”部分简要罗列，不再详论。

（一）人与自然的关系

马克思、恩格斯在《德意志意识形态》一书中指出，“有生命的个人的存在”必须有一定“自然基础”，这个基础包括“人们自身的生理特性”和“各种自然条件——地质条件、地理条件、气候条件以及其他条件”。基于这种认识，他们特别强调：“任何历史记载都应当从这些自然基础以及它们在历史进程中由于人们的活动而发生的变更出发。”①

马克思、恩格斯在论述这一思想时，并非单纯静止地讲“自然基础”，而是把因人的活动而发生的变更也考虑进去，而且特别说明

① 《马克思恩格斯全集》第3卷第23—24页。

“自然基础”中包括“人们自身的生理特性”。因而我们亦可把人与自然的关系视为历史记载与历史研究的出发点。

人与自然关系的问题，以往在史学界通常被概括为“地理环境对历史发展的作用”或“人地关系”的命题。而地理环境系指人类赖以生存和发展的地球表层，显然，大自然对人类的影响远非地球表层所能局限，人类活动的影响也越来越多地超出了地球表层的范围。从“人与自然的关系”退到“人地关系”，正是思想僵化、视野狭小的反映。又兼受到斯大林批判“地理环境决定论”的影响，中国史学界长期以来视“地理环境”为禁区，在很大程度上把“自然基础”这一人类社会生存发展的前提排除在研究视野之外。改革开放以来，在自然史的大背景下研究人与自然的关系、探索人类社会发展历程的理念得到高度重视，但在理论层面仍有一些问题需要进一步澄清。

斯大林在《辩证唯物主义和历史唯物主义》中提出，“地理环境是社会物质生活必要的和经常的条件之一，它当然影响到社会的发展，——加速或延缓社会的发展进程”。他同时断言“地理环境不可能成为社会发展的主要原因，决定的原因，因为在几万年间几乎保持不变的现象，决不能成为在几百年间就发生根本变化的现象发展的主要原因”。[①] 斯大林在以上阐释“人与自然”关系时的偏差在于他把对“自然”的定位限制在“地理环境”的层面，从“基础”退缩到了“必要的和经常的条件之一”，并且将其视为几乎几万年不变的绝对静止的因素。斯大林只承认地理环境机械地起到“加速或延缓”社会发展的作用，而完全忽略自然基础对社会类型、状态和发展路径、走向的重大影响。在中国史学界长期占据统治地位的上述观点实际上偏离了历史唯物主义思想。马克思、恩格斯不但强调大自然是人类社会赖以生存和发展的基础，而且明确指出，“外界自然条件在经济上可以分为两大类：生活资料的自然富源，例如土壤的肥力，鱼产

---

① 《斯大林文选》上册，人民出版社1962年，第193页。

丰富的水等等；劳动资料的自然富源，如奔腾的瀑布、可以航行的河流、森林、金属、煤炭等等。在文化初期，第一类自然富源具有决定性的意义；在较高的发展阶段，第二类自然富源具有决定性的意义”。[①] 在《资本论》第一卷中，马克思说，“不同的公社在各自的自然环境中，找到不同的生产资料和生活资料。因此，它们的生产方式、生活方式和产品，也就各不相同”。正是“这种自然的差别”，引起产品的交换，并使产品逐渐变成商品。[②] 在论及资本主义生产方式的生长时，马克思进一步指出：“资本的祖国不是草木繁茂的热带，而是温带。不是土壤的绝对肥力，而是它的差异性和它的自然产品的多样性，形成社会分工的自然基础，并且通过人所处的自然环境的变化，促使他们自己的需要、能力、劳动资料和劳动方式趋于多样化。”[③] 当然，这并不意味人类社会的发展进程全部取决于自然条件，人类自身并非毫无用武之地。人与动物的区别即在于人能够“把自己的生命活动本身变成自己的意志和意识的对象”，通过能动的“对对象世界的改造，人才实际上确证自己是类的存在物”。[④] 既然人的活动是大自然中异化出来带有主体意志、能够反作用于大自然的力量；在探讨人类社会发展问题时，便不能无视人自身的因素。正是“社会地控制自然力以便经济地加以利用，用人力兴建大规模的工程以便占有或驯服自然力——这种必要性在产业史上起着最有决定性的作用。”[⑤]而“劳动的社会力量的日益改进”，则是由以下各种因素引起的：“即大规模的生产，资本的集中，劳动的联合，分工，机器，生产方法的改良，化学及其他自然因素的应用，靠利用交通和运输工具而达到的时间和空间的缩短，以及其他各种发明，科学就是靠这些发明来驱使自然力为劳动服务，并且劳动的社会性质或协作性质也是

---

① 《马克思恩格斯全集》第23卷第560页.

② 参见《马克思恩格斯全集》第23卷第390页。

③⑤ 《马克思恩格斯全集》第23卷第561页。

④ 马克思：《1844年经济学—哲学手稿》第50页，人民出版社。

由于这些发明而得发展起来”。[①] 以上的表述辩证地体现了马克思主义经典作家在“人与自然关系”问题上的历史唯物主义观点。

本书在处理“人与自然关系”方面将体现如下几点认识。

首先，“自然”是指人类赖以生存、发展的客观物质环境，包括天文系统、地球表面系统、整个生态系统等关联互动、发展变化的整体系统。人与自然，谁是主宰，谁主沉浮？这是探讨人与自然关系首先要回答的问题。毫无疑问，是大自然、宇宙孕育诞生了人，而不是人创造了宇宙。“尔曹身与名俱灭，不废江河万古流”，即使人的活动改变了江河流向，甚至毁灭了地球，对于整个宇宙、大自然来说，也不过是沧海一粟般的痕迹一划而逝。历史上也有一种意见认为人是自然的主宰，法国哲学家笛卡尔便宣称要“借助实践哲学使自己成为自然的主人和统治者”，康德更提出“人是自然界的最高立法者”。这种主宰自然的人类中心主义观念是近代科学技术发展、人类主体意志高扬的产物，尽管在科学意义上实属荒谬，但在历史上却曾经起过一定的积极作用。而且就是今天，人们视周围的自然界为“环境”，称天然物质原料为“资源”，也无不体现了“以人为中心的视角”。但无论如何，生命的起源及物种的演变直至“人猿相揖别”，无一不是发展变动中的大自然孕育的杰作。价值体系中人类“中心”地位的合理性，并不能改变存在论意义上宇宙从根本上决定人类的存在和命运的事实。

其次，人本身是自然的一部分，一经诞生又与自然处于辩证互动的关系，通过实践自觉不自觉地改造自然，并进而受到变化了的自然条件的制约影响。自然基础对人类的影响，以及人类利用、控制自然的能力都是可变的量。虽然物质不灭、能量守恒，但熵值不断加大，从有序、有效转为无序、无效，因而大自然为人类提供的生存发展条件是有限度的。不过，人类对自然的利用还远未达到极限，自然基础

---

① 《工资、价格和利润》，《马克思恩格斯选集》第2卷第175—176页。

为人类发展保留了极为广阔的空间，其影响程度也因人类顺应自然规律的自觉性和利用自然能力的高低而有所差异。或者说人们只要不违背自然规律，仍有极大的选择余地，从而凭借自然基础提供的硕大无比的舞台，充分发挥主体应变性与创造性，演绎出多元发展的路径、丰富多彩的风貌和千变万化精彩纷呈的场景。说到底，人类社会的发展还是建筑在对自然基础的依存、顺应与对自然规律的认识把握和利用之上。

再次，自然基础对人类社会的影响，大体上属于宏观的根本性的控制。这种影响主要是通过提供生活资料和劳动资料的自然富源，制约和影响生存状态、生活方式以及生产力、生产方式，并以经济基础为杠杆直接间接制约着社会结构、国家政体、社会形态、社会发展路径、治乱兴衰格局，以及文化类型、民族性格等诸多方面的状态与特点。本文以下还将论及的中国与西方之间在上述各重要方面呈现出的重大差异，无一不与各自“自然基础”的特征及其演变存在着密切关联。尽管在短时段常态下自然条件对社会发展一般不起决定作用，但从较长时段来看，自然基础不但确定无疑地为人类生存、发展提供了根本性的前提，而且全面渗透在社会发展的各个环节，对社会发展进程全方位、多层面地发挥着至关重要的影响。只是如罗伯特·路威在《文明与野蛮》中所说，“地理并不创造技艺和习俗：它只是给你机会或不给你机会”，① 自然基础的影响毕竟得经由人类的主体活动通过若干环节曲折地显现出来，并呈现出一定的多样性，而非算术公式那样简单划一。

总之，自然基础既是制约人类生存发展的根基，又是孕育、绽放生命的基础和催生人类文化异彩纷呈多元发展的平台。离开自然基础就谈不上人类的生存和发展。任何历史研究与著述，理所当然“都应当从这些自然基础以及它们在历史进程中由于人们的活动而发生的

---

① 吕淑湘译，三联书店1984年版，第19页。

变更出发”。

（二）终极制约与主体选择

遗传与变异、基因与选择的对立统一，是生命运动的基本形式，也是人类社会发展面临的亘古常新的命题。

长期以来，史学界在运用唯物史观研究历史，充分肯定经济基础的决定作用时，也存在着把这种经济作用过分夸大，将其视为刻板、先验的教条的倾向；而忽略了对人的主体能动性、思维的相对独立性和文化的多样性以及对文化进行价值判断和社会功能考察的研究。在以往通史著作中所设的“文化”这一块，大体上限制在对哲学、宗教、史学、科学、文学艺术一类较为狭隘层面的介绍。“文化”实际上只被看作是历史发展的“果”，而被排除在影响历史发展的诸种“因素”之外。于是出现恩格斯当年指出的偏颇，仿佛“经济因素是唯一决定性的因素”，本来生机盎然、生动活泼的历史，变成了干巴枯燥“毫无内容的、抽象的、荒诞无稽的空话”；[①] 充满灵气的创造历史的主体，成了体现、演示某种抽象规律、公式的毫无生命的躯壳和工具，从而很难和庸俗机械唯物主义以及形而上学、宿命论划清界线。其实经济基础的决定作用往往只是宏观的远程控制，即在大的趋势、倾向、性质、特点上起到根本性的制约作用；而人们的主观意志和精神活动同样是人类创造历史的前提，或者说，人类创造历史的一切活动都离不开人的主观意志和精神活动，归根结蒂，“历史不过是追求着自己目的人的活动而已”。[②] 这种主体意志活动的个性，必然

① 《恩格斯致约·布洛赫》，《马克思恩格斯选集》第4卷，人民出版社1995年第2版，第696页。

② 马克思、恩格斯：《神圣家族》，《马克思恩格斯全集》第2卷，人民出版社1975年第1版，第118、119页。

要在创造历史的活动中留下独特的轨迹。在新编中国通史中，文化将不仅是和政治、经济并列的一个门类；因为在我们看来，文化不但表现为各种意识形态，表现为深刻的理性认识，同时也表现为人的素质和潜力，或者以感情意向的形式流露，以无形的心态氛围四处弥漫，或者显现出一种大致趋同的价值取向、行为模式，成为一种民族性格、时代精神。总之，我们把文化视为一个依存于客观物质世界和社会历史实践的、有机的、动态的、有独特个性的，集中反映人类主体意志和实践活动的整体系统。我们在研究历史上发生的重大事件，探索各种变革的原因时，理所当然不应忽略这一影响人们行动意愿以及改造世界能力的文化因素。不但要探究酿制人们各种思想愿望的物质底蕴，而且要揭示潜藏在各种变革、事件之后的人们的情绪、意愿及种种计谋、方略、规划，把“文化”的因素有机地融入人类创造历史的全部进程之中。因而在新编通史中，文化的多重涵义都将受到高度重视和充分展现，包括注意把握文化精神和生活方式、制度以及各种意识形态等文化具象之间的内在关联，考察中国传统文化成为一种特殊类型的原因及其社会效应和历史影响。这一切都将被放置在贯通全书各部分的特殊重要地位，真正体现上层建筑、意识形态、精神生活受到经济基础、生产方式的制约；同时一经产生，又具有相对的独立性，发挥巨大的反作用力，反过来能动地“掌握世界”① 这一唯物史观的精髓。

与此相应，关于偶然与必然、随机与规律问题，本书将力求展示这样一种观点：与在自然界或实验室里可重复验证的自然科学规律不同，就任何一特定的人类社会而言，越是在长期的历史运动和历史发展的总趋势中，“必然”与“规律”的作用体现得越明显。而相对于任何一个较短时期的具体历史来说，则存在着向不同方向发展的可能

① 马克思：《〈政治经济学批判〉导言》，《马克思恩格斯选集》第2卷，人民出版社1995年第2版，第19页。

性。从这个意义上讲，当相关的基础条件确定之后，只有历史发展的总趋势是必然的，而历史的无数具体事件和过程都带有很大的偶然性。恩格斯就曾指出，“恰巧某个伟大人物在一定时间出现于某一国家，这当然纯粹是一种偶然现象”。但由于时代需要的呼唤，“如果我们把这个人去掉，那时就会需要有另外一个人来代替他，并且这个代替者是会出现的，不论好一些或差一些，但是最终总是会出现的”。[①] 再以农业自然经济社会的量变积累过程为例，在中华民族生存繁衍的这块特定的地理条件和自然环境的地域内，历史发展总趋势是一种高度成熟与长期延续的农业自然经济，以及与此相适应的社会制度、政权形式、意识形态，乃至风俗习惯和民族心理的存在——这种总趋势是明确的，只要既存的条件不改变，它就必然呈现为这种类型与状态。但是，在这一总趋势的具体发展过程中究竟出现过哪些王朝，发生过哪些事件，这些王朝是延续得长一点还是短一点，疆域是大一点还是小一点，阶级矛盾是激化得快一点还是慢一点，以及某次农民起义在何时何地发生、取得何种结果等无数具体事件和过程，都在很大程度上取决于无数的偶然因素，如领导者具有什么样才能和品格，采取了哪些方针策略，乃至发生过哪些意外的天灾人祸等等。[②] 即使在社会形态行将发生质变的临界时期，革故鼎新的大趋势谁也无法扭转，但反映在社会结构、生产关系等方面变革的政策调整究竟由谁来实现，其具体过程和时间的早晚，包括历史上一些适应社会需要迟早会出现的重大科技发明问世的时间和水平的高低，也都在很大程度上取决于诸多偶然因素。

我们在高度重视人类主体意志的同时，尤其注重人类作为历史主体改造世界的各种实践活动。当然，这并不意味人便可以不受物质基

---

① 《恩格斯致符·博尔吉乌斯》，《马克思恩格斯选集》第4卷，人民出版社1995年版，第733页。

② 参见王和：《再论历史规律——兼谈唯物史观的发展问题》，《清华大学学报》2008年第1期。

础和社会存在的制约为所欲为。如马克思所说，“人们自己创造自己的历史，但是他们并不是随心所欲地创造，并不是在他们自己选定的条件下创造，而是在直接碰到的、既定的、从过去承继下来的条件下创造。一切已死的先辈们的传统，像梦魇一样纠缠着活人的头脑。”[①] 虽然具体的人物、事件等历史现象不可重复，但并不意味不存在隐蔽在现象之后的共同的本质、共同的发展趋势，不存在社会发展的基本规律。如像马克思在《〈政治经济学批判〉导言》中对社会基本矛盾与社会发展基本规律所作的概括：“人们在自己生活的社会生产中发生一定的、必然的、不以他们的意志为转移的关系，即同他们的物质生产力一定发展阶段相适合的生产关系。这些生产关系的总和构成社会的经济结构，即有法律的和政治的上层建筑竖立其上并有一定的社会意识形式与之相适应的现实基础。物质生活的生产方式制约着整个社会生活、政治生活和精神生活的过程。不是人们的意识决定人们的存在，相反，是人们的社会存在决定人们的意识。”尤其在中长时段，社会经济的发展，生产力和生产方式的改变以及阶级斗争格局的变更，作为驱动历史发展的终极原因和伟大动力，乃是显而易见的。作为历史主体的人，只有在不违背客观规律的前提下，才能获得充分的选择和创造的自由。

但同时也要看到，在历史行进的道路上，特别是在中短时段大量存在着的不确定系统、随机性系统面前，可供选择的道路、方式是多样的；而经历了无数历史关头的无数次选择之后，尽管不能改变历史发展的总趋势，但确实导致不同国家、不同民族之间在具体发展道路和发达程度上表现出很大差异。毫无疑问，社会形态更新是经济基础、社会结构、思想文化诸层面整体互动的结果。处于转型前夜的社会，新旧力量矛盾冲突异常尖锐。中长时段结构性因素自然会对社会

① 马克思：《路易·波拿巴的雾月十八日》，《马克思恩格斯选集》第1卷，人民出版社1995年第2版，第585页。

转型，包括对治国者的政策导向产生制约；而生产力发展孕育出的新经济因素也分明为政策调整提供了余地。国家政权的决策与运作，作为把握方向的能动的变量，则往往在中短时段成为影响转型成败至关重要的因素。明中后期局部地区手工业部门生产关系的变革和西方显露资本主义曙光大致处于同一历史时代，由此引发的一系列变动曾程度不同地在东西方同时显现，甚至“在很多方面，中国非常具备现代转变的条件”，[①] 而且一些先进知识分子也曾提出相应革新的主张。此刻影响社会转型的主要症结便取决于治国者的应对方略。与欧洲新兴资产阶级颠覆旧结构以及俄、日通过调整改革相继跨入工业文明轨道的模式不同，清朝采取了修补复制旧结构的对策。只消把同为十七、十八世纪之交风云人物清康熙皇帝、法王路易十四、俄国彼得大帝三者的施政方针稍加比较，便可对导致三国日后发展走向与成败兴衰差异的原因一目了然。法王路易十四于1665年重用宠臣柯尔伯大力推行重商主义改革；彼得大帝亲自化装到西欧实地考察，大刀阔斧革新；而玄烨及其继任者却热衷于复兴宋明理学，全力守护“重本抑末”的农耕藩篱，最终导致帝国迅速在世界工业文明潮流中陨落。

历史证明，“人创造环境，同样环境也创造人”。[②] 新的意识形态，包括建设新社会的蓝图，最终是新的经济基础变动的产物；但没有人的“觉醒”，没有人的素质、文化的改变，又不可能推动社会革新、去建立新的经济基础。这是一个几千年来令思想家们陷入“鸡生蛋，蛋生鸡”一类困惑的怪圈。最终击破这一怪圈的是“革命的实践”。马克思在《关于费尔巴哈的提纲》第三条指出：“环境的改变和人的活动的改变或自我改造之间的一致，只有把这两种改变都看作革命的实践，才可以认识和合理地理解。”[③] 也就是说，环境的改

① 罗兹曼主编：《中国的现代化》，江苏人民出版社1995年版，第271页。

② 马克思、恩格斯：《德意志意识形态》，《马克思恩格斯全集》第3卷，人民出版社1960年版，第44页。

③ 《马克思恩格斯选集》第1卷，人民出版社1972年版，第17页。参见《曹孚教育论稿》第1页注②使用的译文，华东师范大学出版社1989年版。

变与人的素质或文化的改变两者在“革命的实践”中取得了一致。正是基于这种理解，我们在肯定经济基础为决定历史发展终极原因的前提下，认为实践乃是人类历史发展中最为活跃的本质因素。整个人类历史在某种意义上就是一部物质变精神、精神变物质的历史，其间转变的中介便是人类的实践活动，通过实践的渠道将两者沟通，实现互化飞跃。

正如马克思《政治经济学批判》所说：“生产者也改变着，炼出新的品质，通过生产而发展和改造着自身，造成新的力量和新的观念，造成新的交往方式，新的需要和新的语言。”① 这是我们强调社会发展和实践是新文化的本体和永不枯竭源泉的理论依据。

与此同时，还需要指出，人们常说的“与时俱进”的提法也只有与继往开来、开拓创新联系起来，方能和随波逐流式的跟进区别开来。毕竟时势的发展并非只是社会存在的自然演变，而是包含了人类主体努力奋斗的主客观互动的结果。而“人是赋有意识、经过深思熟虑而行动或受因热情驱使而行动、并且抱有一定目的的”。② 这种目的性、预见性，受到不同价值观念、理论认识和文化选择的影响。不同历史时期的不同国家与民族所面临的客观环境千差万别，即使一些主要条件大致相同，主体实践作为最为活跃的变量仍有广阔选择空间，历史的发展必然异彩纷呈，瞬息万变。把历史唯物主义奉为刻板公式和万应药方的做法，最终只能落入宿命论的窠臼。如果一切逝去的往事俱为命定，社会发展和历史演变失去一切悬念，那历史研究还有什么意义？历史是昨天的现实，将来的现实也必将成为历史，人们对现实活动中面临的多种方案的比较选择和投身实践的戮力拼博，岂不也都成为毫无意义的多余之举！

一如《恩格斯致瓦·博尔吉乌斯》所指出的，我们所研究的领

---

① 《马克思恩格斯全集》第46卷，第494页。

② 恩格斯：《费尔巴哈与德国古典哲学的终结》第37页，人民出版社1960年版。

域“愈是远离经济领域，愈是接近于纯粹抽象的思想领域，我们在它的发展中看到的偶然性就愈多，它的曲线就愈是曲折”。如果划出曲线的中轴线，就会发现“研究的时期愈长，研究的范围愈广，这个轴线就愈接近经济发展的轴线，就愈是跟后者平行而进”。[①] 总之，我们强调各种主、客观因素之间的相互关系和综合作用，揭示各种“合力”推动社会发展的多重性和复杂性，努力在充分展现各种生动活泼、丰富多彩的“主体性”和“偶然性”活动中把握住历史发展的“中轴线”，揭示出隐含其间的脉络与规律。或者换句话说，我们在梳理、把握历史发展的经济“中轴线”的同时，要充分展现人们创造历史的主体性、开创性和多样性的绚丽风彩。

（三）文化的概念、结构及对文化的考察描述

人是创造历史的主体，人创造历史离不开两个条件，一个是人被创造出来并赖以生存受其制约的客观物质世界；一个是人的主体自觉的实践活动。离开物质本原抽象地谈精神活动，必然陷入唯心主义先验论泥潭；但离开人的思维活动，离开人的主观能动性，又何尝谈得上是研究人类的历史？物质世界对于人和动物一样都是客观存在的，“有意识的生命活动直接把人跟动物的生命活动区别开来”。[②] 是否有意识和自我意识，是“人猿相揖别”的重要标志，当我们在谈论人类历史时，人的主观意志和精神活动便同样是一个必不可少的前提，否则物质世界就只能是动物无意识活动的对象。这同样是一个唯物主义的命题。这种使人和动物区分开来的主体精神活动系统，即属于文

① 《马克思恩格斯选集》第4卷，第507页。

② 马克思：《1844年经济学—哲学手稿》第50页，人民出版社。

化范畴。如恩格斯在《反杜林论》中所指出的，“从动物界分离出来的最初的人，在一切本质方面是和动物本身一样不自由的，文化上的每一进步，都是向着自由的进步”。

前节已从经济基础与上层建筑关系的角度论及文化在人类历史进程中的地位作用，鉴于新编通史对文化的定位与以往通史著述有较大差异，本节专就文化的概念、结构及如何在通史著作中全面展现文化的风采，作进一步阐释与梳理。

对文化概念的界定

从文化学的视野对文化作出定义，是在19世纪下半叶西方人类学、社会学、文化学等学科兴起之后。本世纪50年代国外学者曾把分别由人类学、社会学、精神病学等学科专家所下的160多个定义，大致划为描述性的、历史性的、规范性的、心理性的、结构性的、遗传性的六大类。其中文化学奠基人泰勒（E. B. Tylor）1871年所下的定义至今仍被学术界广泛引用。他在《原始文化》一书中指出：“文化或文明，就其广泛的民族学意义来说，乃是包括知识、信仰、艺术、道德、法律、习俗和任何人作为一名社会成员而获得的能力和习惯在内的复杂整体。”① 这个定义基本把文化界定在精神活动的范畴之内。为世界不少学者接受的，还有美国文化人类学学者克罗伯（A. L. Kroeber）和克鲁柯亨（C. Kluckhohn）所下的定义：“文化包括各种外显的或内隐的行为模式，通过使用符号而学到和传播，并构成人类群体的显著成就；文化的基本核心包括传统（即从历史上衍生并选择）观念，其中价值观念尤为重要。文化体系虽可被认为是人类活动的产物，也可视为是限制人类进一步活动的因素。”② 这两种意见共同的长处是，能够从广阔的视野出发，把文化辩证地看成为多维的、运动着的整体；既看到文化的结果，更注重文化的主体——人

① 参见《多维视野中的文化理论》，第99页，浙江人民出版社1987年版。

② 载《美国考古学和人类文化学波包蒂博物馆论文集》1952年第1期，第181页。

本身的活动和作用。但是“人的智力是按照人如何学会改变自然界而发展的”,[①] 最终“是人们的社会存在决定人们的意识”。[②] 未能揭示文化创造源于客观物质世界和人类社会实践，则是以上定义不容忽略的缺陷。据此，我们对“文化”的概念作出如下的界定：

文化是人类在社会实践中运用象征符号进行的精神活动、创造出的精神成果以及在人们自身所凝聚的素质、行为方式的复合体。

需要说明的是，这里所说的运用象征符号创造的精神成果主要指通过刊印书写、信息传播等形式表现出来的各种意识形态。虽然严格地说这也是一种精神的物化形式，但毕竟有别于一般物质产品，其间根本的区别就在于前者的全部目的是为了表达思想、感情、意志，传递某种信息。符合这一前提的少量其他物质形态的产品，如雕塑一类的艺术品、科学试验发明创造的成果也都属于精神成果。把雕塑列为精神成果还因为它的使用价值主要体现在精神上的享受、感情上的满足，起到感化、移情、教育的作用，而且作为艺术形象，雕塑本身也可算作一种象征符号。科学试验亦不同于定型生产，一般生产固然不能脱离思维，但较多通过体力支出物化为产品；科学试验的关键不在于支付体力，而在于设计、科研，在于思维。不是一般的制作，而是创造，尽管其成果有的也表现为一种物质形态，但却集中凝聚了人们的心智劳动，其价值在于验证人们的设计是否符合科学原理，是否提高了功效。至于一般体现了某种思想感情，含有若干精神因素的物质产品，无论从生产过程中自觉体现主体意志的程度，还是从产品使用价值的功能上看，都与上述精神成果有明显区别。这是我们据以判定物质形态产品属精神成果或物质产品的标准，并由此规定是否属于文化范畴。

① 恩格斯：《自然辩证法》，《马克思恩格斯选集》第3卷第551页，人民出版社1972年版。

② 《马克思恩格斯选集》第2卷第82页。

学术界有一种“广义文化”的观点，认为任何物质产品都同时是物质加工和精神加工的产物，都可以从广义上看作是精神产品，因而可视作“物质文化”，从而把一切物质产品和历史活动的全部内容统统划入文化的范畴。鉴于这种“泛文化”的观点极易混淆精神与物质之间的区别，并在考察物质与精神之间关系时造成混乱，因而为本书所不取。我们从“通史建设”的角度出发，尤其注重把一般体现了精神因素的物质产品（物质文化）与精神成果（精神文化）加以“狭义”区分的必要。精神和物质之间具有着千丝万缕的联系。大千世界，茫茫万物，凡经人力作用的物质产品无不或多或少或隐或显地流露出人们的思想感情，铭印着民族的心理轨迹，凝聚了种种时代的社会人文信息。反过来任何思想精神也无不体现物质的因素。精神本身只能附丽于物质存在，是客观物质存在的反映，而且如恩格斯指出的，思维本身就是宇宙中物质的一种“运动的基本形式”。① 正象我们不把含有物质因素的思维看成一般的物质一样，我们也不应把经人力作用而含有精神因素的物质产品一概视为精神成果。事实上作为“地球上最美的花朵”的思维毕竟与一般物质难于等同，意识形态与物质产品也无法简单划一，两者之间的差别是客观存在的。

在区分精神成果与物质产品时，确有一些工艺品处于“剪不断，理还乱”的模糊状态，但这种情况相对来说为数不多；而精神成果中的物质因素、物质产品中的精神因素，包括这类工艺品的模糊之处，恰是物质与精神之间的连接点，也是研究物质与精神关系的一个切入点，仍然处于我们的研究视野之内。

总之，我们的定义既非单纯横向划分物质文明和精神文明的界限，也不同于无视成果只看本质的抽象概括，并有别于涵盖一切包容万物从而失去特性的结论；我们紧紧把握住人的主体意志、精神活动这一主线，把文化视为由心理素质（潜力）、精神活动和精神成果组

① 《马克思恩格斯选集》第3卷第462页。

成的一个依存于客观物质世界和社会历史实践的、有机的、动态的、有独特个性的整体系统。新编通史对中国文化的考察和描述、分析，将立足于对文化概念所作的如上界定，并在此基础上展开。

文化的结构

依据我们对文化概念的界定，文化的结构包括下列几个系统：

语言文字等象征符号系统 这个系统作为思维的“物质外壳”，是沟通横向人际联系、贯穿古今代际承传、凝固历代精神成果的纽带和工具，是社会得以存在、文化赖以传播延续的前提，而创造、使用象征符号系统的能力、水平也就成为衡量社会开化、文化发达程度的标志。

语言文字不仅是交流思想、传递信息的工具，它本身也是人类在社会实践中使自己区别于动物的特有的精神产品，是文化的产物。因而它必然具有一定的人文性和社会性。一切文化活动都有赖语言文字的参与才得以实现，不同民族的性格特点自然会在本民族的语言文字中体现出来。一如帕默尔《语言学概论》所述，它“忠实反映了一个民族的全部历史、文化，忠实反映了它的各种游戏和娱乐，各种信仰和偏见”。也如斯图尔特·霍尔所指出的，“我们通过语言‘理解’事物，生产和交流意义。我们只有共同进入语言才能共享意义”。同一民族、国家或同一文化中的成员，只有通过语言方面融入共同的历史文化背景之中，方能运用共同的“文化信码”——各种概念、思维方法，以之来交流、传承、建构、创新。带有浓厚民族特点的这一象征符号系统，必然影响人们的思维和实践，给本民族的文化打上深刻的烙印。

知识系统 知识是人们在社会实践中感知到的经验。其初级形态表现为感觉、知觉和表象等零散、直观的感性知识。知识本身也是一种信息，是人类第二信号系统进行精神活动、运思的基本材料。在感性知识的基础上，通过人脑的思维加工，总结经验、分析、综合、概括，上升为理性知识，表现为政治、法律、道德、哲学、艺术、宗教等意识形态和数学、物理、化学、天文、气象、生物、医学等自然科学技术知识。由感性知识和理性知识构成的知识系统，是文化的重要内容和文化成果的重要表现，体现了文化的确定存在。系统化的理性知识即为揭示事物规律、本质的理论。理论是否科学、完善，反映了人们自觉意识和认识能力的高低，因而是文化的高级形态。

实践活动系统 象征符号、知识等文化成果和凝固形态，无不通过创造文化的实践活动体现出来，这种实践活动本身也是文化的一种动态表现。凡旨在抒发、表达主观思想、感情、意愿而获得人类特有的精神享受的行为活动，如文娱游戏、体育运动以及音乐、舞蹈、绘画、雕塑等艺术活动都是文化活动。对社会科学、自然科学进行有目的研究试验，同样是一种文化活动。科学技术不但能转化为第一生产力，而且充满理性和人文精神，促进人类自身全面发展，是构成和发展先进文化的基石。教育是人类按一定的价值观念、目的要求对社会成员施加影响的有计划的活动，是传递知识技能、培养品德情操，使个体和民族潜在素质、价值得以实现，使文化得以共时传播、历时传递的重要途径。同时，教育本身也是一种自觉的选择，是一种创造，对人类素质、民族性格的形成发展，对文化的塑造创新起到巨大作用。除了有形的学校教育，还包括无形的社会环境教化，例如通过礼制风俗、乡规民约施加影响等，也属于文化活动。

方式制度系统 人类的一切活动都要自觉不自觉地采取一定的方式进行，人与自然、人与社会、人与人之间的关系要通过一定的方式联络。不存在没有方式的活动，也不存在没有方式的内容。方式本身是多种多样的，不同的民族在长期的实践活动中由于习惯或出于自觉的选择，往往各自形成一种较为固定的模式。这种模式的形成是人们在实践中的规律性认识和总结，是一种精神创造，因而也是一种文化。不同的思维模式、行为模式，给人们的实践活动和结果带来很大的差异，形成各自的特点，从而表现为不同的文化类型。模式的形成与确立受到客观物质条件的制约和主观心理素质、文化传统的影响。日常生活习俗方式、思维方式大多是一种习惯的定势。组织管理生产的方式、社会组织方式则更多地体现出理性意识。选择、创造方式的自觉性和方式的完善程度与社会开化、文化发达的程度成正比。各类规章制度是人们自觉用来约束社会成员按一定方式程序行事的强制手段，是维护行为方式的重要保证。道德规范起到的是类似的作用。这些都是人类从实践中抽象出来的精神产品，构成文化，并且是影响规定文化发展的相对权威有效的因素。

心理性格系统　文化是人类特有的产物。文化的本原固然在于社会存在，但却必得经由人的活动显示出来。这种显示并非只是作为中介被动地反映，而是通过社会实践，经过心理活动能动地创造出来。这种心理活动主要是指感觉、知觉、记忆、思维、情感、欲望、意志、智力、能力等机制的综合活动。人的素质便是先天遗传的感觉器官、神经系统等解剖生理特点与后天社会实践综合作用形成的人在身体和精神方面的特质，是一种“沉睡着的潜力”。[①] 它反映了心理活动的质量和水平，影响着行为反映的特点和倾向。而性格则是在素质基础上通过社会实践逐渐形成的表现在人的态度和行为方面的较稳定的心理特征。同一民族由于共同的生存条件、历史背景的影响，同一社会结构、政治制度的制约，以及同一精神内容的教育培养，诸种意识形态、历史传统的熏陶，交互作用，积淀凝聚成共同的民族素质，形成大体一致的稳定的心理状态，使人们在人生态度、价值取向、思维方式、道德情操、审美趣味、宗教情绪，以至生活习惯、行为方式诸方面表现出共同的趋向，这便是民族性格或民族精神、文化精神。作为文化主体的人类自身的（个体和民族的）心理素质、性格特点，不但是构成文化的重要组成部分，而且是影响整个文化发展水平、规定文化特点类型的深层内在基因。

① 《马克思恩格斯全集》第23卷第202页。

文化正是由以上五个子系统组成的一个有机的整体动态系统，子系统之间相互关联密不可分。从研究的角度静态地观察，有时可将文化划为几个层面，有时则表现为发展过程中的不同阶段，更多的时候总是相互交叉、融合在一起，交互作用相依不离；因此这种层次、阶段的划分并非固定不变。例如心理性格系统，从理性自觉程度来衡量应列为文化表层，从内在基因的角度看则处在深层。这个系统中的情绪、风俗习尚又和知识系统中的感性知识同居文化的低级状态；价值体系和理论则属文化的高级形态。再从心理性格系统与知识系统两者关系看，意识形态是心理性格自然流露的具象表现，而它的凝固积淀，又对心理素质的形成发展产生影响。事实上几个子系统总是同时与某一事物发生作用。例如被视为文化核心的价值观念，体现了人们的欲望和追求，影响、决定着人们思想行为态度的取舍，而这种价值观念的形成，在时代背景影响和语言符号参与下，不但知识信息、理论认识起作用，就是传统的制度方式、人们的心态情绪也都发挥了重大影响。可见文化是一个有机整体，组成文化的各部分环环相扣，互为因果，互相维系制约，相对保持平衡。其中任何一环由于内因或外界条件发生变化，都会牵一发而动全身，产生一系列连锁反应，整个机制便会动作起来进行调整以达到新的平衡，文化正是受生产力、社会环境等因素制约影响，在这种不断平衡、不平衡的矛盾过程中得到发展。

从三个层面展开对文化的考察与描述

以往的通史著作通常把文化简单归入“科教文”口，将文化史视为与政治史、军事史、外交史、经济史等并列的一个分支。其结果必然忽略文化，即忽略人的主体精神活动在历史上的重大作用。按照我们对文化概念的界定和对文化结构的剖析，文化属于人类主体精神活动系统，有相对明确的范围和鲜明的特色，并且自成体系。文化史的学科对象不能只局限于文化的一部分具象，而应该是关于整个文化，即人的主体精神活动——包括心理素质（潜在能力）、精神成果——的特点、规律、作用及其发展演变的历史，是一门纵横交叉、多层次、多维度的综合学科，与社会史同处于历史学之下的次大分支。人类的文化，无论是理性的，还是形象的；现实的，还是虚幻的；正确的，还是错误的，都从正反两个方面对历史发挥影响。各种文化因素相交相汇，熔铸成为一个强大的“场”。不管个人还是社会，都处在一定时代和民族的“文化场”潜移默化的控制之下。小至个人举手投足穿衣戴帽上的习尚爱好，大如民族的价值取向、行为模式，无不深深地打上时代精神与本民族文化的烙印。

鉴于文化的因素全方位交织、渗透在人类的一切历史活动之中，新编通史对文化的考察描述可大体从以下三个层面展开。

微观分解研究 大体上以意识形态、观念、规范等形式表现出来的历史文化都相应有各自的专史。各门专史研究的对象，作为一种思想表现形式，有其自身思想材料的积累，都有“独立地发展的、仅仅服从自身规律的独立本质”。[①] 通史著述无须越俎代庖去详尽描述各门专史的发展过程，穷尽它的独特本质和规律，而完全可以利用其研究成果，从综合的、较为宽阔的文化史视野去考察分析各种文化形态或结构呈现为一种类型的原因和特点。或者说，把它视为交叉互动的文化整体的一种表象去分析考察，侧重揭示各分科之间的关系以及总的文化背景、文化精神对这些分支发展的影响、制约，也包括对这些分支中体现出来的文化精神和这些分支对文化精神形成发展所起的作用作反向考察。

以语言文字学为例，一般历史语言学只是研究语言、语法自身的古今发展演变。而文化史对语言文字的分解研究则着重考察其间凝聚着的各种人文信息、体现出来的人们的认识能力、思维方式和表达感情意愿的方式，探索语言文字对民族的形成发展所发挥的影响和作

① 《马克思恩格斯选集》第4卷，第250页。

用。汉字汉语的特点是书画同源，整体象形、会意；忽略语义、语法等形式上的严密完整和内在逻辑，在主谓关系、单数复数、性别、时态等方面均无严格区分；但注重心理方面，讲究意合，以神统形。这些特点明显与民族思维方式上的直观性、整体性、模糊性的特点密切相关。姓名中先宗姓后名字的排列，时空表达中先大后小、先整体后个别的顺序，都是重宗族、国家，漠视个人价值，溶个人于社会、自然的传统的伦理观念的自然流露，以之与西方相应的价值观念、用语习惯相比，恰成鲜明对照。汉字包含着远比拼音字母丰富的人文信息，通过训诂系统考证挖掘其中的内涵和演变，成为研究历史和文化的专门手段。显然从通史角度对语言学的分解研究与传统的历史语言学研究迥异其趣。

文化背景作为一种精神元素渗透到各种观念形态之中，它无孔不入，影响至深。从道与器、“以象制器”的制约关系角度去把握各种具象的特点，是文化史微观分解研究的一个显著特色。相对于文化整体，这些分支研究属于一种分解微观层次，但就各门分支而言又并非静止、孤立的，仍然属于一种综合的系统研究。从经济基础的制约以及各种意识形态之间错综复杂的关系中去把握某一分支的特点，是通史研究区别于一般专史研究的又一特色。

物质生产固然是通史著述中的重要内容，而物质产品和物质生产中蕴含着的思想观念、心理轨迹、人文信息亦属于通史与文化史的研究范围。在对物的研究中突出人的主体意志活动色彩，突出精神对物质的影响，是文化史和一般物质生产史之间的根本区别。在从通史与文化史的角度对那些更为细微的具体历史文化现象进行专题研究时，同样要注意把握总体文化精神的制约，采用综合多层次的方法，突出主体意志活动和精神观念的色彩。从这个意义上也可将这种专题研究归附于对各分支进行的微观分解研究之中．而不再单独划分出一个更低的层次。

中观整体综合研究　中观层次主要是对文化总体进行系统的综合

研究。这种整体研究，并不就是把各分支拼凑在一起，机械相加的总和，而是侧重探索将它们联系起来的、发挥主导支配作用的，居于诸种表象概括个别之上的一般的文化精神。文化精神主要取决于心理结构。心理结构是人类主观意志和客观世界交互作用的中介。所谓人类主体意志活动，就是心理结构接受处理信息创造形成象征符号、知识、制度方式等系统的活动。由人生态度、价值尺度、宗教信仰、伦理观念、道德情操、审美趣味、思想方式、智力水平、风俗习惯、群体心态等构成的心理结构反映了个体和民族的素质，这是一种静态的、孕育着各种思想、感情、愿望的潜在底蕴，规定了人们的行为方向、活动的方式和活动的质量。心理结构的形成受到生理遗传和社会遗传的制约，是人类历史活动凝聚的产物。历代创造的生产力、物质基础和文化积累造就了人们的心理结构。物质条件是一种总体的间接制约，文化环境的影响表现得更为直接。母语、教育、社会和家庭的组织方式、社会活动和日常生活的方式、各种意识形态、观念、规范、风习都从各方面呈现出一种大体一致的趋向，经交叉影响反复熏陶塑造着人们的社会心理结构。心理结构是一个相对稳定的层次，一经积淀成型便成为一种习惯和惰性。意识形态、观念则处于较为活跃的状态，较易受时代和社会的变迁以及物质、政治变动影响。往往经济的、政治的、特别是文化表层的变动趋于凝固，确立了优势，才有可能调整、改塑整个民族的心理结构。人们运用理性的力量自觉地移风易俗，能够加快这种改塑的进程。

文化研究的中观层次，侧重于考察各种文化表象对心理结构、文化精神的影响，研究组成心理结构的各部分之间的关系，侧重探讨文化自身内部的演变规律。这种研究兼及历史的传统和各时期当时现实的演变，是一种纵横交错跨时空的多维立体研究。由于文化本身是由密切相关的若干系统组成的复合体，因而中观层次进行的整体系统研究远比任何一个分支研究重要。这一层次的研究是文化研究的主体核心部分，但又恰恰是历来最为人们所忽视、最为薄弱的环节。

宏观外部关系研究 这一层次主要从宏观角度探讨生存环境、经济基础、政治、军事，不同民族、国家之间的文化交流、碰撞等外部条件对文化发展的制约影响，及文化对这些外部条件的反作用，着重研究文化发展的外部规律。

存在决定意识、经济基础决定上层建筑是历史唯物主义的基本原理，新中国成立以来运用这一基本原理指导历史研究取得了很大成就。问题在于“经济在这里并不重新创造出任何东西”①，经济、政治只有通过心理结构这一中间环节才能对文化思想发挥作用。我们以往的研究往往无视这一中间环节，而把经济、政治的作用视为刻板、僵硬、先验的教条。事实上经济、政治等因素只是为文化发展规定了基础和条件，在大的趋势、倾向、性质、特点上起到制约作用，而且要依赖个体和群体心理结构，与之糅合在一起发挥作用。怎样具体真实地反映出这个影响过程仍是通史与文化史宏观研究中有待探索的一个课题。至于文化的反作用就更为史学界所忽略。心理结构、文化精神体现了主体意志活动的个性，在决定选择何种道路、方式方面起到重要作用，这在对不同民族国家之间进行比较研究中表现得十分明显。

经济、政治、军事等与文化之间的关系属于通史考察的重要范围，否则就无法全面把握文化发展的规律，看不到文化的巨大反作用。这种关系和影响并不限于宏观范围，微观层次研究文化诸种表象也不能无视外部条件的制约。宏观层次开展文化与外部关系的研究，主要侧重在对文化整体发展水平、文化的特点、类型，以及历史发展的道路、国家发达的程度等关系全局的根本性问题进行探讨。

以上三个层次的划分并无绝对界限，实际研究时经常综合在一起进行。除了在微观层面对意识形态各领域考察描述之外，加强对中观层面文化精神、时代精神的研究，并在外部关系层面将文化的因素有

① 《马克思恩格斯选集》第4卷，第486页

机地注入一切人类历史活动之中，这是新编通史与以往同类著述的区别所在。

（四）社会结构与社会发展路径

社会存在决定社会意识。中国古代社会结构，作为社会构成方面框架性的“社会存在”，不但在很大程度上决定了社会意识、思想观念，还深深地影响着社会的特点及其发展路径和走向。

所谓社会结构，指由社会诸要素按特定关系和方式相互联接而成的有机整体，体现了人际互动间稳定的社会关系模式，是全部社会生活和历史基础的深层结构，强有力地制约着社会发展的道路与特点。恩格斯在谈及《共产党宣言》核心的基本原理时提到，“每一历史时代主要的经济生产与交换方式及其所必然决定的社会结构，是该时代政治历史和该时代智慧发展史所由此确立的基础；只有根据这一基础出发，才可说明这个历史时代”。[①] 在《家庭、私有制和国家的起源》一书序言中，恩格斯进一步阐释“两种生产”的理论，对欧洲早期社会结构的演变有更为详尽的论述。恩格斯指出：物质生产和人类自身繁衍“两种生产”是影响历史发展的决定性因素，社会制度相应受到劳动发展阶段和家庭发展阶段的制约。一般愈是生产不发达的人类社会早期，后一因素的作用愈显重要；而随着劳动生产率日益发展以及私有制和交换、财产差别、阶级对立等新社会成分的发展，旧的社会结构不能适应，直至“以血族团体为基础的旧社会，由于新形成的各社会阶级的冲突而被炸毁”，组成以地区团体为基层单位的国家，于是“家庭制度完全受所有制的支配，阶级对立和阶级斗争从此自由开展起

① 恩格斯：《共产党宣言》1888年英文版序言。《共产党宣言》，人民出版社1961年版，第10页。

来，这种阶级对立和阶级斗争构成了直到今日的全部成文史的内容。”①

恩格斯关于以血族团体为基础的旧社会在跨入阶级社会门槛时被炸毁，“国家的基层单位已经不是血族团体，而是地区团体了”② 的论述，显然是研究欧洲早期历史得出的结论。黑格尔在《历史哲学》一书中描述希腊自然环境说：“希腊全境满是千形万态的海湾，这地方普遍的特质便是划分为许多小的区域，同时各区域间的关系和联系又靠大海来沟通。我们在这个地方碰见的是山岭、狭窄的平原、小小的山谷和河流；这里没有大江巨川，没有开阔的‘平原流域’；这里山岭纵横，河流交错，几乎没有一个大面积的整块。”③ 这种自然环境导致多种经济形态并存，生产、生活方式多样，航海交通和商业贸易发展。人员的频繁扩散、迁入、交往流动，侵蚀、瓦解着古希腊亲族血缘组织。在进入阶级社会时，政权、财权、神权分立，又联合起来共同推翻“一元化”的族权，地缘战胜血缘，私有制战胜原始血族共产制，在阶级对立与殖民战争的基础上建立起奴隶制国家。

中国在跨入文明门槛进入阶级社会时却经历了一条颇为独特的道路，中国古代的社会结构与西方相比也因此存在着重大差异。中华文明主要发祥地中原地区，属于辽阔地域精耕细作型农业经济。人们提高产量的途径主要不靠粗放耕作扩大面积，而是仰仗提高技术，加强管理，生产相对稳定，格外安土重迁。生产力的发展没有使这里的血缘纽带遭受侵蚀；相反，治水、对外征战等公共事务反而使血缘组织这一联结单一分散农业自然经济的有效纽带不断巩固强化，氏族首领的权力、地位也随之得到加强。“以血族团体为基础的旧社会”并未被“炸毁”，氏族首领直接转化为集政权、族权、军权、财权、神权于一身的统治阶级新贵，血缘组织与国家形态融铸一体，奠立了宗法

① 恩格斯：《家庭、私有制和国家的起源》，1884 年。人民出版社 1961 年版第 5—6 页。

② 恩格斯：《家庭、私有制和国家的起源》，1884 年。人民出版社 1961 年版第 5—6 页。

③ 黑格尔：《历史哲学》，三联书店 1956 年 12 月第 1 版第 270 页。

农业型社会的基本格局。

上古夏、商时期，人们仍普遍按血缘纽带聚居。国家通过本部族对周边部族建立臣属关系，号令天下，呈现较为松散的方国联盟的特点。西周则进而用本宗族一条贯穿到底的血缘纽带打破夏商众多血缘聚落并立的格局，通过大规模分封同姓诸侯，在一些富庶地区、战略重地和交通要冲建立起巩固的统治据点。周边地区则分封少量姻亲、功臣和前代贵族的后裔，以团结众多部族，稳定全国政局。这种利用父系血缘关系蜕变建立起来的宗法分封制度，依据血缘亲疏关系区分政治尊卑、配置社会资源，国家结构和行政管理体系按照“亲贵合一”的宗法关系缔造，由此编织起从中央向四方扩散的社会控制网络。

春秋战国之际，随着牛耕和铁制农具的使用推广，个体家庭经营取代大规模强制集体耕作，逐渐从大宗族中游离分解出来，亲贵合一的宗族血缘纽带松弛，社会以个体家庭为本位重新组合，地域行政组织强化。除天子和诸侯国君还保留嫡长子继承的大宗地位外，各级族权和政权逐渐分离。但这种分离并不意味宗族血缘纽带彻底崩解，在农业自然经济条件下，实际上还是普遍聚族安土定居，只是不再以大宗族为本位，族长不再自然兼任行政长官，王权和族权之间也因此而存在着某种对立。秦汉之后的生产关系又经历了庄园制向地主经济的发展变化，宗族血缘关系仍以不同形式、不同性质重新组合，顽固滞存。直至两宋租佃关系发展，新兴非身份性品官地主不再具备集政权、财权、兵权于一身的世袭罔替的权力；宗族首领也已失去独霸一方与君权抗衡的实力。统治阶级遂再度祭起宗族血缘大纛，“保甲为经，宗族为纬”,[①] 用三纲五常重建宗族血缘组织，以“管摄天下人心”。[②] 此刻的血缘纽带割除了先秦宗法世系特权，废黜了魏晋门阀

① 冯桂芬：《校邠庐抗议·复宗法议》。

② 《张载集·经学·理窟·宗法》。

谱牒，而下移为家族本位，专重于浚源清流立庙联宗，通过制定族规家法尊祖收族，控制族众。族权自春秋战国由宗君合一裂变为对王权离心因素之后，终于又以新的形式皈依为向心凝聚力量。国家机器虽不再按照宗法制构建，但君权操纵下的家族纽带却“如裘之领，如网之纲，如发之握，如舆之毂，如马之有辔，如牛之有纼，操之则敛，纵之则放，招之则集，（麾）之则退，屈信（申）作止，惟上之所令”，发挥了乡党里甲所不具备的使民“其好义而易使，从化而畏法，宁死于饥寒而不忍为乱”[①] 的神奇功效。中唐诗人白居易的《朱陈村》诗呈现其时自然经济与宗族家庭纽带胶合一体的结构十分典型：“徐州古丰县，有村曰朱陈。去县百余里，桑麻青芬氲。机梭声札札，牛驴走纷纭。女汲涧中水，男采山上薪。县远官事少，山深人俗淳。有财不行商，有丁不入军。家家守村业，头白不出门。生为陈村民，死为陈村尘。田中老与幼，相见何欣欣。一村唯两姓，世世为婚姻。亲疏居有族，少长游有群。黄鸡与白酒，欢会不隔旬。生者不远别，嫁娶先近邻。死者不远葬，坟墓多绕村。既安生与死，不苦形与神。所以多寿考，往往见玄孙。”[②] 诗中展现的这条宗族血缘纽带，因在君王与国家手中仍能把农业自然经济条件下“好像一袋马铃薯是由袋中的一个个马铃薯所集成”[③] 的个体小农有效地凝聚连接起来，而显示了强大的生命力。傅衣凌先生在论及实际对基层社会进行控制的乡族势力时即曾指出，这种乡族“在中国的历史发展中已多次改变其组织形态，既可以是血缘的，也可以是地缘性的，是一种多层次的、多元的、错综复杂的网络系统，而且具有很强的适应性。……每一社会成员都在乡族网络的控制之中，并且只有在这一网络中才能确定自己的社会身份和社会地位。”[④] 即使殖民主义鸦片战争的

① 方孝儒：《逊志斋集·宗仪·睦族》。

② 《白居易集》卷10。

③ 《马克思恩格斯选集》第1卷第693页。

④ 傅衣凌：《中国传统社会：多元的结构》，《中国社会经济史研究》1988年第3期。

炮火，也在相当长一段时期未能使中国古老的宗族农业社会结构发生根本变化。清光绪年间石埭桂氏宗谱中的一段描述，为我们展示了这种血缘纽带强固存留的真实写照："每逾一岭，进一溪，其中烟火万家，鸡犬相闻者，皆巨族大家之所居也。一族所聚，动辄数百或数十里，即在城中者亦各占一区，无异姓杂处。以故千百年犹一日之亲，千百世犹一父之子。"① 甚至毛泽东第二次国内革命战争时期分析井冈山根据地斗争形势时还在强调，"无论那一县，封建的家族组织十分普遍，多是一姓一个村子，或一姓几个村子，非有一个比较长的时间，村子内阶级分化不能完成，宗族主义不能战胜"。② 明清皇宫"左宗（太庙）右社（社稷坛）"的布局，正是中国传统社会血缘与地域"二系合一"结构的异常鲜明的表征。

中国古代宗族、家族血缘纽带就这样纵贯几千年，并与农业自然经济、国家行政组织相互耦合，凝为社会深层结构，形成内倾、人伦、群体、集权导向，成为一种原生的特殊社会遗传基因，制约、规定着中国历史上阶级斗争的特点和中国古代社会发展的走向。只有把握住中国古代社会结构有别于西方的这一根本特征，才有可能对中国历史上一系列重大问题做出合理的解释。诸如《左传》所载"国之大事，在祀与戎"③、"非我族类，其心必异"，④《礼记》标榜"礼有五经，莫急于祭"，⑤ 儒家倡导的"齐家、治国、平天下"等金科玉律以及格外注重人伦政教，君父合一、忠孝合一等传统，俱为这种宗法农业社会底蕴的自然流露。其余意识形态、社会心理、价值观念、思维方式等等也无不深受这种社会基本格局的制约、影响。即使在对

① 《石埭桂氏宗谱》卷1。

② 毛泽东：《井冈山的斗争》，《毛泽东选集》（一卷本）第71页，人民出版社1964年版。

③ 《左传·成公十三年》。

④ 《左传·成公四年》。

⑤ 《礼记·祭》。

时间、空间、人物姓名的语言文字表述方面，中文亦有别于西文，由大及小，先整体后个体。这正是社会存在决定社会意识的显例。长期生活于其中的社会结构不同，自然导致了中西母语思维顺序的差异。正因为中国古代建构社会关系和配置社会资源的准则，很大程度上取决于血缘亲疏、辈分高低、年龄长幼与性别差异，以至在日常表达家族亲戚关系上的称呼亦有别于西方社会简约的通称，而将诸如祖父母、外祖父母、伯、叔、姑、舅、姨、堂兄弟姐妹、表兄弟姐妹等各种差异展现得极为详尽细密。与此相关联，中国人心目中的“精神家园”，占主流地位的自然不是宗教，而是家。20 世纪初李大钊在论及孔子的学说所以能支配中国人心两千余年的原因时，更一针见血地指出：“因它是适应中国二千余年未曾变动的经济组织反映出来的产物，因它是大家族制度上的表层构造。”① 而中国古代诸如周秦之际等时期发生的阶段性的社会转型，特别是近现代的重大变革，事实上也无不源于自身程度不同的深层社会结构的变化。

马克思曾针对欧洲的情况指出，小农经济生产方式使他们之间如同同名数相加的一个个马铃薯，互相隔离，“彼此之间只存在有地域的联系”，“不能形成任何的全国性的联系”。② 而中国古代恰恰存在一条强大的血缘纽带，加上官僚集权的行政纽带和儒家为主的思想纽带，浇铸成向心凝聚的混凝土结构，开创了大一统国家安定繁荣绵延兴旺的局面。正是古代中国和欧洲希腊、罗马社会构成的差别导致了两者之间文明发展路径的差异。早在 20 世纪 30 年代侯外庐先生在《韧的追求》一书中即指出，如果用恩格斯家族、私产、国家三项作为文明路径的指标，则希腊、罗马是“从家族到私产再到国家，国家代替了家族”。而中国古代则是“从家族到国家，国家混合在家族里

---

① 李大钊：《由经济上解释中国近代思想变动的原因》，《新青年》7 卷 2 号，1920 年 1 月 1 日。

② 参见《马克思恩格斯选集》第 1 卷第 693 页。

面，就是所谓的社稷。所以，前者是新陈代谢，新的冲破了旧的，是革命的路线，而后者却是新旧纠葛，旧的拖住了新的，是维新路线，用中国古文献的话说，即是前者是'人唯求新，器唯求新'，后者则是'人唯求旧，器唯求新'"。[①] 侯先生还进一步辨析中国和西方近代化道路的差异：西方国家是使农民变为商品生产者，打破了自然经济而使资本主义产生和发展的道路；中国则使人身依附关系转变为人身自由租佃者、自然经济解体缓慢而资本主义生长和发展得艰难的发展道路。但难产并不意味中国社会不能现代化，中国传统中也蕴含着近代化的内在机制，只是不能简单用西方的发展模式和道路来衡量。美国华裔学者张光直先生则断言"希腊、罗马为代表的西方的道路是一种断裂的道路，以中国为代表的道路是一种连续的道路。两者根本不一样，造成的古代文明也截然不同。中国夏、商、周三代血缘关系遗存犹在，而在希腊、罗马就不同了"。张先生还特别指出，世界上像中国这样的路径是多数，具有更大的普遍性，希腊、罗马的道路反而是特例。[②]

新中国成立后史学领域一度排斥家族、家庭研究的做法，使得现有的通史著作无法把这个问题放到应有的地位，一般只在谈原始社会、早期宗法制度和魏晋门阀制度时述及，而忽略了宗族制度在中后期的发展变化，更无视古代家国同构、血缘与地域二系合一社会结构对中国历史发展道路和社会特点产生的深远影响。显然这种无视中西方社会结构存在重大差异造成的偏差不只是一种局部的缺陷，而是带有总体倾向性的偏失。新编中国通史的撰作，不仅在内容编排上对此给予高度重视，而且要始终紧紧抓住这一有别于西方的中国古代社会深层结构的基本特征，贯穿到对整个中国历史的研究之中，从而对中

① 侯外庐：《韧的追求》，三联书店1985年版，第235页。

② 参见陈谷嘉：《打开中国历史的秘密——侯外庐关于古代中国文明路径说及其价值》，《光明日报》2011年7月11日。

国历史发展的特点、规律及其特殊路径，做出更加符合实际的科学合理的剖析和诠释。

（五）社会形态、历史分期与社会转型

任何事物的发展都具有连续性和阶段性的特点。对中国社会历史发展进程的把握，建立在对不同时期社会性质的判断和对中国历史发展道路的特点、类型的把握之上，集中体现在对反映重大社会转型历史阶段分期的辨析。这种历史分期是否科学、恰当，关系到能否将丰富多彩而又零散杂乱的历史事象贯通一气，从而揭示古今历史变迁的轮廓、线索、大势走向，体现出对中国历史发展脉络流变规律性的认识。这是直接影响统领贯穿全书的主纲、主线能否奠立的重要前提。

自斯大林 1938 年提出历史上经历了原始公社制、奴隶占有制、封建制、资本主义、社会主义“五种基本类型的生产关系”① 以来，中国史学界便套用“五种社会形态”单线演变模式，以之作为裁断中国历史分期的标准。确如西方左派马克思主义学者所批评的，长期以来中国有关历史分期问题的争论实际上就是如何把欧洲社会的演变过程有效地套用到中国历史上，为中国历史“配上一个具体的时间表”。② 而事实上并非所有国家或地区都完全按照这一模式一成不变的发展。虽然迄今为止，世界上存在或经历过原始社会、奴隶社会、封建社会、资本主义社会、社会主义社会等社会形态，或如马克思所说，“大体说来，亚细亚的、古代的、封建的和现代资产阶级的生产

① 参见斯大林：《辩证唯物主义与历史唯物主义》，《斯大林选集》下卷第 446—449 页。该文原为 1938 年出版的《联共（布）党史简明教程》第四章第二节。

② （美）德里克著、翁贺凯译：《革命与历史：中国马克思主义史学的起源，1919—1937》，江苏人民出版社 2005 年，第 202 页。

方式可以看作是经济的社会形态演进的几个时代”；[①] 但马克思从来没有将其视为放之四海而皆准的演进图式。他在《摩尔根〈古代社会〉一书摘要》中曾明确指出：“（欧洲和美洲）两个半球在这方面的差异以及谷物方面的特殊差异，在达到了野蛮期中级阶段的这一部分人类的发展上，造成了显著的差别。”恩格斯也说：“两个半球上的居民，从此以后，便各自循着自己独特的道路发展，而表示各阶段的界标在两个半球也就各不相同了。”[②] 亚洲的情况与欧美相比同样也存在明显差异。马克思还在给俄国《祖国纪事》杂志编辑部的一封信中坦陈，把他“关于西欧资本主义起源的历史概述彻底变成一般发展道路的历史哲学理论”，“会给我过多的荣誉，同时也会给我过多的侮辱”。[③] 显然，无视中国历史实际，机械地把斯大林概括的模式当作放之四海而皆准的现成公式，按照它来刻舟求剑式地剪裁中国各种历史事实的做法，并非历史唯物主义的科学态度。

首先，奴隶社会是不是人类社会在文明之初普遍经历过的一种社会形态呢？恩格斯在《家庭、私有制和国家的起源》中明确指出，“我们已经根据希腊人、罗马人和德意志人这三大实例，探讨了氏族制度的解体”，[④] 极为慎重地指明他们所概括出来的奴隶制、农奴制和雇佣劳动制这“三大奴役形式”的事实来源。而中国古代虽然存在过奴隶制社会形态，但由于古代中原在农耕自然经济与宗族血缘纽带双重制约下跨入阶级社会门槛，血缘纽带的滞留阻碍了完全将族人化为“非人”的活财产的奴隶制趋势。《孟子·滕文公上》关于“八家皆私百亩，同养公田，公事毕，然后敢治私事”的记载便表明井田制保留有原始村社土地管理的某些形式，庶民因享有“私田”使用权而与奴隶制明显不同。商周时期受贵族役使的普通平民一般拥有生

① 《马克思恩格斯选集》第2卷第33页，人民出版社1995年第2版。
② 《马克思恩格斯选集》第4卷第20、21页，人民出版社1995年第2版。
③ 《马克思恩格斯全集》第19卷，人民出版社1975年第1版，第130页。
④ 《马克思恩格斯选集》第4卷，人民出版社1995年第2版，第158页。

产工具和家庭副业，是农业和手工业部门的主要劳动者，社会的生存与发展主要建立在平民而非奴隶劳动的基础之上，中原王朝不存在一个以奴隶制剥削形式为主体的奴隶社会阶段。经过反复讨论，这一点已愈来愈为史学界所认同。白寿彝在为他主编的《中国通史》第3卷所写《题记》中便审慎地表示，“从历史发展顺序上看，这约略相当于一般历史著述中所说的奴隶制时代。但在这个时代，奴隶制并不是唯一的社会形态。我们用‘上古时代’的提法，可能更妥当些”。

其次，我们还主张在探究社会形态和历史分期时避免笼统使用涵义不清的封建制度的概念。长期以来学术界流行的“封建制度”一词，并非中国古代“封土建国”的原义，而是从“五种社会形态”角度确定其含义，这实际上是译介、创新语汇时遗留下来的问题，极易造成混乱和争议。其实马克思从来不提古代东方是奴隶社会或封建社会（日本例外），而通常使用“东方社会”、“亚洲式社会”等概念。在这种社会，生产方式的广阔基础，是由小农业和家内手工业的统一形成的，并在此基础上建立起君主专制集权的统治。而且，马克思还明确提出过“封建主义一开始就同宗法式的君主制对立”① 的论断，可见关于欧洲“封建主义”的概念明显与中国历史发展的实际进程不符。

结合中国古代历史的具体情况，我们可以把这种“循着自己独特的道路发展”、与欧洲古典奴隶社会和中世纪封建社会表现出“显著的差别”的中国古代社会，概括为专制个体型家国同构农耕社会。这里使用的“专制”一词是价值中立意义上的描述概念，专制体制下的中央集权与君主独裁之间仍存在着重大差异。确切点说，春秋战国之前还曾经历过一个宗法集耕型家国同构农耕社会的阶段。本书在中国古代史部分使用的“封建”概念，将恢复周人“封建亲戚，以

---

① 马克思：《哲学的贫困》，《马克思恩格斯全集》第4卷，人民出版社1975年版，第176页。

藩屏周”[①] 的原义。尽管西周时期的这种“封建”制度与后来中世纪欧洲封建社会在庄园经济和诸侯兼集行政、司法、军事数权于一身等方面颇多相似之处；但在血缘纽带滞存，社会以大宗族为本位建构以及劳动者的身份地位较高等根本之处存在明显差别，不宜简单比附划一。中国古代经历春秋战国社会转型之后，郡县制取代分封制，至隋唐又进而奠立三省六部制和科举选官制度，生产上则呈现个体、细小、分散的特点，逐步形成租佃制地主经济，又兼随土地买卖而导致的不稳定性，大土地所有者无法兼集诸权于一身。虽然秦亡之后，各代仍屡有分封之举，但后世的藩王如《明史》所述，已大抵是“分封而不锡土，列爵而不临民，食禄而不治事”[②]，这和经典作家概括的“在中世纪的封建国家中……政治的权力地位是按照地产来排列的”[③]、“战争中和法庭裁判中的最高权力是地产的属性”[④]、司法职能与行政职能“是土地所有权的属性”[⑤] 等特点迥不相同。显然，马克思、恩格斯不把中国这种与中世纪欧洲存在“显著的差别”的古代东方社会笼统划入封建社会的模式，体现了实事求是的精神。马克思主义经典作家的这一真知灼见，是我们不盲目套用斯大林五种社会形态单线演进模式的重要理论依据。

需要辨明的是，上世纪 20 年代中国共产党人和早期马克思主义者曾在实际政治生活中使用“半封建”、“反封建”的概念。这当然不是从学术研究角度对中国古代社会性质做界定，而是有着“为实现民主政治而斗争”、反对“贪官污吏买办大地主豪绅土匪”等“半

---

① 《左传·僖公二十四年》。

② 《明史》卷 120。

③ 恩格斯：《家庭、私有制和国家的起源》、《马克思恩格斯选集》第 4 卷，人民出版社 1995 年第 2 版，第 173 页。

④ 马克思：《资本论》第 1 卷，人民出版社，1975 年第 1 版，第 369 页。

⑤ 马克思：《资本论》第 3 卷，人民出版社 1975 年第 1 版，第 436 页。

封建势力"[①]、反对"现在的中国经济政治制度"[②]的特定的现实涵义。我们在近现代史部分正是在这个意义上使用"封建"、"半封建"的概念——既指一种"农业生活方式和自然经济占统治地位"、"把中国农民束缚在土地上"、"以皇帝为整个制度首脑"[③]的落后的（实即专制个体型家国同构农耕社会形态下的）剥削制度和反动的政治统治；也指以"贪官污吏买办大地主豪绅土匪等"为代表的"半封建势力"，是愚昧落后、专制迷信的象征。不言而喻，近现代史中指称的"封建"和中世纪欧洲以及中国历史上西周的"封建"制度尽管也多少有相似之处，但毕竟有其特定涵义，同样不宜混淆。

当今政治生活中通行的"封建社会"概念，是指"一种社会形态，特征是地主占有土地，农民只有很少土地或全无土地，只能耕种地主的土地，绝大部分产品被地主剥夺"，在这种社会，"农民可以有自己的个体经济，但终身依附土地，实际上仍无人身自由。保护封建剥削制度的权力机关是地主阶级的封建国家"；"封建主义"，则指以"地主占有土地，剥削农民"为基础的社会制度。同时，"封建"亦指"带有封建社会的色彩"，如"头脑封建"。[④]从资产阶级民主革命到无产阶级领导的新民主主义革命，都把推翻这种地主阶级剥削农民的封建专制制度列为革命的一个主要目标，这是本书近现代史部分所要充分展现的一条主线。以上关于"封建社会"的概念，也是对历史上地主剥削农民制度的一种概括，在这一点上，无论中国古代周秦、唐宋，以至近现代，包括欧洲中世纪，都存在着相类的"共性"。农民阶级和地主阶级的矛盾，俱为这些社会的主要矛盾。农民

---

① 《周恩来政论选》上册，中央文献出版社、人民日报出版社1993年版，第115、113页。

② 《中共中央文件选集》第4册，中共中央党校出版社1983年版，第196页。

③ 列宁：《中国的民主主义和民粹主义》，《列宁全集》第21卷，人民出版社1990年第2版、第429页。

④ 中国社会科学院语言研究所词典编辑室编：《现代汉语词典》（修订本），商务印书馆1996年版，第379页。

阶级反抗地主阶级剥削、压迫的阶级斗争，同样是本书古代史部分要充分展现的“多少推动了社会生产力的发展”①，从而推动历史前进的一条主线。不过，这种“封建社会”的概念毕竟过于抽象、笼统，不同国家、地区之间，以及同一国家的不同发展阶段之间，除了这一极为概括的共性之外，还存在着许多不容忽略的重大差别。实际上人们都清楚，中国共产党领导的伟大的反封建斗争，既非针对“君主把土地分给宗室和功臣，让他们在这土地上建国”的周代“封建”制度；也非针对“欧洲中世纪君主把土地分给亲信的人，形式跟我国古代封建相似，我国也把它叫做封建”的制度②。

在戎马倥偬的革命战争年代，这种对古代历史学术上的区分也实在并非当务之急。时至中国人民在共产党领导下迈入社会主义初级阶段的今天，在研究中国古代历史时，对因涵盖面过于宽泛以及译介创新名词造成的混乱加以澄清，更加准确地展现共性之中的个性差异和历史发展丰富多彩的原貌，更好地总结中国历史发展道路的特点和演变的规律，为建设有中国特色的社会主义提供宝贵的“历史资源”，方始成为必要。而且中国近现代的资本主义在殖民势力挤压下畸形发展，比起欧洲原生型资本主义也颇多差异。就是今天我们正努力建设的，也还是带有鲜明中国特色的社会主义。本书不但在剖析中国古代社会时要实事求是地反映出其自身发展的独特轨迹，就是在把握中国资本主义、社会主义和西方、东欧的“共性”的同时，也要如实地反映出中国独特的“个性”。

对历史分期的划定，通常分宏大的历史时代与中长时段历史时期两个层级。划段的标准基于对不同历史时期社会形态的判断。社会形态则是指由一定经济基础、社会结构和意识形态构成的相互关联互动

① 毛泽东：《中国革命和中国共产党》，《毛泽东选集》（合订本），人民出版社 1964 年版，第 619 页。

② 中国社会科学院语言研究所词典编辑室编：《现代汉语词典》（修订本），商务印书馆 1996 年版，第 379 页。

的社会整体状况。其中生产力水平是决定社会形态最具客观标志性的核心因素。马克思在《哲学的贫困》中指出，“手推磨产生的是封建主为首的社会”①，尽管手推磨产生的未必一定是“封建主为首的社会”，但从大历史视野来看，使用石器不可能产生现代社会，手推磨不可能产生“工业资本家为首的社会”乃是必然。而工业化社会则只能在蒸汽磨提供的动力上建立。生产力以及与之相关联的生产关系发展的阶段性特征，为各种历史事象的演变、为那一时代人类创造历史的活动提供了特定的出发点，是氤化出各种历史事象阶段性特征的底蕴。在这一时段，各历史主题受到同一时代背景共同底蕴的制约，既呈现出各自领域的独特风采，又存在着体现同一精神的互相关联互动的内在联系。而当人类在各领域创造性实践活动和各种主、客观因素共同作用的合力将文明推进到一个新的阶段之后，又必然导致人类在各领域的活动及成果出现新的飞跃，呈现出新的特点，其间清晰地显现出历史发展演变的规律。

马克思、恩格斯曾依据不同的视角和标准对人类社会历史的发展阶段做出不同性质类型的划分。例如马克思在《资本论》第1卷将史前期“按照制造工具和武器的材料，划分为石器时代、青铜时代和铁器时代”②；恩格斯在《家庭、私有制和国家的起源》一书中则用蒙昧时代、野蛮时代和文明时代的概念划分人类社会的三个主要时代。马克思、恩格斯依据劳动资料、生产力类型，将人类历史演进从宏观上划为采集渔猎（原始社会），农业文明、工业文明三大时代，更为人们所熟知。本书对宏观大历史阶段的划分即大体参照这一反映人类历史发展共同规律的分期框架。这种反映人类文明发展进程的宏大分期，时代跨度长，不同时代之间存在着本质的差别和巨大的差异。譬如农业文明时代与原始社会之间金属工具与木石工具、农业定

① 《马克思恩格斯选集》第1卷，第108页。

② 《马克思恩格斯全集》第23卷，第204页。

居与采集渔猎、文字与结绳记事、氏族组织与以城市为标志的国家机器等等的差异可谓天壤之别。而工业革命全方位震撼人类经济、政治、思想文化各领域，将农业社会推进至工业文明，彻底改变了整个世界，同样是明显的例证。

当然，处于同一种大生产力形态下的不同国家、地区之间，主要因生产方式不同而表现在社会形态方面仍存在着共时性的差异；即使同一国家在同一大生产力形态中，社会形态也还存在阶段性的变化。在农业文明时代，既有奴隶制、官府授田制、贵族役使制，也有封建庄园经济、租佃制地主经济和自耕农经济。在向工业文明过渡的阶段，既有原生资本主义、东亚等地区继发资本主义，也有苏联、东欧、中国等社会主义现代化模式。人类历史的发展，总体上呈现出纵向由低级到高级、从农业文明到工业文明，横向从分散到整体的趋势。现代化成为近现代历史发展的主线。从全球文明进程的宏观视野观察历史，特别是从现代化进程的视角重构现当代史的学科体系，已愈来愈为学术界所认同。以往的史著几乎毫无例外地按照“五种社会形态”单线演进的教条，想当然地将明清（鸦片战争前）时期定性为封建制度日趋没落的封建社会衰落阶段。而事实上 19 世纪初，世界 10 个拥有 50 万以上居民的城市中，中国就有 6 个。明中后期到清前期 200 余年间，世界白银产量的一半流入中国。明清两朝鼎盛之际，社会经济高度发展，统一多民族国家空前巩固和发展，综合国力在世界范围仍保持领先地位，诸种新因素的发育成长带有向近代工业文明演进的趋向，这一时期中国在传统农耕文明的轨道上发展到一个新的高峰。之所以与西方相比从先进转为落后，其症结在于明清农耕文明的繁盛已无法和西方工业文明抗衡。中国宋代的铁产量即曾相当于 18 世纪欧洲各国产量的总和，而 19 世纪中叶鸦片战争前后约 2 万吨的年产量，竟不及法国的 1/10，不及英国的 1/40。正是因为明清时期特别是清朝专制集权极度膨胀，固守农耕藩篱，闭关锁国，钳制思想，遏制近代化因素成长，才最终导致近代前夜的清中晚期陷入深刻的危机。因此，只有把明清时期放置在世界工业文明潮流的大势中考察，才能从本质上把握这一时期中国的历史走向并揭示其在自身轨道臻于鼎盛的同时陡然从世界先进行列陨落的原因。至于社会主义，实际上也是一种发展中国家后发生型的现代化模式，是在批判继承一切人类文明优秀成果基础上开创的现代化新路径。而当代资本主义也还存在自我调整更新的活力和继续改革发展的空间。作为同处工业文明时代的两种不同现代化模式，存在重大区别的社会主义和资本主义之间也颇多可资借鉴的共性。

按照马克思、恩格斯提出的人类文明进程大框架，并依据生产力、生产关系和社会结构为主要标准，综合政治体制等多种因素考察判断，我们将中国历史划分为以下几个阶段：

原始文化（渔猎采集经济）

农耕文明

宗法集耕型家国同构农耕社会（夏——春秋战国）

专制个体型家国

同构农耕社会

确立与反复（秦汉——魏晋南北朝）

发展与成熟（唐宋——明中期）

传统中的变异：走向近代（明中后期——清中期）

向工业文明转轨

工业文明大潮中的近代中国：曲折的近代化进程（19 世纪中后期——20 世纪前期）

传统社会解体与近代化启动

资产阶级民主革命

新民主主义革命

社会主义初级阶段：向现代化推进（20 世纪中后期）

奠基与探索

改革与飞跃

以上分期分三个层面标示。兹就分期的主要依据及社会转型时期的重要特征简要说明如次。

第一级层面依据以生产力形态为主要标准的社会文明类型，从宏观上划为原始文化、农耕文明、向工业文明转轨三大阶段。进入文明社会以前的史前时期，属于采集渔猎生产方式，后经新石器时代革命过渡到原始农业、畜牧业生产方式，呈现出文化多元发展的特点。进入文明社会之后，即长期保持着以农耕为主（包括与农耕经济对峙和互补的游牧经济以及作为农耕经济补充形式的手工业、商业与海洋贸易经济）的半自然半人工形态生产力状态，至今仍处于向工业文明发展的过渡阶段。鉴于中国尚未完全实现现代化，我们把这一向工业文明转轨的过渡阶段和农耕文明阶段列为同级序列来把握。第二级层面则以社会形态为标准，在同一大阶段之中进行阶段性分期。第三级层面属于同一社会形态下的不同发展阶段。

第二、三层级各阶段就全局范围来看，均处于多种社会形态和生产方式并存的状态，本书的分期主要依据当时占据主导地位的社会结构和生产方式定性。鉴于生产方式和社会结构的变动是一个长期的过程，而社会形态和经济、政治、意识形态等方面的变动并不完全同步，因而我们的分期是一种较大跨度的模糊性分期。

以上各层级的划分，体现了不同时期各自社会发展的阶段性差异。不同阶段间的衔接转折之际，都处于不同程度的社会转型时期。即便同为农耕文明时代的古代中国，自夏商西周早期国家阶段之后，也经历了周秦之际、唐宋时期和明中后期至清前期三次影响深远的社会变革，形成各具特点的不同社会发展阶段。此类社会转型时期同样是本书分期时格外关注的节点。

从宗法血缘系统和国家机构二系合一（宗君合一）基础上的大规模强制集体耕作过渡到建筑在个体家庭经济基础上的中央集权体制的变化，大约完成于周秦之际。春秋战国时期开始进入铁器时代，新的锐利工具和先进的牛耕技术推动生产发展和社会变革，是引发这次大规模社会转型的深层动因。凭靠铁器牛耕的效率，大量荒地得到开垦。这些额外扩充的私田产品不再缴纳给国君。私田的主人将土地租给农民，收取田租，形成新的生产管理方式，极大地激发起个体农户的生产积极性。低效、落后的“公田”内“千耦其耘”的耕作方式遭到抵制，甚至造成“田在草间，功成而不收”的土地荒芜现象。各诸侯国纷纷将“公田”也租给农民耕种，井田制逐渐瓦解。建立在土地私有、个体农耕基础上的地主经济迅速壮大。新兴地主阶级强烈要求打破日趋僵化的由宗法贵族世代占有封土、控制军政大权的旧制，废除“世卿世禄”的特权，掀起旨在发展地主经济、富国强兵的改革风潮。秦王嬴政坚持发展春秋战国以来社会变革的进步成果，扫平六国，一统天下，废分封、立郡县，建立皇权至上、三公九卿、百官分理的中央集权官僚行政系统。推行“书同文”、“车同轨”、统一货币与度量衡以及“令黔首自实田”等重大改革。秦朝确立的一系列开国新制，对奠定统一多民族国家基业做出开创性贡献，为此后2000多年的历史开辟了新的发展方向。

从国家控制严密、劳役负担占据较大比重的体制过渡到人身依附关系相对松弛、租佃经济占据主导地位的变化，并最终实现贵族社会向科举官僚社会转型，则大体完成于唐宋时期。

隋唐以降，先进的曲辕犁耕作与筒车水利灌溉技术推动社会经济发展，建立在个体农耕基础上的庶族地主阶级冲破豪门大族世袭垄断，在国家政治生活中发挥重要作用，由此开启了从三省六部制到中唐两税法等一系列影响深远的制度创新。科举选官制度的确立，巩固和强化了这一变革，焕发出社会发展的活力。其中以两税法取代租庸调法的改制，是中国古代税制形态的重大变革。从此不再授田取税，意味着国家对土地私有权的广泛承认。“唯以资产为宗，不以丁身为本”① 的原则，体现了对劳动者人身控制和依附关系进一步削弱。加大货币纳税比重，则有利于商品经济成长和人口流动。这些都大大推动租佃制地主经济发展。至宋朝进而“不抑兼并”，允许土地自由买卖。至迟北宋中期，大部分土地已为中小地主私人所有。农业和手工业部门契约关系发展，佃农与工匠成为国家正式编户。1027 年宋仁宗下诏，明确规定佃农按契约完租后可自由迁徙，田主不得“非理拦占”。此后进一步规定地主不得役使佃农家属。大部分手工业作坊也都雇用工匠，按契约支付工钱，人身依附关系松弛。普遍实施租佃制、雇佣制这一生产关系方面的重大变革，极大地推动了社会经济发展、科技发达，商品经济与海外贸易空前繁盛。不但涌现大量集市城镇，还在世界上最早使用纸币，一些“金银彩帛交易”汇集于一巷，“屋宇雄壮，门面广阔，望之森然，每一交易，动即千万，骇人闻见”②，俨然如现代金融街。宋代的社会结构与民众社会生活也随之发生深刻变化。以往的士族门阀贵族彻底退出历史舞台，主要通过科学考试途径做官的庶族地主成为皇朝统治支柱。商人获准参与多种禁榷商品的专卖经营，社会地位尊崇。经济繁荣、市镇兴盛导致宋代城市人口大幅增长，这些非农业户城市居民逐渐发育成市民阶层，促成市井文化兴盛。一如《清明上河图》所展现的，都市各行百业兴旺，各色人等或劳作奔忙，或消闲戏耍，充满了世俗化情趣和蓬勃生机。唐宋以来的深刻变革，推动社会文明发展到新的高度，其间萌发出的诸多新鲜事物开始显露出一些近世社会的特点。

明中后期至清前期，无论在中国还是在世界范围都处于十分关键的转折时期。这时的中国尽管比起步入资本主义轨道的西方国家，国

---

① 《陆宣公集》卷 22。

② 《东京梦华录》。

力相对趋于衰落，但就其在自身农耕文明轨道的发展而言，又在唐宋高度发展成熟的基础上有所提高和突破。正是在这种背景下，开始出现工业文明萌动的迹象和趋向。

20世纪90年代以来，一些学者对中国社会能否自行发展成资本主义提出质疑，视“中国为什么没有现代化”为伪命题，并进而对这一研究中的中国情结和以西方模式为标准裁断中国历史进程的研究范式提出批评。需要说明的是，近代与现代在西文中是同一词，而在我们这里，现代化是指从产业革命开始的使人类生活形态和生产方式发生根本性变化的技术和经济以及与之相应的政治、社会结构、意识形态的变迁过程。而近代化则是指产业革命的准备阶段和向工业文明发展的过渡阶段，亦可视为早期现代化的过程，即从农耕文明中分离出迥异于传统模式的经济、社会与思想文化方面的变异，这些变异的发育成长带有向工业文明演进的鲜明趋向。需要厘清的还有“资本主义”和“资本主义生产关系”两个概念之间的差别。前者是指包括整个经济基础和上层建筑在内的一种社会形态，马克思曾郑重声明：“我明确地把这一运动的‘历史必然性’限于西欧各国”，并反对把西欧资本主义发展道路看成是“一切民族不管他们所处的历史环境如何，都注定要走这条路”。[①] 至于“生产关系”，则是指人们在物质资料的生产过程中形成的社会关系，包括生产资料所有制的形式，人们在生产中的地位和相互关系以及产品分配的形式。本书不从资本主义生产关系萌芽必然要发展成资本主义的理论预设出发，而是严格限制在经济领域就生产关系本身性质的角度使用资本主义生产关系及其萌芽的概念。

明中后期实施“一条鞭法”，以银代役、计亩征银，形成“视田如陷阱，是以富者缩资以趋末”[②] 的导向，商品流通扩大，商业资本

① 《马克思恩格斯全集》第19卷，人民出版社1975年，第430页，130页。
② 《隆庆实录》卷7。

日趋活跃，民间私营手工业迅速发展。一些经济发达地区出现一种把分散的雇工集中起来分工协作、社会化程度和劳动效率较高的民营劳动组合，与传统官办手工工场和民间手工作坊相比，发生了质的变化。据《明神宗实录》、乾隆《苏州府志》与隆庆元年《西台漫记》等文献记载，明万历年间苏州民户多以丝织为生，“机户出资经营，机匠计工受值”，机户靠手中的资本、生产资料购置劳动力，“张机为生”以增殖财富。主雇之间是“计工受值”或“计日受值”的货币关系。关于雇工“皆自食其力之良民也”、“有他故，则唤无主之匠代之”的记载，则表明雇工有人身自由。苏州的工匠分“匠有常主”和临时工两种，每日黎明按工种专长分立不同场所“听大户呼织”，表明当地已形成劳动力市场。这种经营形式是为购置劳动力增殖利润而进行的商品生产，并以自由雇佣劳动为特征，是典型的资本主义生产方式的萌芽。这种现象在明中后期以至清前期已经达到了一定的规模和数量，具有一定连续性和导向性。清乾隆年间《同盛井约》（1779 年）、嘉庆年间《天元井约》（1796 年），甚至反映四川自贡盐井生产中采用合伙集资“照股摊认”、“照股均分”的经营方式，其劳动组合已带有现代股份制的特征。与此相应，社会上提出“工商皆本”的主张，标榜“大贾富民者，国之司命也”[①]，发出“市井贱夫，最有理者”[②] 的呼喊。晚明还涌现了李时珍、宋应星、徐光启、朱载堉、徐弘祖等一批在传统科技领域取得一定突破的科学巨匠。他们重视实验、注重运用数理方法，显露出近代科学研究的特点。明清之际一些先进知识分子重科学、讲实际，高扬断义逐利、经世致用的主张，掀起一场批判旧世界、除旧开新的思想解放运动。这种要求个性解放、民主、平等、自由的带有早期启蒙性质的进步思潮，是对君主专制、纲常礼教猛裂的亵渎和撕裂。随着士绅与市民阶

① 王夫之：《黄书·大正第六》。

② 傅山：《圣人为恶篇》。

层壮大，通俗小说繁荣，更加贴近人民生活和社会现实，逐渐发展成文学的主流。人们的价值观念、社会风尚呈现出逐新求变、活泼开放的新鲜气息。无论在政治、经济、思想文化，还是在社会生活方面，都显露出新旧冲突变动的征兆。这些中国历史上前所未见的诸种内在关联因素的同时涌现并非偶然，它标志着烂熟的农耕文明母体并非千古不变，新因素的萌芽已经在为产业革命的启动准备条件。这表明即使不被鸦片战争打乱中国历史发展的自然进程，在中国高度发达农耕文明的母体中也孕育着工业文明的因素，为此我们把明中后期视为走向近代的端倪。在一些弃用资本主义萌芽概念的学者那里，似乎存在着贬抑这一变异的倾向。我们认为，不能因为对传统的理论框架与概念运用持异议，而自身又未能建构起相应的解释模式和概念体系，便因名废实，对明中后期发生的重大变异视而不见，避而不谈。明中后期在生产关系、劳动组合方面发生的我们称之为资本主义生产关系萌芽的重大变化，毕竟是清晰可辨的事实。这种生产关系方面的深刻变化是整个社会发展变动的产物，同时必然反过来对包括生产力、社会结构、上层建筑在内整个社会的发展产生深远影响。据实确认这一变异，乃是把握那一时代的历史特点，进一步探讨研判中国传统社会形态演变和社会发展路向的重要依据。

不过，向工业文明演进的近代化趋向并不必然导致进入资本主义社会。尽管中国明中后期呈现近代化趋向和西方资本主义萌芽时代相比，在生产力发展水平、生产关系状况、局部地区市镇经济繁荣程度以及远洋航海能力乃至推行科层制、民间识字率等等方面都明显处于领先地位，但“资本在它的萌芽时期，由于刚刚出世，不能单纯依靠经济关系的力量，还要依靠国家政权的帮助才能确保自己榨取足够的剩余劳动的权利”①。明清时期的诸多近代化因素非但未能得到国家政权的保护支持，反而遭到专制集权统治的严重压抑摧残。特别是明

① 马克思：《资本论》第1卷，人民出版社1975年第1版，第300页。

清鼎革的动荡和清初的倒退逆转，一度遏制了向近代社会演进的进程。康雍乾时期社会经济全面恢复发展后，又因空前严厉的文化专制统治，使政治层面和科学技术、思想文化领域的近代化因素难以发育。明清时期农村自然经济和乡土宗族血缘网络的再度胶合强化也阻滞着社会结构的更新。中国高度成熟的专制集权制度具有极富韧性的自我整合机制，不断扭曲化解异质变革因素，修补完善自身的体制，成为桎梏近代化因素发展的巨大障碍。固守密集型劳动模式的农耕藩篱和先进市镇被广大农村包围、牵制等诸多因素，限制了新生产关系的辐射力，压制了大规模工业化的变革，使中国突破产业革命的瓶颈格外艰难。这种把大量过剩劳动力控制在有限耕地之内的高度密集型经营模式，大大削弱了开发新能源和科技创新的驱动力，与文化专制一道成为刺伤清代科学技术的致命毒刺。有清一代在科技创新方面几乎毫无作为，丧失推进工业革命和社会变革的巨大动力。当西欧主要国家实现商品经济取代自然经济，大工业生产取代手工作坊，以法律为标志的国家权力取代君主贵族特权，人的理性冲破中世纪神学禁锢，科学战胜蒙昧，并通过产业革命相继进入近代工业文明轨道时，中国清皇朝专制集权体制却更趋强固，对外更加闭关自守，失去利用国际贸易优势地位开辟海外市场、刺激资本扩张、推进工业化的契机，并进一步导致闭塞、停滞、倒退，使中国更加远离世界发展潮流。不过专制政权的阻挠并不能完全阻挡社会深层的变动，清前期资本主义生产关系萌芽在规模、数量、分布领域和范围等方面均较前有所发展，继续在为产业革命的启动准备条件。这种在社会深层变动方面显示出的延续性、导向性，表明了中国向近现代工业文明转轨的历史必然性，尽管尚需经过一个相当长的历程，而且在具体发展道路上既会有和西方资本主义国家实现近现代化相同相近的一面，也必然会带有其自身独具的特点。

本书“向工业文明转轨”的第一层级及其下“曲折的近代化进程”、“向现代化推进”的第二层级，则标示中国社会经历着更为深刻的划时代变革。清皇朝的闭关锁国政策终究不能阻止工业文明大潮下殖民主义势力的入侵。资本主义的迅猛发展将全世界卷入商品流通巨大潮流之中，中国的发展进程再也不能孤立于世界历史发展之外，明清之际殖民势力的东来和“西学东渐”，是中国历史上第一次和在社会发展上居领先地位的工业文明相遇。在这次碰撞较量中，未能实现向近代化转轨的清帝国无可挽回地败退衰落。鸦片战争中断了中国传统的历史发展进程，使中国社会发生了巨大变化。如马克思论及中国近代历史进程所说，“与外界完全隔绝曾是保存旧中国的首要条件，而当这种隔绝状态通过英国而为暴力所打破的时候，接踵而来的必然是解体的过程，正如小心保存在密闭棺材里的木乃伊一接触新鲜空气便必然要解体一样”。① 帝国主义一方面通过一系列不平等条约严重损害了中国主权，给中国人民带来极大苦难；同时为了剥削廉价劳力、倾销商品、掠夺原料，进一步控制中国经济命脉，又在中国直接开办厂矿，修筑铁路，客观上播下了“新的社会因素”。这场马克思称之为殖民统治在亚洲造成的“最大的”、“唯一的一次社会革命”，破坏了中国传统的专制个体型家国同构农耕社会形态，并“充当了历史的不自觉的工具”②，促使中国走向某种程度的近代化。当然，西方列强的目的并非要在中国实现现代化，而只是在有利于实行殖民统治的前提下，刻意保留一些落后旧社会关系，有限制的发展资本主义。正如毛泽东指出的，“帝国主义列强侵略中国，在一方面促使中国封建社会解体，促使中国发生了资本主义因素，把一个封建社会变成了一个半封建的社会；但是在另一方面，它们又残酷地统治了中国，把一个独立的中国变成了一个半殖民地和殖民地的中国。”③（这表明所谓“半殖民地半封建”的确切含义是指半殖民地半独立与

① 马克思：《中国革命和欧洲革命》，《马克思恩格斯选集》第1卷，人民出版社1995年第2版，第692页。

② 马克思：《不列颠在印度的统治》，《马克思恩格斯选集》第1卷，人民出版社1995年第2版，第765、766页。

③ 毛泽东：《中国革命和中国共产党》，《毛泽东选集》（合订本），人民出版社1964年版，第624页。

半封建或半传统半资本主义）同时毛泽东还指出：在帝国主义侵略造成的冲击或改造过程中，“随着也就产生了中国这类国家的民族资产阶级和无产阶级。同时并使农民破产，造成了广大的半无产阶级。这样，西方资产阶级就在东方造成了两类人，一类是少数人，这就是为帝国主义服务的洋奴；一类是多数人，这就是反抗帝国主义的工人阶级、农民阶级、城市小资产阶级、民族资产阶级和从这些阶级出身的知识分子，所有这些，都是帝国主义替自己造成的掘墓人，革命就是从这些人发生的”。①

总之，在世界工业文明大潮冲击之下，近代中国沦为半殖民地半封建社会及人民群众反帝反封建的过程，也是产生资本主义因素从传统农耕社会向近现代社会发展的过程。其间既有林则徐、关天培、左宗棠、冯子材等抗击侵略的英勇斗争，以及太平天国、义和团等传统的农民反抗斗争；也有洋务运动、戊戌维新变法争取早期现代化的艰难探索。在那个时代，实现民族独立、国家统一和反对国内专制腐朽统治、争取政治民主，是实现近现代化的重要前提。而最终只有跟上时代潮流跨入近代化轨道方能从根本上救亡图存，自立于世界民族之林。两条主线交集在一起，钩锁关联。在一个多世纪扭曲的近代化进程中，中国人民正是通过反对帝国主义和封建主义（即清皇朝及反动军阀专制腐朽黑暗统治）的斗争，不断推进民族工业的发展。1911年孙中山领导的辛亥革命在政治上推翻专制帝制，民主共和观念逐步深入人心。继而中国共产党领导的新民主主义革命，又赋予资产阶级性质的革命以社会主义的前途。中华人民共和国的成立，结束了半殖民地半封建社会的历史，迈入社会主义初级阶段，经反复探索，走上改革开放之路，推行重大经济体制改革，加强民主法制建设，终于得以加快向工业文明转轨的历史飞跃。

---

① 毛泽东：《唯心历史观的破产》，《毛泽东选集》（合订本），人民出版社1964年版，第1517页。

当然历史并非直线发展，在各阶段中的不同历史时期也会出现一些有悖于整个历史发展大势的非主流的变异；我们勾划的分期框架也还只是一种粗线条的把握，并非用来刻板规整各卷的条框，还有待各分卷在主纲、主线、大的原则和定位方面与全书呼应协调的同时，进一步细密化，根据本时段具体情况，概括自身的时代特点。至于以往通常用"封建时代"概念涵盖的历史时代（周秦之际——明清）则大体相当于本书"专制个体型家国同构农耕社会"时期。用"宗法农耕社会"替代"封建社会"作为总摄这一历史时代社会状况的指称，应该更加符合历史实际。

（六）历史发展的动力

对历史发展动力的诠释，是构成唯物史观的一个重要方面，关系到能否准确揭示社会历史辩证运动的轨迹与规律。以往对马克思主义经典作家相关论述的曲解与误读，曾对史学界在这一问题的看法上带来一些倾向性的偏失，有必要正本清源加以厘正。

恩格斯在《社会主义从空想到科学的发展》英文本序中明确指出："一切重要历史事件的终极原因和伟大动力是社会的经济发展，是生产方式和交换方式的改变，是由此产生的社会之划分为不同的阶级，是这些阶级彼此之间的斗争。"① 在1890年致约·布洛赫的信件中，恩格斯再次强调，"根据唯物史观，历史过程中的决定性因素归根到底是现实生活的生产和再生产"。他同时指出，"经济状况是基础，但是对历史斗争的进程发生影响并且在许多情况下主要是决定着这一斗争的形式的，还有上层建筑的各种因素"，其中包括"阶级斗争的各种政治形式和这个斗争的成果"，以及"政治的、法律的和哲

① 《马克思恩格斯选集》第3卷，人民出版社1995年版，第705页。

学的理论”等等。最终“这里表现出这一切因素的交互作用，而这种交互作用中归根到底是经济运动作为必然的东西通过无穷无尽的偶然事件（即这样一些事物，它们的内部联系是如此疏远或者是如此难于确定，以致我们可以忘掉这种联系，认为这种联系并不存在）向前发展”。[①]

我们对唯物史观历史发展动力论的认识可以归结为以下几点：

第一，推动社会历史发展的终极原因是经济基础，这是“最原始的，最有决定性”[②]的伟大动力，但非唯一的动力，而且这种动力往往通过制约一些交互作用的环节曲折地显现出来。斯大林主义的失误就在于忽视了对人与自然关系、人类自身及社会关系、社会生活以及上层建筑的生产与再生产做整体关联的总体研究，而将物质生产视为人类历史的唯一基础。一如马克思曾经批评过的，用政治经济学范畴构筑某种思想体系的做法是把社会体系的各个环节割裂开来，“把社会的各个环节变成同等数量的互相连接的单个社会”。[③]我们的通史既要在研判历史分期、社会转型时将经济基础奉为主要依据，结合具体史实体现“透过各种偶然性来为自己开辟道路的必然性，归根到底仍然是经济的必然性”[④]的原则；同时要放弃机械地从经济上说明一切问题的企图，否则“要不闹笑话，是很不容易的”。[⑤]

第二，如马克思、恩格斯所强调的，阶级斗争是“历史的直接动力”，是“现代社会变革的巨大杠杆”[⑥]，在许多情况下都作为能动的变量，更为“直接”的决定着社会发展的进程。不过阶级的存在以

---

① 《马克思恩格斯选集》第4卷第477页。
② 《马克思恩格斯选集》第4卷第487页。
③ 马克思：《哲学的贫困》，《马克思恩格斯全集》第4卷，人民出版社1958年版，第145页。
④ 《马克思恩格斯选集》第4卷第506页。
⑤ 《马克思恩格斯选集》第4卷第478页。
⑥ 《马克思恩格斯选集》第3卷第685页。

及阶级斗争的格局，本身就是因“生产方式和交换方式的改变”而产生；“政治权力不过是用来实现经济利益的手段”①，必然要受到经济因素的制约。我们在通史著作中当然应该把握阶级斗争这条附着于经济中轴的主线，将其放置在“生产方式和交换方式的改变”背景下考察，包括从经济基础的角度去审视、评价其性质与效应，唯其如此才能真正显示出这种阶级斗争的“动力”作用。而生产力得以飞跃进步和新生产关系的确立发展，也确实在很大程度上要通过阶级关系的调整与阶级斗争方能实现。春秋战国时期，土地私有、个体农耕经济迅速发展，以吴起、商鞅为代表的新兴地主阶级与维护旧生产关系的宗法贵族之间展开殊死斗争。最终在打碎旧制的基础上，由地主阶级实现新的统一，推动社会取得巨大进步。这时的兼并战争也因此在一定程度上被赋予了扩大改革新政的积极意义。这种代表先进生产关系的新兴阶级与维护旧生产关系统治者之间的斗争，尤其发挥着革命性的推动作用。在以农立国的中国古代反复爆发的大规模农民战争，虽因不代表新生产关系往往成为改朝换代的工具，但却不断为调节旧生产关系落后环节扫清障碍，对制约新王朝促使其改辙更新产生积极影响。中国古代赋役制度变迁中呈现人身依附关系削弱、货币因素增加的趋向，也明显是社会经济发展和农民长期反抗斗争冲击的结果。毛泽东之所以称农民的阶级斗争是中国古代“历史发展的真正动力”，正是“因为每一次较大的农民起义和农民战争的结果，都打击了当时的封建统治，因而也就多少推动了社会生产力的发展”。② 至于近现代生产方式、阶级关系的变化以及阶级斗争的巨大作用，一如前文第四节所述，表现得更为典型。总之，新编通史将在“生产力与生产方式”经济中轴线观照下，把握阶级关系与阶级斗争演变的历史，并通过与之关联互动的环节，将其打破旧生产关系束缚、解放生产力和

---

① 《马克思恩格斯选集》第4卷第246页。

② 毛泽东：《中国革命和中国共产党》，《毛泽东选集》第2卷第588页

推进社会变革的动力作用展现出来。与之相关的是，我们在强调国家机器实行阶级压迫与暴力镇压职能的同时，还应高度重视国家履行社会公共管理的职能。恩格斯在《反杜林论》中就曾指出，“政治统治到处都是以执行某种社会职能为基础，而且政治统治只有在它执行了这种职能时才能持续下去”。即使是无产阶级专政的国家其实质也主要不在于暴力，而在于“无产阶级的组织性和纪律性”①，在于国家治理的功能。事实上举凡政治、经济、文化诸方面的发展，无论正负哪个方向，都离不开国家政权的管理运作。假使国家“离场”缺位，是根本谈不上国家、民族和文明的发展的。我们在对阶级斗争动力作用合理定位时也将更多关注国家机构实施社会公共管理的职能。

第三，驱动历史发展的动力绝非单一孤立的因素，而是综合在一起整体运动的合力。恩格斯在致布洛赫的信中已经提到，对历史进程发生影响的除了经济运动、阶级斗争的各种形式外，还有上层建筑的多种因素，包括那些“存在于人们头脑中的传统”。他还进一步指出，“历史是这样创造的：最终的结果总是从许多单个的意志相互冲突中产生出来的，而其中每一个意志，又是由于许多特殊的生活条件，才成为他所成为的那样。这样就有无数互相交错的力量，有无数个力的平行四边形，而由此就产生出一个总的结果，即历史事变，这个结果又可以看作一个作为整体的、不自觉地和不自主地起着作用的力量的产物”，最终各个人的意志“融合为一个总的平均数，一个总的合力”。② 在这些合力中，既有短时期各种主体意志活动造成的爆发性、事件性的冲击，也有长时段内在的、根本性的、包括结构性的制约。这种由经济基础的决定性和历史主体能动性、选择性等多种主客观因素构成的合力，体现出整体性、系统性和关联互动的特点。

---

① 列宁：《向匈牙利工人致敬》。

② 《恩格斯致约·布洛赫》（1890年9月21—22日），《马克思恩格斯选集》第4卷第478—479页。

历史并非尽是金戈铁马的杀伐征战和波诡云谲的政局变幻。本书摒弃以阶级斗争为纲、将阶级斗争视为历史发展根本动力的偏颇。在充分认识阶级斗争以及革命推动历史发展“火车头”作用的同时，也不应忽略变革前的长期积累和革命后的长期延续。我们将比以往更多地关注社会长期性、连续性、渐进性的发展变化过程，更多注意结构性的变化，从社会结构——功能及其运行机制和生产方式、社会制度漫长的孕育过程中去寻找经济增长、社会发展的原因。对于体现这种结构性、制度性变迁，通常由统治阶级主导的改革变法，包括补弊救偏的改良举措，给予充分肯定。这种改革派、改良派反对落后、保守旧势力的斗争与革命形势成熟之际蓄意用一些细微改善去转移方向以消弭革命浪潮的“改良主义”有本质区别。即如中国近代史上提倡“自强”、“求富”、救亡图存的洋务运动和维新变法运动即属统治阶级自救的“改良”性质。尽管在不能摆脱帝国主义压迫、不彻底推翻腐朽专制统治的格局下不可能实现近代化的目标，但他们引进西方近代技术、设备和管理方式，兴办工矿交通实业，以及开办新式学堂、派遣留学生学习近代科学技术、加强与世界联系等举措，刺激了资本主义生产方式和近代化意识的生长，还是在实现中国工业化、近代化道路上做出开创性的探索，起到推动和引领的作用。

新编中国通史还对科学技术改进的巨大推动作用给予高度关注，将其视为是能够转化为第一生产力的巨大力量。中国古代的火药、指南针、印刷术便被马克思称为“是预告资产阶级社会到来的三大发明”。① 西方近代科学技术的进步则引发了工业革命，把人类社会推向现代工业文明。确如马克思所说，“科学是一种在历史上起推动作用的、革命的力量”。② 也如恩格斯指出的，科学是“无穷无尽的生

① 《机器、自然力和科学的应用》第67页，人民出版社1978年1月第1版。

② 恩格斯：《在马克思墓前的讲话》，《马克思恩格斯选集》第3卷第575页。

产能力”。[①] 当然，一些处于“潜力”状态的科学理论，只有结合生产力发展、经济结构变化、社会需要的刺激以及国家政策的激励引导，方能充分、有效、创造性地转化为生产力。

事实上，无论在中国还是在世界范围，诸如气候变迁、大规模移民、帝国的扩张、生物物种扩散、疾病传播以及不同国家与地域之间科技、宗教、文化的交流等因素，都曾直接间接对历史发展进程产生巨大影响。至于如何充分展现鲜活生动的偶然性、瞬时性场景及各种主客观因素相互关联整合的“总的合力”的运动路线与过程，并揭示隐蔽其间的规律，做到丰富性和规律性的辩证统一，显然是通史著作面临的重大挑战。我们将在体例设计和编写进路部分对此作出回应。

（七）历史唯物主义与当代史学发展趋势

历史唯物主义理论诞生之后产生了深远影响，特别是第二次世界大战以来影响迅速扩大。英国历史学家杰弗里·巴勒克拉夫《当代史学主要趋势》一书指出，“今天仍保留着生命力和内在潜力的唯一的‘历史哲学’，当然是马克思主义”。当代著名历史学家，包括对马克思的分析抱有不同见解的历史学家，“无一例外地交口称誉马克思主义历史哲学对他们产生的巨大影响，启发了他们的创造力”。该书还具体列举了唯物史观对历史学家思想产生影响的五个主要方面：促进了历史学研究方向的转变，“从描述孤立的——主要是政治的——事件转向对社会和经济的复杂长期的过程的研究”；研究人们生活的物质条件；促进了对人民群众历史作用的研究；关于社会阶级结构观念以及对阶级斗争的研究产生了广泛影响；强调不仅应当记载按年代顺序发生的一

① 《政治经济学批判大纲》，《马克思恩格斯全集》第1卷第616页。

系列事件，而且应当从理论上对这些事件进行解释，唤起对历史学理论的兴趣。巴勒克拉夫同时指出，“马克思是最不教条、最灵活的作者”。自从马克思时代以来，“不仅历史知识的数量增长了一百多倍，就连社会学的分析能力和心理学的认识能力也成百倍地增长了”，有必要把历史研究推进到更完美更高级的阶段，“在新的知识背景下，在我们生活于其中的迅速变化的世界条件下，有所提高，有所发展”。①

第二次世界大战以来，历史研究的重大进展首先表现在广泛吸取其他学科的视角和方法，兴起诸多不同层级的分支学科。其中除社会史、文化史、历史人类学外，尚有新经济史、新政治史、思想史、法律史、军事史、宗教史、心态史、妇女史、家庭史、生活史、医疗史、城市史、全球史、区域史、环境史、比较史学、心理史学、计量史学，以及相关的人口学、语言学、考古学、文献学、口述史等等。研究领域大大拓展，更为精确细致，成果丰硕。

与此同时，学术流派纷呈，不断涌现出新的观念和新理论、新方法，一些重要成就逐渐发展成史学界广泛认同的趋向。诸如新史学大力倡导历史学与其他相关学科结合，展开跨学科综合研究，互相补充完善、交叉融合，成为有机联系的整体系统。年鉴学派提出将历史时间分为长时段（地理时间，大的趋势，结构）、中时段（社会时间，局势）、短时段（个人时间，事件）的理论，尤其关注整体关联、综合的“总体史”研究。历史人类学对微观史学、日常生活史的个案研究，既关注地方性、主体实践性，十分鲜活生动；又小中见大，揭示历史表象背后深层的社会意义。史学界长期以来只注重时间的脉络，而不甚注意空间的观照，新史学则对环境、生态、区域社会的发展投放了极大的注意力。以往的历史大多是精英的历史，是重大事件的历史，忽视了历史上的广大人民群众，忽视了具有相对独立性的民

① 参见杰弗里·巴勒克拉夫：《当代史学主要趋势》，杨豫译，上海译文出版社1987年版，第261、27、262、43页。

间文化，忽视了占历史中大多数时间的日常生活，这种状况都在很大程度上得到改观。

不过也应看到，虽然上述种种取向，包括重视主体在历史发展过程中的自主能动性，以及在研究方法上注意整体的、系统的、多层次的相关分析，确有不少合理、精辟之处，给我们以有益的启示。但是过分夸大主体作用，忽视社会关系的制约，未能揭示社会存在的决定作用则是使一些西方史学研究陷入唯心史观的致命弱点。即如年鉴学派强调研究普通人的历史，注意地理的、经济的、社会的、心理的各种因素对历史发展的影响，但他们却否认物质生活的生产方式制约着社会生活、政治生活和精神生活的过程。西方马克思主义批判社会形态五阶段直线演进理论，强调历史过程的能动性、主体性、总体性和辩证性，对重建被斯大林曲解了的历史唯物主义做出有益努力，但却存在忽视资本分析和专重文化、意识形态的偏向。“新文化史”主将在彰显语言是理解事物以及生产和交流意义的前提时，又将话语结构、“语言学转向”夸大为具有决定性的意义，标榜语言从根本上建构、塑造了世界。后现代主义史学强调个体主观认识的差异性、多样性，是对传统史学简单划一程式化“宏大叙事”的冲击；而过分热衷于把整体、连续的历史“拆解”、“颠覆”为互不关联的碎片以及冀图用历史文本的主观性取代历史本体客观性的随意“解构”，则不免误入历史虚无主义的歧路。再如马克斯·韦伯用伦理道德观念去解释社会发展的思路产生了广泛影响，以至被一些学者称作已构成“对唯物史观的一种有力的反驳”。而事实上新教伦理固然推进了资本主义的发展，但它本身却正是资本主义物质生产关系发展的产物。在资本主义萌兴时期基督教曾经试图抗拒，其后大势已去，才逐渐修正其教义以附和资本主义的意识形态。韦伯的理论是对庸俗唯物论的有力挑战，却并未动摇马克思主义唯物史观的权威性。

马思主义哲学是建立在实践基础上的唯物论和辩证法的统一。它强调研究任何问题都应从既有的事实出发，求真崇实；并以联系的、运动的和发展的观点去认识事物，考察历史。马克思主义提出的认识人类历史活动的一系列概念及对其相互关联的阐释，有效地从理论上廓清了各种社会现象的分类、定位及其相互间的内在联系，由此揭示出社会发展的原因、路径和趋向以及隐蔽在偶然性后面的规律，使人透过纷繁莫辨的乱象豁然开朗，清晰地把握住历史发展的轨迹与秘密。这种历史唯物主义理论并非剪裁历史的公式，其真正价值在于提供了科学说明历史的方法。

近20多年，后现代史学和微观史异军突起，包括对气味、汗水、毛发、疼痛之类纤毫细处的深入研究令人耳目一新，是对过往刻板僵硬宏大叙事的“离经叛道”，有其积极合理的一面。但这并不意味历史研究要告别宏大叙事。一味沉浸在斑驳陆离的碎片之中，难免遮蔽对“天人之际”、“古今之变”大局的探寻，对历史发展的大势总向反而懵懂不晓。尤其在全球化趋势加剧、全球史方兴未艾的当下，史学界更加呼唤对长时段历史大势和全球变革宏大理论的关注。人们理所当然的期待历史学能够提供把握社会发展大潮流、大趋势、大变革、大转型以及中国路径下固有结构、格局和规律等经世之学的大视野和大智慧。当代史学发展的这种趋势，正显示出唯物史观的强大生命力和巨大影响力，至今占据着引导历史研究理论与方法的制高点。巴勒克拉夫列举的五个主要方面便是明证。年鉴派大师布罗代尔在阐释其“长时段”理论时也说：“马克思的影响经久不衰的秘密，正是他首先从历史长时段出发，制造了真正的社会模式。”① 把研究视野扩展到整个宇宙的新兴跨学科“大历史”论首倡者大卫·克里斯蒂安同样强调：“马克思主义史学就属于一种宏大的历史叙事，因此马克思也可归入‘大历史学家’的范畴。”② 当然，马克思主义唯物史

---

① 费尔南·布罗代尔：《长时段：历史和社会科学》，顾良、张慧君译，中央编译出版社1997年版，第202页。

② 《大历史：在宇宙演化中书写世界史》，《光明日报》2012年3月29日。

观并不排斥微观史，而是讲究从关联互动的整体背景下去描述、阐释这些闪光的片段，并依托这些“细节”凝聚成整体，多角度折射出宏大历史的光彩。近年欧美兴起的“实践史学”，其实也在某种程度上更多的显现出回归马克思的色彩。

当今网络数字技术为史学研究带来新资料、新信息、新工具，催生新变革，以至第22届国际历史科学大会特将“历史学的数字化转向”列为讨论主题。但显然，这种新技术只有在理论指导和史学素养统领下才可能发挥高效率，实现新飞跃，否则很难避免“以堆积资料代替研究”、“以粘贴伪装学问”的乱象。和巴勒克拉夫撰写《当代史学主要趋势》的20世纪80年代相比，当今历史知识的数量和分析、认识能力的增长已远远超过100多倍。研究领域的极大拓展，研究深度的细密精准，研究理论和方法的丰富多样，以及在丰硕成果中体现的科学性、准确性和深刻性，都推进到一个崭新的高度。正如江泽民在中国共产党第十五次全国代表大会上的报告所指出的，“马克思主义必定随着时代、实践和科学的发展而不断发展，不可能一成不变”。历史唯物论和辩证唯物论本身体现了批判、变革、开放、创新的精神，它要求兼采博取最新科学文化成果，接受新的实践经验的不断检验，以调整、丰富、充实、发展自己。我们认为，江泽民关于在中国真要建设社会主义，“那就只能一切从社会主义初级阶段的实际出发，而不能从主观愿望出发，不能从这样那样的外国模式出发，不能从对马克思主义著作中个别论断的教条式理解和附加到马克思主义名下的某些错误论点出发”的意见，对于研究中国历史同样具有极大指导意义。毕竟“马克思主义是科学，它始终严格地以客观事实为根据”。① 而斯大林比照物质运动的自然规律将人类历史发展进程机械划一地框定为直线演进的模式，正是对马克思历史唯物主

---

① 江泽民：《高举邓小平理论伟大旗帜把建设有中国特色社会主义事业全面推向二十一世纪——在中国共产党第十五次全国代表大会上的报告》。

义的曲解。马克思、恩格斯在《德意志意识形态》一书将物质生产、精神活动和自身繁衍列为人类历史活动的三个基本方面。如前文所述，中国史学界长期以来对这三者的定位都存在重大的导向性偏失。何况马克思、恩格斯没有机会对中国历史进行系统深入的研究，《家庭、私有制和国家的起源》一书没有片言只语谈及中国古代社会。而中国古代的社会结构和文化类型与西方相比又确有很大差异。我们借鉴主要从研究西方历史过程中形成的概念、话语、范式固然必要，但不顾史实一味以西方的框架为蓝图硬套，则不免陷入刻舟求剑、缘木求鱼的迷局。如所周知，中国既不是只有古代史的逝去了的古国，又非仅有晚近历史的“后生”，又兼疆域辽阔、人口众多，发展成一种重要的文明类型。其间呈现出独特的社会结构、文化导向、发展路径、演变轨迹，理应立足于中国史实加以概括、总结。何况只有将中华文明的历史融入世界范围深入考察，才真正谈得上是对整个人类的历史研究，而在中国研究缺席情况下概括出的人类历史经验，难免会有残缺与局限。今天我们坚持以历史唯物主义为指导，坚持马克思主义中国化、时代化的方向，纠正以往简单化、教条化偏向对马克思主义的曲解和对史学研究的误导，摒弃处处套用西方话语、拿中国历史比附西方历史的简单粗糙线性进化论的模式，批判地汲取国内外史学研究的最新成果，兼收博采、综合创新，详细占有史料，实事求是地对中国历史展开原创性研究，建构起既具有中国特色又同国际接轨的学术话语体系，理当在通史建设的理论、体例、内容等方面有所丰富和发展。

（八）理论提纲

新编中国通史涉及诸多重大理论问题，其中与历史唯物主义基本观点相关、特别是涉及本书特色和创新依据的主要问题前文已详加辩析。不过这种更具针对性的“导论”，毕竟不似专讲理论的总论齐整规范，还有一些问题在我们的框架中已从不同角度论及，为避免重复不便再列专节详论，为此单设“理论提纲”一节，就全书重点关注的方面列出较为系统的纲目，作为提示各卷贯注始终的理论框架。

自然基础：人类历史发展的前提与舞台

（一）自然基础与人类历史发展的关系

（二）中国历史地理生态环境的基本特征及其对中国历史发展的影响

概貌与基本特征

对社会性质及发展路径的影响

对人的素质与文化类型的影响

对区域经济、民族分布与大一统格局的影响

对治乱兴衰与社会发展的影响

对中外交往（封闭与开放）的影响

创造历史的主体——人与文化

（一）创造历史的主体——人

人的本质

创造历史的活动（物质生产、人类再生产、信息文化生产）

人民群众与杰出人物在历史发展中的作用

（二）文化的概念、结构及其在人类创造历史进程中的地位作用

（三）中华文化的的渊源流变

（四）主文化与亚文化、反文化的对立统一

（五）传统文化的类型特点

含文化精神、民族性格及诸种意识形态等文化具象的风格特点

（六）传统文化的社会效应与历史影响

（七）文化的变迁与新文化的建构

社会生产方式

（一）基本理论

物质生产、社会存在与精神文化、社会生活的关系

生产力与生产关系矛盾运动对社会发展的终极推动作用

（二）中国历史上生产力的发展演变

包含科学技术

（三）中国历史上生产关系的发展演变

含所有制、分配形式、管理模式、生产者地位

（四）中国历史上的自然经济和商品经济

（五）中国历史上的生产方式与经济结构及其对社会发展的影响

以精耕细作型农业自然经济为主，“中华民族”视角下的农牧布局、互补，在农耕自然经济体制下的多元经济

农业、手工业、商业等部门之间的关系

官营和私营的关系

多种生产方式并存与主要生产方式的变革等

（六）农耕自然经济向工业化的转轨过渡

从资本主义生产关系萌芽到社会主义初级阶段的经济体制改革

社会结构

（一）基本理论

（二）阶层、阶级与等级的升沉兴衰

包括互相之间的对立统一关系

（三）家庭、家族与宗族血缘纽带

（四）妇女的地位、作用与妇女问题

放置在社会结构与国家模式框架中定位，体现马克思“没有妇

女的酵素就不能有伟大的社会变革”的思想

（五）社会群体与社会组织

（六）社区、城乡定居格局与城镇的发展

（七）传统农耕社会结构的总体特征及其在近现代化过程中的变迁

国家政体与社会控制

（一）基本理论

关于国家的性质、职能及政体等

（二）家国同构的政权统治及其变迁

君权与决策系统

行政管理与监察系统

近现代国家政体的变革

（三）军队

机构

建制

规模

军权的控制

性质

功能

（四）法律与司法

中华法系的主要精神、特点、效应

（五）教育与文官选任

（六）文化政策与思想控制

（七）礼乐教化

（八）传统社会实行社会控制的特点及效应

（九）中央集权与君主专制体制的特点及其历史影响

统一多民族国家的形成与发展

（一）关于民族、国家的基本理论

（二）汉民族、中华民族、统一多民族国家形成发展的轨迹

疆域与主权的演变

中央政府和少数民族政权的和战关系

民族友好交往与斗争

在碰撞中交融的趋势与主流

（三）统一多民族国家形成发展的诸种因素

（四）统一多民族国家的特点及大一统格局的历史意义

中国历史发展的大势总向与类型特点（中外对比的角度）

（一）中国与世界

把中国放置在世界范围内定位，与世界其他国家、文明共时性对比同异，考察相互影响

（二）中国历史发展的大势总向

历史发展的阶段性分期与走向

（三）中国历史发展道路的特点

原因

评价

（四）中华文明的基本特征

（五）从历史走向未来

展望中国特色社会主义道路的特点及实现现代化的前景

二、"中国路径"探讨

人类社会的发展固然有一些共同的基本趋势，不同的民族、国家和地区之间由于自然环境的制约、生产力和生产方式变迁以及历史发展进程和文化选择的差异，也会形成各具特色的社会类型，在不同的历史阶段表现出不同的特征。其发展演变的具体途径和方式也不可能完全一样。古代中国与西欧在经济基础、国家政体等方面的一系列重大差异，体现了人类社会发展的多样化和不平衡性，显示出中西各自发展道路的特殊性。

中国是世界上起源最早的文明古国之一，疆域辽阔，人口长期保持在世界总人口1/3左右，中华文明绵延五千年，是世界上唯一没有中断的古老文明。这种从横向分布空间、纵向延续时间及人口众多三个"世界之最"中孕育发展起来的中华文明在世界范围堪称独一无二，具有重大的世界性意义。正如"十八大"以来习近平总书记所指出的，数千年来，中华民族走着一条不同于其他国家和民族的文明发展道路。中国特色社会主义道路是在改革开放30多年的伟大实践中走出来的，是在中华人民共和国成立60多年的持续探索中走出来的，是在对近代以来170多年中华民族发展历程的深刻总结中走出来的，是在对中华民族5000多年悠久文明的传承中走出来的，具有深厚的历史渊源和广泛的现实基础。只有坚持以马克思主义唯物史观为指导思想、以中国历史实践为事实依据，方能真正把握"中国路径"

的脉络、特征这一建构中国通史的主轴、主线。

本书第一部分关于社会形态、历史分期和社会转型的描述，侧重于对中国历史的大势走向、基本脉络和阶段性特征的总体把握，概要展现了作为人类文明一种重要类型的“中国路径”的主要特征及其发展理路与变迁轨迹。这种主要基于内源式发展，明显有别于西欧、北美、前苏联东欧、东亚等区域发展道路的特殊路径，不但表现在前述社会结构、社会形态等方面，还突出体现在经济、政治、文化等诸多领域。本章将从价值取向、治国方略与制度、实践模式三者统一的角度把握中国道路在不同领域的具体形态，重点探讨如何准确把握中国路径下的农耕自然经济和集权政治建构以及宗族农耕社会中的性别与妇女问题，处理好中国历史上的民族与疆域问题以及对传统文化正确定位等问题。新编中国通史不但要展现其特征、轨迹，还要揭示其根源，评价其影响。只有实事求是地把握住“中国路径”的历史发展特点，我们才能通晓历史发展的时代特征和历史发展的基本趋势，进而真正认识社会主义初级阶段的基本国情，真正认识当代中国和当今世界。

（一）中华民族与统一多民族国家

从世界范围来看，中华文明的最大特点就是绵延不绝，从未中断。而这又和较好解决民族关系问题、呈现出中华民族“多元一体”格局以及大一统国家不断巩固发展密不可分。如何处理中国历史上的民族与疆域问题、准确把握统一多民族国家形成发展的脉络、路径，是通史建设面临的一个重要课题。

长期以来，斯大林关于民族的定义广为流行。斯大林在《马克思主义和民族问题》中提出：“民族是人们在历史上形成的一个有共同语言、共同地域、共同经济生活以及表现于共同文化上的共同心理素质的稳定的共同体。"[①] 这当然是根据欧洲资本主义上升时期民族国家情状概括出的定义，其间指涉的四方面要素确有重要的参照价值。但近代西方民族共同体毕竟曾经经历过一个"历史上形成"的过程，况且在不同地域、国家之间民族的形成、发展也会呈现出一些自身的特点，不可不顾时空差异生搬硬套。在中国，一如费孝通所指出的，同为汉族中间就存在许多互不相通的"方言"；同一地区里可能有不同民族共同居住，同一民族也可能分住多处；而同一民族的经济生活也至多是相同或相似，而并非"共同"。

新编通史认同费孝通关于"中华民族多元一体"格局的论述。中华民族是包括中国境内五十多个民族结合成的相互依存、统一而不能分割的整体。在历史上经历了从分散、孤立存在的诸多民族单位结合成一体的过程。其间汉族作为主体民族发挥了凝聚各族的核心作用。高层次的中华民族认同并非取代或排斥基层民族各自发展的原有特点，而是呈现为差异的一致，形成多语言、多文化的复合整体。中华民族作为高层次认同的民族，实质上即为中国疆域内各具个性的多元基层民族凝聚成的统一复合体。[②]

与中华民族多元一体格局相对应的是，中国作为统一的多民族的国家，在历史上也经历了一个从分散到统一的漫长分分合合的形成发展的过程。亦如白寿彝所指出的，中国历史上经历过诸如匈奴、吐蕃、契丹、蒙古等由许多部落统一起来形成民族共同体的单一民族内部的统一。也经历过多民族内部的统一，例如：三国时期的魏、蜀、吴，俱为以汉族为主体，并分别与本地区少数民族统一起来的地区性的多民族的统一。而秦汉、隋唐、元、明、清等时期则都形成了以汉族为主体的全国性的多民族的统一。[③]

---

① 《斯大林全集》第2卷。

② 参见费孝通主编：《中华民族多元一体格局》"代序"、"导论"，中央民族大学出版社，1999年版。

③ 参见白寿彝主编：《中国通史》"导论卷"第一章，上海人民出版社1989年版。

从文明发展进程的角度来看，中华文明是世界上独立起源的文明之一，其自身演进轨迹则呈现出多元发展而又以中原为核心，互相渗透、融聚一体的特点。

中华先民分布的东亚大陆大部分处于北温带，地域辽阔，水系丰富，而周边是高山、广漠与海洋，在古代形成与西方文明中心距离遥远相对独立的地理单元。在这拥有充分回旋余地的广阔空间中，既有适合农耕的大片沃壤，又有宜于狩猎、放牧和渔盐商贸的山林、草原和河湖沿海等各种环境。这种差异性和多样性的生存环境，有利于社会交往与多元互补。至迟在新石器时代繁荣阶段，已呈现出以黄河流域、长江流域为主的“满天星斗”的聚落布局。处于文明前夜的长江流域因气候炎热、林木荆棘郁闭度较高，影响了社会发展步伐。而孕育了以谷类作物为主原始农业的黄河中下游中原地区，则得益于较为开阔便于交往的地形条件，以及组织起来抗御北方游牧部族袭扰与实施公共治水工程的需要，催动社会组织和管理机构发育成长，跨入以国家为标志的文明门槛。率先完成这一飞跃的中原地区因此在相当长的历史年代确立了对周边地区的优势，中原文化遂在中华文明的发展中占据了主源、主导和主流的中枢地位。这种主导、主流地位集中表现在生产力与生产关系方面的先进性，社会结构与政治制度方面的权威导向以及意识形态与文化精神方面的正宗原典地位。在这片土地上，不但先后孕育出了早期最为先进的仰韶文化、龙山文化，而且于春秋战国时期发明、推广牛耕铁犁，直到唐代发展成以曲辕犁为标志的高度成熟的精耕细作型农耕经济。而这种高技术、先进生产力则直接导致生产方式从强制集体劳役过渡到人身依附关系相对松弛的租佃模式。正是这种在全国以至世界范围最为发达的生产力以及最先进的生产方式，构成了中原文化的核心。与此相应，自夏商周三代至秦汉、隋唐、北宋诸代都会均聚集于黄河中下游地区。深深刻下中华特色烙印的血缘、地域二系合一社会结构，高度统一的中央集权政体，以及与之相关的三省六部、科举选官等重大典制均在此时期发展、定型，臻于成熟。中原地区由此奠定全国政治中心的地位。历史上各区域、民族政治集团之间力量对比格局的进退消长，几乎无不导致“问鼎中原”“逐鹿中原”的较量，便是这一地区正统核心地位的客观反映。中原地区在精神文化领域的中枢地位不仅表现为在诸多领域孕育了大批开源导流的正宗原典之作，还更深刻地凝聚在它所塑造的以价值体系、思维方式、行为模式为核心的文化精神、民族性格。这是由生产方式、社会结构、政治体制交结建构起的规定中华文化导向的深层基因，在很大程度上规划、制约着中华文明的特点类型与发展路径。

处于“号令天下”中枢地位的中原文化，具有强大的凝聚力、感召力，尤其经秦一统天下确定郡县制并实施“书同文”、“车同轨”、统一货币与度量衡等大一统举措而更具权威，对于加强各地区对中华文明的归属与认同以及促进国家统一产生了巨大深远的影响。同时，中原文化也进一步冲出自身地域疆界，以宽广博大的开放胸怀与多种文化互相交汇吸纳，兼容并蓄，大大丰富和深化了中华文明的内涵。草原文化对中原文明的滋养，则不但表现为战国时期赵武灵王“胡服骑射”式的变革以及汉代“灵帝好胡服、胡帐、胡床、胡坐、胡饭、胡箜篌、胡笛、胡舞，京都贵戚皆竞为之”① 之类的主动吸纳；也体现在游牧民族取得政权或于所控制地区革除中原积弊带来的冲击。史载辽占据燕蓟之地后，即因“戎狄之法大率简易，盐粬俱贱，科役不烦”，致使长期生活在当地的汉人也能安居乐业，而“忘南顾之心”。② 而北魏孝文帝改革实施的均田制、租调制更对隋唐时期的相关政策和经济繁盛产生深远影响。正是这种以中原文化为核心的多样性统一，不断注入新鲜血液与活力，才使中华文明得以持续发展更新，长盛不衰。

---

① 司马彪：《续汉书·五行志》。

② 余靖：《武溪集》。

从整体文化布局来看，偏远地区少数民族受周边相对隔绝地理环境的限制，自然体现出向内发展的趋向，在与中原文化接触的过程中很容易接受先进文明的影响，由此呈现出既保留各具特色的独立性，又具有强烈向心凝聚性的特点。因此，在中国古代，不论是互相对峙的地区性分立政权，还是先后崛起的各少数民族政权，特别在北方民族走出大兴安岭莽林、呼伦贝尔草原跨越长城之后，均不以异国自居，而以中华一统为自我文化认同，去争夺接续中华正统的“天下”共主地位。和北宋并立的辽与西夏便都“得中国（古时中国指中原）土地，役中国人力，称中国位号，仿中国官属，任中国贤才，读中国书籍，用中国车服，行中国法令”，其所作为“皆与中国等”。① 忽必烈即蒙古汗位后，也取《易经》“大哉乾元”之义，改国号为“大元”，确定“山以南，国之根本也”，大力推行以中原文明为基础的改制革新。确如元代许衡所指出的，“北方奄有中夏，必行汉法，可以长久，故后魏（北魏）、辽、金历年最多；其他不能实行汉法，皆乱亡相继，史册具载，昭昭可见也”。② 其原因一则是中原地区正统文化经统一政权推行政令而有效的扩散流播，早已深入人心；再则是渔猎、游牧民族顺应农耕新环境，体现了野蛮落后征服者被先进文明所征服的必然规律。中华民族的主体民族汉族正是在与周边民族的互相流动、混杂、分合中如滚雪球般不断更新壮大。至元代，原金统辖下的契丹人和女真人等也已与汉人没有区别，被一律视为汉人。

先后与汉族并存的其他少数民族，尤其是北方游牧民族，往往为争夺生存空间与农耕民族爆发激烈冲突；但在更悠长的历史时期，农牧民族围绕既是军事防卫线又是经济、文化会聚线的万里长城发展起长期稳定的和平交往局面。汉代自鄯善以西至且末720里以往“皆种

① 李焘：《续资治通鉴长编》卷150
② 李焘：《续资治通鉴长编》卷150。

五谷，土地、草木、畜产、作兵略与汉同”[1]。考古挖掘在漠北匈奴墓中发现中原地区使用的铁制农具，表明中原先进生产方式、生产技术对游牧民族产生了深远影响。匈奴“乐关市，嗜汉财物”，往往“驱牛马万余头来与汉贾客交易”[2]，获得大量生活、生产必需品的同时，刺激了本身畜牧经济的发展。以“汉所余，彼所鲜”互市交往也使中原地区受益匪浅。汉初牲畜奇缺，“将相或乘牛车”。至武帝，长城以南，“滨塞之郡”，已是“马牛放纵，畜积布野”[3]。大批畜力投入农耕、交通运输，极大提高中原地区社会生产力。明代亦然，隆庆和议之后，汉蒙双方开设官办贡市、关市、马市之外，民市、月市、小市等民间私人交易也很活跃。据万历《宣府镇志》记载，张家口一带“南京的罗缎铺、苏杭绸缎铺、潞州绸铺、泽州帕铺、临清的布帛铺、绒线铺、杂货铺，各行交易，铺沿长四、五里许”。蒙古族非但“孳牧渐多”，而且逐渐改变单一畜牧经济结构，在塞外古丰州屹立起归化新城（今呼和浩特市），“垦田万顷，连村数百”，“城郭宫室布满丰州川”[4]。蒙汉双方在长期和平交往中彼此增进感情，消除隔阂，在思想文化、生活习俗上也互相熏染融合。汉族“边人大都五分类夷”[5]，万历年间乃有“汉夷”之称；蒙古族亦渐习华风，历配三王、掌兵柄、主贡市的“忠顺夫人”三娘子竟至“每于佛前忏悔，求再生当居中华”[6]。

统一多民族国家的形成发展，有其多方面的内在依据。既表现为政治上明确归属、纳入行政区划，军事上疆域稳定、边防巩固，经济上内地与边疆相需相靠、联为一体；也体现于民族关系上融洽相处，

① 《汉书·西域传》。

② 《后汉书·南匈奴传》。

③ 《盐铁论·西域篇》。

④ 《明穆宗实录》卷23。

⑤ 《明经世文编》卷35。

⑥ 诸葛元声：《两朝平攘录》卷1。

以及文化上密切交流和习俗心理上相容认同，形成斯大林所说“表现于共同文化上的共同心理素质”。康熙时喀尔喀蒙古在抗击沙俄入侵的关键时刻，因遭准噶尔部噶尔丹突然袭击而溃败。上层首领商议出路时便称：“俄罗斯素不奉佛，俗尚不同我辈，异言异服，殊非久安之计。莫若全部内徙，投诚大皇帝，可邀万年之福。”① 只有出现“边人大都五分类夷”和“求再生当居中华”这种趋同融合，以及塞外游牧经济与中原、江南商品经济千丝万缕般联结在一起，才最终使辽阔北疆成为祖国牢不可分的组成部分。

基于上述认识，新编通史将坚持以当代中国和中华民族为本位的辩证的发展的疆域观和开放、平等、多元（多民族）一体（中华民族）的发展的民族观。中国的历史主要是活动在今天中国疆域（包括近代帝国主义掠夺的土地）内各民族共同创造的历史。我们一方面要注重中国历史发展的多样性和不平衡性，充分认识到因地理生态环境和社会人文背景差异而导致中国历史上不同时期、不同区域、不同民族在经济文化类型方面的差异与距离，承认这种多样性和不平衡性在空间上的犬牙交错和在时间上的长期共存。同时不应忽略各区域、民族之间的互相关联、依存与向心凝聚性。中国古代大一统王朝或中原王朝与周边少数民族政权之间的关系，基本上是同属中华民族范畴内的中央政权与地方民族政权之间的关系。其间多数是隶属关系，有时也演变为不同民族政权之间互相对峙的关系。我们反对沿袭汉族本位的观念，但也实事求是地承认汉族作为中华民族主体民族在中国历史上的特殊地位和作用。同时还应看到一些少数民族也曾在某些历史进程中发挥关键作用，并在一些区域的开拓发展中占有独特地位。历史上鲜卑、契丹、女真、蒙古、满族等边疆民族都曾入主中原，其中蒙古族和满族建立的元朝和清朝，还曾实现统一中国的大业。我们在肯定汉文化作为高度发达农耕文明总体领先地位的同时，

① 松筠：《绥服纪略图诗注》转引张穆：《蒙古游牧记》卷7。

还要体现各民族文化自身的独特价值和意义，以及各少数民族注入草原文化等因子共同对促进中华文明发展做出的贡献。在坚持上述原则的前提下，我们还认为，无论疆域、民族还是国家都是一个历史的范畴，中国历史上的统一多民族国家也曾经历一个形成、发展演变和盈缩的过程，至清前期大体稳固、定型。应该尊重和承认这样一个历史事实，并真实地反映这一历史嬗变的轨迹。在中华民族多元一体格局形成过程中曾经发生过的各民族政权之间以及中央与地方民族政权之间的冲突乃至战争，基本上属于大一统国家形成、发展过程中的民族矛盾与阶级矛盾，有的还带有统一战争的性质；不论用今天的眼光还是在当时争战双方看来，均非中国与外国之间的国际争端，不宜简单使用“爱国”、“侵略”一类的概念。当然，这并不妨碍我们对争战双方鲜明地做出正义和非正义、进步与倒退的性质判断。对于少数民族反抗歧视、压迫、奴役的斗争和对诸如两宋军民抗击辽、金、元等统治者发动的掠夺性战争，包括对清初各族人民抗清斗争促使征服者改变野蛮落后政策从而制止了社会文明倒退逆转的进步作用，均予以充分肯定。一方面对岳飞、文天祥等反抗民族压迫、恪守民族气节的英雄人物给予高度赞扬；同时，对那些推动本民族社会发展或促进各民族和平相处、交流融合的前秦苻坚、北魏孝文帝拓跋宏、辽萧太后、西夏李元昊，包括金海陵王以及元世祖忽必烈、后金努尔哈赤等各类历史人物，也都具体分析，从不同的角度给予历史的肯定。

总之，新编通史将力图真实反映中国历史纵向不断从低级向高级演进，横向不断由分散闭塞走向融合统一的发展总趋势。正是这种以中原农耕文明为核心的向心凝聚、多元互补、碰撞与交融带来的汇纳百川、熔铸创新的优势，才使中华民族具有强大的凝聚力、生命力，使统一多民族国家不断巩固发展，并使中华文明成为世界上唯一不曾中断的古老文明，历经数千年兴衰起伏而绵延不绝，至今焕发着蓬勃生机。

（二）中国路径下的农耕自然经济

人类历史发展到野蛮期中级阶段时，欧洲和美洲两个半球上的居民因自然条件差异而形成显著差别，开始各自循着自己独特的道路发展。中国上古时代跨入阶级社会门槛之际，基于同样原因，迈上了有别于欧美而具有自身特色的发展路径。这种“中国路径”很大程度上受到经济基础的制约，而诸多经济领域中呈现出的独特性，其中包括生产力类型、特点，农耕自然经济的结构以及土地、赋役制度和工商业管理模式等等，正是决定“中国特色”的基本元素，也是体现“中国路径”的具体表征。

精耕细作型农耕自然经济体系

中华先民分布的东亚大陆，大部分处于中纬度，气候温和，雨量充沛，孕育了以农耕为主体的经济形态。中国是世界上农业的发祥地之一。古代农耕经济首先在黄河流域和长江流域达到很高水平，并逐渐形成精耕细作、以个体家庭经济为主体的农业生产模式。这种模式既不同于古希腊奠立在殖民和役使奴隶基础上的城市工商业经济，也有别于西欧中世纪的封建庄园经济。

西欧地势平坦，雨量充足，分布均匀，生产环节简单，农具大型通用，便于大规模强制管理、大面积粗放游耕，形成以强制劳役为特色的生产关系，发展起封建领主制庄园经济。中国古代的中原地区不完全是大河灌溉农业，在富含无机肥分和高孔隙强毛细管吸附力的黄土层，主要农作物小米成熟期短，降雨集中在七、八月，需要掌握好气候变化，适时播种、收获，对生产技术要求高，由此形成精耕细作型农耕经济。

精耕细作型农耕经济的核心标志是生产工具与生产技术水平。无论铁器牛耕、曲辕犁和灌溉用翻车、筒车，还是都江堰、郑国渠等大型水利工程，包括四大发明以及传留至今的约370多种农学著作，都反映中国农耕经济在科学性、先进性方面明显占优。

精耕细作型农耕经济蕴含较高科技含量，要求生产者发挥更多积极性、主动性，从而在劳动组合上呈现出个体、细小、独立的特点。这是中国古代农业主流生产方式拒绝奴隶制和劳动者人身依附关系较西方庄园松弛的经济学的依据。以个体家庭为单位经营种植业为主、家庭纺织与家畜饲养为辅的"男耕女织"生产方式，遂成为中国古代农业经济的基本特点。如毛泽东《组织起来》一文所指出的，中国"几千年来都是个体经济，一家一户就是一个生产单位"。北齐颜之推《颜氏家训·治家》中的一段文字展现了这种以大家庭为单位进行生产的自然经济生产方式："生民之本，要当稼穑而食，桑麻以衣。蔬果之畜，园场之所产；鸡豚之善，埘圈之所生。爰及栋宇器械，樵苏脂烛，莫非种植之物也。至能守其业者，闭门而为生之具以足，但家无盐井耳。"尽管这种大家庭庄园及个体小农经济因其生产规模狭小、经营分散和实行简单的性别分工，不利于分工协作、技术交流以及扩大再生产、商品交换；但在相当长的历史时代，与西方奴隶制和庄园制相比，在生存条件、身份地位和调动生产积极性方面仍显示出巨大的优越性。

从宏观经济格局层面来看，中国古代疆域辽阔，地形复杂，具备黄河、长江、淮河、海河、珠江、辽河等丰富水系和多层次的气候、生产环境。农耕地区之外，尚有北方塞外畜牧区，以及开展海洋渔盐、商业贸易的沿海地区。区域经济的空间布局呈现出多元互补以及重心逐渐南移东渐的特点。农耕与游牧两大经济类型之间长期对峙交流，汇合成相需相靠的统一整体。包含了多种经济成分的农耕经济体系，具有高度自我调节和补强的活力。和西方"每一座封建庄园都自给自足”，“没有商业来往和交换，用不着货币”① 的封闭状况不同。中国古代不但个体农民只能用农产品换取其他生产与生活必需品，就是地主也往往通过市场方能满足对各种消费品的需求。而大一统国家为货物流通开辟的渠道则为这种商品交换提供了保障，促使商品生产和商品流通高度繁荣。作为农耕经济的补充，中国古代的工商业也因此高度发达，手工业生产和商品经济长期居于世界领先地位。

中国路径下农耕自然经济独具的多样性特质，有利于推进各区域、部门间交流，不似较为单一同质的西方庄园封闭。正是这种相对开放兼容体系带来的强大生命力，驱动中国经济在近代之前经久繁盛不衰。

土地赋役制度

在以农立国的古代中国，土地制度和赋役政策是影响国民经济发展的重要因素。

商周时期实行井田制，“方里而井，井九百亩，其中为公田。八家皆私百亩，同养公田，公事毕，然后敢治私事”。② 井田的土地名义上为国家公有，实际上其中的“公田”由贵族占有，村社成员在为贵族耕种之余，方得在划归自己使用的“私田”上耕作。这时的农业和手工业部门的主要劳动者是庶人、众、民、农夫等平民。他们要为王室和贵族承担劳役，但有自己的家庭和生产工具，并享有“私田”使用权，较奴隶劳动条件优越。

春秋战国时期，随着铁器、牛耕的应用，个体经营能力提高，引起生产关系巨大变革。强制监督、简单协作的旧制阻碍了新生产力的发展和生产者劳动热情的发挥。“公作则迟”，“分地则速”③，生产开

① 《马克思恩格斯全集》第21卷第449页。

② 《孟子·滕文公上》。

③ 《吕氏春秋·审分》

始向个体农耕方式转变。新兴地主通过开垦荒地占据了大量私有土地。土地私有化的趋向导致井田制崩溃。各诸侯国相应进行税制改革。春秋前期，齐国推行"相地而衰征"，即按土地的好坏征收不同的租税；鲁国实行"初税亩"，不论公田、私田，一律按田亩实数收税；公元前350年秦国商鞅变法推行"坏井田，开阡陌，民得买卖"的土地政策，使土地私有合法化、普遍化；公元前216年秦始皇统一中国后颁布"使黔首自实田"令，进一步以法律形式确立土地私有制。由此奠定国家对土地所有者实行统制管理的格局。

井田制下村社成员的"同养公田"，是典型的劳役地租。战国时期按田亩征收赋税，多为"什一之税"。汉代的赋税徭役制度，主要包括人头税、田租（一般按田地产量三十税一），成年男子还须承担一定的劳役和兵役。

井田制崩解之后，大体形成自耕农小土地个体生产、地主占有租佃经营和国家统制授田取税三种基本生产形式。

自耕农拥有部分土地，男耕女织，以家庭为单位从事生产。比起井田制下的强制集体耕作，它极大地提高了生产积极性，成为古代中国农村的主要经营方式。自耕农是国家赋税、徭役的主要承担者。

土地私有和民得买卖的规定导致土地兼并盛行，出现了"富者田连阡陌，贫者无立锥之地"[①] 的弊端。为了克服土地与劳力分离的危机，确保赋税收入和社会安定，国家通常采取"限田"、"占田"、"均田"等措施，保护自耕农经济，并通过授田取税的方式经营国家控制的土地。其中尤为典型的是北魏实行的均田制。公元485年，北魏颁布均田令，把国家控制的土地依据性别、年龄及奴婢、耕牛数分配给农民，这些土地的主要部分只准使用，不得买卖。受田农民必须向国家缴纳帛、粟，谓之租、调，并承担徭役。显然国家控制大量土地、劳力是实行均田制的重要前提。隋初"大索貌阅"核定户籍、

---

① 《汉书·食货志》。

编定“输籍之法”，便取得了明显成效。而“编户齐民”下均田自耕农的生存环境和生产条件要远比“或耕豪民之田”的部曲、徒附等依附人口优越。唐朝沿袭均田制，取消了妇人、奴婢受田的规定。每丁除交纳租、调之外，服劳役20天，叫作庸，亦可按每天3尺绢折纳，谓之“输庸”代役。国家通过均田制和租庸调制确保农民与土地充分结合并保证国家获得稳定的财政收入，为唐前期的繁盛奠定了坚实的经济基础。

另一种国家直接控制农业生产的形式是屯田制，即由政府组织士兵和农民垦种国家控制的土地收取税粮。汉代数以百万计军民即曾在西域实施屯垦，敦煌、莎车、疏勒等地“兵可不费中国（指中原）而粮食自足”①。曹魏时期全面推行民屯、军屯，成效尤为显著。明朝也大规模移民屯田。民屯是由官府召募农民，“给牛、种、车、粮，以资遣之”②，开垦出的土地属于官田，屯垦者算是政府控制的佃农，直接向官府交税。军屯的规模更为宏大，洪武二十五年正式“命天下卫所军卒，自今以十之七屯种，十之三守城”。③大体上做到“边有储积之饶，国无运饷之费”④，取得“强兵足食”效果。明代还实施商屯，鼓励商人在边远地区募民耕种，就近向军储仓缴纳粮食以换取贩运食盐的“盐引”。屯田制在战乱导致大量土地抛荒、农民流离失所之际，往往能调节人口与土地资源配置失调的危机，发挥恢复发展生产的积极效应。

唐中期，因土地兼并、人丁户籍不实，均田制瓦解。朝廷不再授田取税，转而改租庸调制为两税法，加快了土地私有化进程和庶族地主经济的发展。两税法规定，按每户财产、田地多少交纳不等的赋税，并从过去交纳实物为主改为交纳货币为主。新制不再以“丁身

---

① 《后汉书·班超传》。

② 《明史·食货志》。

③ 《明太祖实录》卷216。

④ 《明穆宗实录》卷39。

为本”计税，大大放松对生产者的人身控制。从实物地租向货币地租转变，则意味进一步加强农民与市场的联系，切断官府与地主对生产过程的干预，提高自耕农与佃农的经济独立性。这些原则基本为后世沿袭。

明中期土地兼并愈趋严重，国家控制的田亩、人丁日益短缩，财源枯竭。万历初年实行赋税改制，推行一条鞭法。新法把田赋、力役和其他各种名目杂税合编为一条，统一按田亩核算征收，从掌握大量田亩的地主手中增加税收，减轻无地、少地贫民负担。新法实行后，通行以银代役、计亩征银，差役由政府出银雇人充当，有利于稳定农业生产，削弱人身依附关系，并迫使大量农产品流入市场，刺激了商品生产和货币流通。工匠与商贾因为无田而无须履行赋役，这吸引了更多人力和资本进入工商业，促进了城市手工业雇佣劳动和商品经济的发展。清雍正年间，进而实行“摊丁入亩”的改革，按土地多少单一标准收税，从此取消人头税。这既便于征调，确保财政税收，又在一定程度上改变了赋税不均状况，大大削弱人身依附关系，是中国古代赋役制度成熟的标志。

中国古代自春秋战国时期出现私田，即形成了地主出租土地、收取地租的租佃经营方式。汉代无地少地农民耕种地主土地，缴纳生产物的一半作为地租的现象已比较普遍。唐代均田制瓦解后，租佃关系进一步发展。宋朝“田制不立”、“不抑兼并”，租佃经营日益普遍化。地主与佃农多采取订立契约的方式建立租佃关系。双方按一定比例分取农产品，称“分成租”。佃农不论丰歉，缴纳固定租额的方式，称“定额租”。地主在确保定额收益的情况下，不再干预生产活动，佃农因此拥有更多自由，提高了生产积极性。明清时期局部地区佃农通过抗租斗争，还争得了永佃权，在预付押租租金并不违约拖欠的前提下获得永不增租撤佃的承诺，租佃者因拥有长期固定的“田面权”而动摇了地主对土地的绝对控制权，有利于促进佃富农经济发展。在个别发达地区开始出现兼营手工业、商业等多种经济成分，主要通过对运用生产技术和调配劳动力等环节加强管理来提高经济效益的经营地主。

除佃农外，另一种直接受雇在地主田地耕种的为雇工。早期雇工多立有卖身文契，与雇主相当于主仆关系，法律上处于不平等地位。宋代佃农与雇农身分提高。佃农属于国家管理的正式编户，交纳地租后，可自由离开原来的田主，地主不得随意役使佃农及其家属，人身依附关系较为松弛。清代法律规定，农业雇工、佃农与地主“共坐共食，彼此平等相称，不为使唤服役，素无主仆名分”。[①]

中国古代土地、赋役制度的演变，呈现出自耕农、佃农、雇农等生产者人身依附关系日渐松弛，使用货币课税的比重日益增加，贫富之间负担的比例逐渐趋于相对合理的趋势。这种生产关系远比中世纪西欧庄园经济中的农奴、依附农劳役先进，是促进中国古代社会经济高度繁荣的制度保障。

手工业、商业管理

古代中国手工业、商业在农耕自然经济中的格局以及经营管理方式与西方不同。在西方早期封建庄园经济模式下，生产者是农奴和依附农，与领主之间保持人身隶属关系。庄园内各种农业、手工业生产一应俱全，除了食盐和少数奢侈品外，很少与外界交流。领主握有行政权与司法权，原则上不向政府纳税，成为相对独立、闭塞的实体。中国古代建立在个体家庭劳动基础上的自然经济体系中，手工业、商业尽管处于从属、补充地位，仍具有相当的重要性和相对独立性。大一统中央集权体制对资源和部门经济的强有力调配管理，使中国古代的手工业、商业呈现出早熟和高度发展的特点。诸如青铜铸造、冶铁、采煤、丝织和棉纺织、制瓷、船舶制造、印刷等行业部门，以及海内外商业贸易、工商市镇经济，都长期处于世界领先地位。

---

① 《大清律例》卷28。

纺织等家庭小手工业作为小农经济的副业十分普遍，产品自用或用于交纳赋税，很少流入市场。这种家庭副业对稳定小农经济起到了一定作用，但技术落后，生产分散，妨碍了市场发育。

真正代表中国古代手工业水平的是官营和专业的私营手工业生产。

西周时期，手工业由官府统一经营管理，按行业设立车正、陶正等工官管理职业世袭的工匠。工匠集中在官府设立的作坊内，使用官府供给的原料，在工官的监督下，制造加工官府指定的产品。这一时期出土的手工业品上，往往刻有督造的机构、各级工官和生产工匠的名字，表明产品质量受到严格监管，开始实行标准化生产。

官营手工业资金雄厚、规模经营，为细密分工和协作创造了条件。众多具有经验和技术的工匠一起劳作，加之对产品质量的严格管理，有利于手工业技艺的提高。官营手工业在相当长历史时期代表着生产技艺的最高水平，占据了古代手工业的主导地位。但官营作坊原料由官府提供，产品由官府调拨，不计成本，不入市场，缺乏竞争和创新活力。官营手工业采取强制劳动和超经济剥削手段，往往引起工匠怠工、逃亡和起义。

唐代的官营作坊开始出现雇募工匠，从征役制向雇募制转变。宋代工匠已多半来自雇募，控制相对放松，官府按照当时的通行标准付给工匠报酬。明中期以后，官府工匠可交纳“班匠银”代替服役，政府再出钱雇募工匠进行生产。

春秋战国时期，市镇经济兴起，独立经营商品生产的手工业者增多，工、商开始与士、农并称为国家的“四民”。此后，私营手工业生产范围、规模逐渐扩大，成为手工业生产领域中的重要组成部分。明中后期“班匠银”制的颁行，以及民间市场广泛需求的刺激，推动民间独立手工业迅速发展，在纺织、制瓷、矿冶等诸多行业中超过官营手工业，占据了主导地位。这类民间私营手工业与市场经济紧密相连，不断改善经营方式，从小手工作坊向雇佣众多工人的大规模手工工场发展。前节论及明清社会转型时的早期资本主义生产方式萌芽，正是从这些民间手工工场中率先出现的。

早在商朝时，职业商人已经产生。周朝实行“工商食官”制度，将商人集中起来，设官统一管理，为他们提供衣食，驱使他们为官府服务。春秋战国时期，许多庶人冲破官府的束缚，在经营商业中发家致富，成为有强大经济实力的自由商人，有的甚至富比王侯。私商逐渐取代官商成为商人的主体。

自周秦迄唐代，凡县治以上的城市，都有官设的市作为交易场所。市处于城中特定位置，以墙垣围住并与民居隔开。商业交易受到官府的严格控制。县治以下，一般禁止设市。这时期的城市主要是政治重心、军事重镇，商业贸易和市场的规模不大。

宋代，随着商品经济的发展，出现了世界上最早的纸币。商业活动突破了时间和空间的限制，不再受官府直接监视，涌现出大批夜市、晓市以及民间自发形成的草市，城市的经济功能大大增强。

明清时期在局部发达地区出现城镇化倾向，新兴起一批工商市镇。由于广泛使用贵金属货币白银，便利了商品贸易和商业资本的聚集。区域性的商人群体实力雄厚，形成徽商、晋商、宁绍商、闽商等大商帮。

农耕时代中国商业和商人的命运，与政府的商业政策息息相关。

商周早期，商业的发展在社会经济中发挥了重要作用，商业与农业、百工相提并论。统治者的重视和鼓励，使民间商业得以迅速扩张。但商业的不稳定性以及商人囤积牟利、交通王侯等行为，与强调耕战、加强中央集权的国策发生矛盾。战国至汉代，转而实施重农抑商政策，重征商税，限制商人经营范围，贬降商人社会地位，使私营工商业者受到沉重打击。

唐代中期以后，“工商杂类不得预与士伍”等禁令松弛。北宋允许商人中有奇才者应试，南宋以后商人及其子弟可以参加各级考试，中举做官的越来越多。

唐宋以来，国家推行官商分利政策，把官营和专卖中感到棘手的经营环节承包给商贾，分部分专卖利润给商人，出现了盐引、茶引等各种禁榷商品的专卖凭证。商人参与经营使效率提高、总利润增加，国家的专卖利润虽由全部变为部分，政府的实际收入反而成倍增长。很多商人，尤其是盐商，在与官府合作、为国家服务中致富，地位尊崇。

明清时期在商品经济和自由雇佣关系发展的基础上萌发资本主义生产关系的萌芽，但还只是在局部发达地区一些生产部门中稀疏出现。耕织结合、自给自足的经济结构在全国范围仍居主导地位。加上官府的沉重剥削，导致农民极端贫困、购买力极其低下，阻碍了新经济因素的发育成长。而面对民间手工业、商业迅速发展的趋势，清朝统治者非但不予鼓励，不加保护，反而固守"重本抑末"的传统政策，重征商税、严厉控制民间对外贸易，维护和强化农耕自然经济藩篱。在"抑末"政策重压之下，商人和工场主难以通过资本集聚扩大再生产，这就迫使一些工商业资本转而投入"衣租食税"的土地剥削之中，从而在很大程度上化解了商品经济对自然经济的冲击，限制了新生产关系的发展。

中西古代经济发展路径的差异

总体来看，中国古代农耕自然经济体制下的国家统制、土地私有并可买卖、租佃制、雇佣制与契约关系、货币地租、商品生产与流通、市镇经济等因素，是区别于西欧早期封建庄园制的显著特征。中国古代正是凭靠这些特质，促进社会经济高度发展，为人类文明奉献了影响深远的四大发明，而且早在战国时期齐都临淄便工商活跃，发展成"车毂击，人肩摩，连衽成帷，举袂成幕，挥汗成雨，家敦而富，志高而扬"① 的繁华城市。至宋代，如法国学者谢和耐所述，中国"现代化的程度是令人吃惊的；它独特的货币经济、纸钞、流通票

① 《战国策·齐策》。

据、高度发展的茶盐企业……中国是当时世界上首屈一指的国家，其自豪足以认为世界其他各地皆为‘化外之帮’”。① 直到清康乾时期，仍因“农业、手工业和贸易的史无前例的发展高潮”及“以其生产以及内部交易的数额之巨而身居世界民族的首位”。②

在西欧，上述诸多中国古已有之的特质，作为与封建庄园旧生产关系对立的因素，大多至中世纪晚期方始萌现。虽然欧洲14世纪庄园经济逐渐解体，商品经济得到发展，但远远不能和中国宋元时期相比。不过西欧商品经济一经问世，便发挥革命酵素的作用，尤其开辟海外贸易通道，推动了封建旧制度瓦解和资本主义生产关系诞生。中国古代经济体制铸造了早期辉煌和长期繁盛，同时在高度成熟的农耕母体中发育出极富韧性的自我整合机制，不断包容扭曲涵化异质变革因素、修补完善自身的体制。商品流通在欧洲是冲击自给自足庄园经济的革命因素；但在中国很大程度上是对个体自然经济的补充和满足大一统国家的需要，对官府存在较多依赖性。黄金暴利是锻造西欧重商精神、驱使殖民扩张的魔咒，金钱钝化了封建武士的佩刀；中国金钱则被引导買田大量回流土地，淹没在农耕自然经济的汪洋大海之中。欧洲城市急剧扩大，既是工商业者的集聚地，也是一个相对自治的共同体，成为孕育工商业的资本主义摇篮；中国大城市主要是国家统治的政治、军事中心，经济上则以官办手工业为主，为统治阶级享乐消费服务。欧洲的工商阶层是从土地中分离出来和部分贵族转化而来的反封建的革命力量；中国官僚、地主、商人之间固然能够流动，但却因此促使三者融为一体，转而凝固、强化了农耕自然经济形态。中国古代农耕自然经济虽然高度成熟，却因人口迅速增长，生产率与人均土地、人均收入并未显著增长。尽管人身依附关系相对松弛以及土地私有和自由买卖，有利于激发生产与经营的热情；但也导致土地

① 谢和耐：《南宋社会生活史》，马德程译，中国文化大学出版部，1982年版。

② 谢和耐：《中国社会史》，江苏人民出版社1995年版，第416页。

兼并与小生产者破产流亡，酿成土地与劳力分离的深刻危机。失去土地的农民绝大部分流徙到地旷人稀的不毛之地开荒就食。如清中期川楚一带深山老林竟然"川、楚、粤、黔、安徽无业之游民，侨寓其中以数百万计";[①] 但同时富者又"田虽买而无人为耕，大率买二十顷田，而所耕者不过二顷",[②] 社会生产不断萎缩。土地兼并的结果必然加剧阶级分化和劳动人民贫困化。又兼小农家庭风险承受力极低，一遇灾荒战乱更陷入无法生存的绝境。如唐末农民起义前夕翰林学士刘允章指出的，其时国有"九破"，百姓有脱离土地与生产过程的"五去"和"冻无衣，饥无食"、"病不得医，死不得葬"等"八苦"，并说："天下百姓哀号于道路，逃窜于山泽，夫妻不相活，父子不相救。百姓有冤，诉于州县，州县不理；诉于宰相，宰相不理；诉于陛下，陛下不理，何以归哉!"[③] 历史证明，只有经历大规模农民战争扫荡，土地与农民才得以再度结合，社会重新焕发生机，继续沿着原有轨道在波浪式的循环中发展。高度成熟的农耕自然经济体制有效地维系着传统的周期性的运行轨道，突破产业革命的瓶颈格外艰难，呈现出相对平缓、螺旋式绵延向上的特殊发展轨迹。

18 世纪兴起的工业革命，使西方资产阶级在不到一百年的时间"所创造的生产力，比过去一切世代创造的全部生产力还要多，还要大"。[④] 资本主义的迅猛发展将全世界卷入商品流通的巨潮之中，西方列强疯狂地越洋抢滩，掠夺金钱，贩卖奴隶，开辟市场，建立殖民统治。而中国清朝统治者仍顽固推行"重本抑末"举措，修补复制耕织结合、自给自足的传统经济结构。和西方工业文明的巨大飞跃相比，处于农耕经济顶峰的康乾之际，中西国力兴衰易位即已成定局。

1840 年鸦片战争的炮火终于打断中国社会独立发展的进程，从

---

① 《皇清经世文编》卷 82,《三省边防备览》。

② 《皇清经世文编》卷 41,《论营田水利摺子》。

③ 《全唐文》卷 804,《直谏书》。

④ 《马克思恩格斯选集》第 1 卷第 256 页，人民出版社，1972 年版。

此中国人民面临更加艰巨悲壮的争取民族独立的斗争，缓慢踏上更为曲折复杂的独特的近代化道路。

（三）中国路径下的集权政治建构

经济基础确定无疑地规定了社会发展的基本趋势，却不足以解释诸多细微的波折起伏。政治是经济的集中表现，在一定限度内显示出主体的选择和创造，因其凭仗国家机器的权威施行定向制导，对于制约“中国路径”中短时段的轨迹与走向更加直接有效。建立在精耕细作型农耕自然经济与地域、血缘二系合一社会结构基础上的国家政体、行政机构、相关制度及其运行机制，是体现“中国特色”发展道路的一个重要方面。

中国古代的政体呈现出与西方文明源头古希腊不同的类型特点。前文在“社会结构与发展路径”一节已经述及，古希腊山岭纵横，河流交错，生产、生活方式多样，航海交通和商业贸易发展，人员频繁交往流动，侵蚀瓦解着血缘亲族组织。在进入阶级社会时，建立起地域与财产关系凝结一体的城邦政体。公元前8世纪以降，希腊城邦雅典经历了以集体领导的贵族制取代君主制并走向民主制的变迁，创造出法治基础上的差额选举制、任期制、议会制、比例代表制等民主政治的运作方式。不过雅典的民主制是建立在奴隶制基础上的公民政治，奴隶、外邦移民、包括妇女均无民主的权利。雅典男性公民充分享受民主，从事着各种优雅的活动；社会另一部分成员却备遭压榨摧残。何况雅典是领土仅2550平方千米、人口二三十万的蕞尔小邦，古希腊始终是一个小国林立的城邦世界。而与其大体同时的中国，经历了春秋战国群雄争霸与社会转型之后，则呈现出广阔疆域天下一统的趋势。显然，中国古代在政治建构方面面临着远比小国寡民希腊城邦更为艰巨的挑战。

中华文明主要发祥地中原地区，属于辽阔领域精耕细作型农耕经济，进入文明社会时血缘纽带并未崩解。氏族首领凭借传统网络成为集政权、财权、神权、军权于一身的君王，体现了高度集权的特点。正是在这一背景下，奠立起血缘组织与国家形态融铸一体的宗法分封政治格局。

西周宗法分封制将血缘关系与国家行政体系巧妙的结合起来，对于稳定政治、维系社会生产秩序、加强向心凝聚力发挥了重要作用。与此同时，突破夏商时期众邦林立的格局，加强对全国各地的控制，推动了边远地区的经济开发和文化发展。此后，经历了个体家庭经营取代大规模强制集体耕作、亲贵合一的血缘纽带松弛、社会转向以个体家庭为本位重新组合的变迁，建立起中央集权的体制。但皇位世袭、嫡长子继承、君权与父权合一、家长制等传统仍世代沿袭。

秦汉奠立的中央集权制，建立起皇权控制之下从中央到地方一整套官僚行政系统，并建立了选官和监察谏议机制。这一中国古代独特的政治制度，为后世历代皇朝所沿袭，并不断完备与强化。

皇权与中央机构

集权政治对于确保疆域辽阔、复杂而庞大的国家的稳定和发展至关重要。经历了春秋战国争霸动荡的政治家们更深切地认识到："乱莫大于无天子。无天子则强者胜弱，众者暴寡，以兵相残，不得休息。"① 树立天子的最高权威遂成为巩固大一统国家的政治需要。正是在这种时代背景下，秦王嬴政统一全国，自以为"功过五帝，地广三王"，从战国诸王之一的身份跃升为大一统国家"天下大定"格局下的"天子"，乃改名号称皇帝，创立皇帝凌驾于全社会之上、总揽一切军政大权的君主集权体制。秦始皇宣扬五德终始说，昭示以秦代周顺应天命，并制定一整套礼仪制度，彰显与皇帝相关事物的独占性

① 《吕氏春秋·有始览》。

与权威性，使之成为至高无上皇权的象征。他还规定自己死后传位给子孙，“二世三世至于万世，传之无穷”。[①] 由此确立皇帝至尊、皇位世袭的君主集权制度。

为了防止最高权力交接之际夺位相残，汉代实施以嫡长子继承为主的皇位继承制度，奉行“立嫡以长不以贤，立子以贵不以长”[②] 的原则。何休《公羊解诂》对此做过极其周详的诠释，包括规定“嫡子有孙而死”和双胞胎兄弟之间“立先生”还是“立后生”的继位序次。这一定程度上减少了争夺皇位引起的混乱，却难免会把童昏痴顽之辈扶上帝王宝座。一些朝代也变通为由皇帝选立太子，到清雍正帝进而改行密建皇储制，长期考察，重在表现，取得较好的效果。

母后干政和外戚、宦官专权对皇权正常运行构成严重威胁。宦官常被当作遏制相权与朝官的工具，因受皇帝重用而坐大。皇后与外戚则因幼帝即位受命辅政而大权在握。这些暴发的新贵通常缺乏实际从政、理财、治军经历，利用裙带关系或“口含天宪”代行天威的机会贪暴妄为，在汉、唐、明等朝都曾造成极大破坏。历朝均屡颁禁令对此严加防范，甚至不惜立子杀母。北魏太祖立太子时便称：“若汉武帝将立其子而杀其母，不令妇人参与国政，使外家为乱。汝当继统，故吾远同汉武，为长久计。”[③] 虽然宋、清等朝也曾较好克治“僭主”干政的弊端，但外戚、宦官、权臣控制皇权乱政的祸患作为寄生于君主集权体制的赘瘤，与帝王腐败昏庸互为因果，终究成为难以根治的痼疾。

国家权力集中体现在立法、司法、行政与军事等方面，这些国家大权最终由皇帝总揽。尽管秦始皇施政“天下之事无大小皆决于上”，也无论如何不可能凭一己之力管治天下。“海内为郡县，法令

---

① 《史记·秦始皇本纪》

② 《公羊传·隐公元年》。

③ 《魏书·太宗纪》

由一统”①，制定礼法规章、建立完整的官僚行政系统，成为维系皇权运行的基本保障。

秦王嬴政奉行“以法为本”方略，统一六国后补充修订秦律颁行天下。湖北云梦出土竹简中所载秦代律令包括田律、牛羊律、仓律、厩苑律、金布律、关市律、工律、徭律、效律、傅律、置吏律、司空律、军爵律、游士律、捕盗律等30多种，广泛涉及政治、经济，生产、生活诸多方面。秦朝还设立了死刑、肉刑、徒刑等11种刑罚。以军队、刑罚为后盾的极为细密苛严的秦法，充分体现国家意志，确保皇权有效运行、政令畅通。

保障皇权控制下国家权力运行的中央集权制度，包括建立负责决策与施政的中央机构、管理地方的行政体系以及选拔官僚队伍的铨选机制。秦朝的公卿制，就是对通过中央机构贯彻皇权、实施行政管理做出的制度安排。秦制规定，皇帝之下，在中央设三公九卿。三公指丞相、太尉和御史大夫。丞相辅佐皇帝处理国家大政，为百官之首；太尉协助皇帝管理军务；御史大夫执掌监察、执法，兼管文书图籍。三公之间互不统属，分别听命于皇帝。中央各行政机关和职掌皇家宫廷事务的部门总称九卿。

这种皇权至上、丞相为首、百官分理的制度，奠定了中央机构设置的基本格局。但因丞相位高权重，对皇权构成威胁，皇帝通常倚重身边侍从，另设机构削弱相权，导致中枢系统不断调整变更。

西汉武帝时，提拔身边的侍中、常侍作为助手参与谋划和发布诏令，成为实际掌权的“中朝”，而丞相为首的“外朝”则沦为执行一般政务的机构。东汉初年，基于同样原因，本为少府属吏的尚书台转而成为“重于三公”、总理政务的中枢。此后又经历了曹魏时期的中书省、东晋时期的门下省相继执掌枢要的变更。

隋唐时期确立的三省六部制，是古代中国中央官制的一次重大

---

①《史记·秦始皇本纪》。

改革。

中书省、门下省、尚书省三省是国家最高政务机构，分别负责决策与草拟诏令、审议、执行政务。尚书省下设六部，吏部掌管官员任命与考核，户部掌管土地、户籍、赋税、财政，礼部掌管礼仪、典礼、祭祀、学校、科举等事务，兵部掌管武选、兵籍、军令、军械，刑部负责律令、司法、刑狱，工部负责土木水利工程、屯田、交通等事务。三省长官同为宰相，一起议事办公。贞观年间还启用品位较低的官员冠以"参知政事"、"参预朝政"、"参议得失"等名号，会同三省长官于政事堂共议国政。这既分解了原来丞相的事权，又能集思广益，互相补充制衡。六部分工明确，剥离之前九卿管理皇家事务的职能，成为正式国家政务机构。唐贞观年间，还推行"五花判事"制度，举凡军国大事，须经相关部门官员会签，再奏请皇帝裁决。

隋唐之后，六部制基本相沿未改，三省制则有所调整变更，总的趋向是相权进一步分解削弱，皇权不断加强。北宋设中书省、枢密院、三司使，将相权分解为行政、军事和财政三个互不统属的平行机构，"中枢主民，枢密院主兵，三司主财，各不相知"，[①] 分别直接对皇帝负责。尤其在军队系统不断分割军权，将调兵权和指挥权分离，互相牵制，将不专兵，使皇帝得以最大限度控制军队。

明初洪武年间，废中书省，不设丞相，由皇帝直接掌管六部，亲理国政。朱元璋废丞相后，设殿阁大学士，侍从左右，以备顾问，协助处理政务公文。永乐年间，发展成为内阁制度。明初的内阁并无独立裁决事务的权力，只是皇帝的助理、秘书班子。但以后大学士权位日重，内阁首辅的权势实际相当于以前的丞相。

清雍正年间，设立军机处，其职事并不限于军务，举凡军政大计、内政外交，包括官员升革调补、重大案件审理等机要政务，均得参与商议，并代皇帝拟写谕旨，成为皇帝发布政令、处理政务的枢纽

① 李焘：《续资治通鉴长编》卷179。

核心。但军机大臣本身没有独立性，相当于皇帝的秘书和供奉“行走”的内侍，无专门衙属，无属吏，不得私自接交官员。大臣所上奏折，直接呈递皇帝，批阅后交军机处处理，确保皇帝意志畅通无阻。这一套围绕皇权运转的决策与行政机制，迅捷、机密，使帝王得以最大限度控制政局，独断乾纲。

地方行政

秦始皇统一六国后，接受李斯的建议，宣称：“天下共苦战斗不休，以有侯王。赖宗庙，天下初定，又复立国，是树兵也，而求其宁息，岂不难哉！”① 对诸子、功臣重加赏赐而不再分封，统一在全国范围设置郡、县两级政权机构，建立起一整套中央对地方实行有效控制的官僚行政体系。郡是中央直接管辖下地方上的一级行政机构。郡的最高长官为郡守，郡丞辅助郡守管理行政和刑狱，郡尉负责军事和治安。郡下设县，县令、县丞、县尉的职事与相应郡级官员相同。郡、县官员都由朝廷直接任免考核。县以下有乡、里等基层机构。乡吏中的三老负责教化，啬夫负责听讼、收税，游徼负责治安。国家通过三公九卿以及郡县乡里各级机构管理人民，编制户籍、征收赋税。个体家庭成为国家控制下社会组织的基本单位。

汉初在推行郡县制的同时，也分封了一些诸侯王，最终导致七国之乱。在汉景帝平叛削藩之后，汉武帝又颁布“推恩令”，分割诸侯王一部分土地给其他子弟为列侯，由郡守统辖，从而进一步削弱封国，扩大直辖郡县的范围。此后历朝受封的王室贵族基本上仅享受租税俸禄，而无治理民众的权力。明初朱棣夺位后即废止藩王兵权，朝廷甚至不准宗室科举应试，封闭了皇族做官参与行政管理的仕途。

唐代设节度使管理地方，节度使集数州民政、军事、财政大权于一身，“既有其土地，又有其人民，又有其甲兵，又有其财赋，以布

---

① 《史记·秦始皇本纪》。

列天下”①，最终导致藩镇割据。宋代鉴于唐的教训，大力分散、削减地方权力，“制其钱谷，收其精兵”，派京官出掌州县两级官署，称“知州”、“知县”，并设通判监督知州，加强中央对地方的控制。结果虽然解决了五代藩镇割据之弊，但矫枉过正，如《朱子语类》所说，“兵也收了，财也收了，赏罚刑政一切收了，州郡遂日就困弱。靖康之祸，虏骑所过，莫不溃散”。元代则由中央中书省派出机构“行中书省”直接统辖地方。明代设布政使司，作为朝廷派驻的使臣掌理一省行政，另立提刑按察使司，掌管刑法，又建都指挥使司，掌管军政事宜。三机构并称“三司”，均为朝廷在省里的派出机关，互不统属，分权鼎立，遇有重大事宜，由三司合议，上报中央部院，便于中央垂直领导。清代除设总督管辖一省或数省之地外，各省还设巡抚，总管一省政务。督、抚均为皇帝直接委派的亲信，分别向皇帝密折请示。有时督、抚同驻一城，事权不一，互相牵制，且任期不长，便于皇帝控制。明清两代还在西南地区推行改革，撤废世袭的首领“土司”，改由朝廷任命“流官”管理地方，实行和内地统一的政权体制。清朝又在西北、东北等地设“将军”，在西藏地区设“驻藏大臣”，负责当地军事和行政，加强对边疆地区统辖。

为防止在地方长年任职，根深难拔，或利用乡土宗亲关系盘踞自重，历代对地方主要长官都规定任期年限，官员对籍贯所在地以及与上司有宗亲关系的也须回避。

明清时期，国家在广大乡村立庙联宗，重新整合宗族组织，利用宗族系统配合控制基层。由保甲、宗族交织起的庞大统治网深入僻壤山乡，成为控制基层民众的有力工具。

选官制度

从中央到地方一整套官僚行政体系是皇权与国家权力赖以运作的

① 《新唐书·兵志》。

枢纽经络；健全选官机制则是确保这一系统高效通畅的保障。

秦始皇创立中央集权制的同时，废除贵族世袭的“世卿世禄”制度，沿用商鞅变法实施的按军功授官爵制度。

汉代实行察举征辟制，由地方长官定期向朝廷推荐人才，经考核后授予不同官职。朝廷征聘有特殊名望与才能的人入朝作官，谓之征。由高级官员征聘自己属官的，谓之辟。这种选官制度更加注重才能，但容易任人唯亲，以至出现“举秀才，不知书，察孝廉，父别居”的现象。朝廷因此规定，“所贡贤者有赏，所贡不肖者有罚。夫如是，诸侯、吏两千石皆尽心于求贤，天下之士可得而官使也”。①

魏晋南北朝时期，改行“九品中正”选官制度。各州郡设“中正”官，按家世和才德将士人评定为三等九级，吏部据此授官。由于世家大族把持“中正”要职，评定品级只看门第出身，士族子弟虽无才学，不思进取，照样官至公卿，世代垄断高官显位。

隋唐时期，新兴庶族地主阶级冲破豪门大族世袭垄断，在国家政治生活中发挥重要作用，由此确立起科举选官制度。科举制由中央统一通过定期分科考试选拔官吏，强调以才能作为选官的标准。科举考试的主要科目是进士与明经。明经科主要考“帖经”，测试记诵经义的能力，进士科主要考诗赋和时务策，侧重考察治理政事和解决社会问题的能力。考中的士子还要通过吏部的进一步考核，选拔其中优秀者授官。另一条途径是先在地方充当幕僚历练，经长官推荐，也可正式做官。北宋进一步完善科举制度，考官锁宿，试卷糊名、誊录。皇帝亲自主持殿试，进士及第者成为“天子门生”。宋代还大大增加录取名额，从中央到地方各级机构主要官员大都由科举出身的文官担任。

科举制度创造出相对客观、平等、公正的选拔机制，确保源源不断吸纳高素质社会精英，为国家机构持续保持活力和稳定高效运行提

① 《汉书·董仲舒传》。

供了制度保障。这种相对流动开放的选官机制，扩大了中央政权的社会基础，对于调节社会阶层间关系、稳定社会秩序具有积极意义。

明清时期奉行文化专制政策，科举考试命题专取四书五经，并以宋儒朱熹集注为依据，不能随意发表自己的见解，行文格式也严格规定由八部分组成，体用排偶，谓之“八股文”。科学知识长期被排除在考试内容之外。此时的科举考试在一定程度上演变为朝廷钳制人们思想的工具，成为脱离时代发展潮流、阻碍社会变革的桎梏。

监察与谏议

中国古代在管理职官队伍方面，实施定期考评奖优罚劣以保障廉洁高效的考课制度。此外还建立起一套与官僚行政体系相间离的监察监督制衡制度，成为中央集权政治体制的一个重要组成部分。

秦朝时，由地位仅次于丞相的御史大夫和郡级长官监御史分别执掌中央与地方的监察事务。汉代加强对郡国长官的监察力度，专设十三州刺史，每年代表中央巡视郡国，考察吏治、奖惩官员，以“侵渔百姓，聚敛为奸”、“阿附豪强，通行货赂”、“蔽贤宠顽”、纵容子弟“恃怙荣势，请托所监”等“六条问事”。[①] 刺史官品不高，但手握重权，可直接奏报皇帝，制裁违法渎职的郡国长官。这套以小制大、内外相维的监察机制在维系官僚队伍廉正精干方面发挥了重要作用，遂使汉宣帝得以感慨：“与吾共此（天下）者，非良两千石（郡太守）乎！”魏晋南北朝时期皇帝直接控制御史台，御史被赋予风闻弹事的特权，“自天子以下无所不纠”，即使不能坐实，亦可免责。唐贞观年间在全国设道一级监察区，临时派遣按察使、巡察使，加强对地方州县的监察与控制。宋代除由朝廷委派通判监督知州外，还颁布《诸路监司互监法》，对监察官吏实施再监察。元代制定的监察法规达近20部之多。明清时期，监察制度更为严密。中央设都察院，负

① 参见《汉书·百官公卿表》注引《汉官典职仪》。

责纠劾百官，下辖监察御史，分道监察地方官僚机构。此外又与六部相对应，分设六科给事中，负责稽查、驳正六部的违误。明万历元年张居正还强化稽察问责机制，颁行考成法以责吏治，即由各部衙制定一式三份收发文簿，分别留部作底本，送六科备注，交内阁查考。据其道途远近、事情缓急，“定程限，立文簿，月终注销。抚按稽迟者，部院举之；部院容隐欺蔽者，六科举之；六科不觉察，则阁臣举之。月有考，岁有稽”，据以“考其勤惰”，决定赏罚升降。[①] 此法一行，如傅维麟《明书》所赞扬的，“虽万里之外，朝下而夕奉行，如疾雷迅风，无所不披靡”。总体来看，中国古代的监察制度是带有部分行政、司法、审判、检查权限的混合体，通过对国家机关各级官吏的监督，保证皇权顺利运转、社会安定，在打击割据势力、整顿吏治、惩治腐败、提高行政效率、巩固中央集权方面发挥了积极作用。但这种监察机制毕竟受控于皇权，特别是明清的监察机构侧重对臣僚忠诚的考核，对公务监察不力，尤其缺乏对皇权重大决策的的制约与监督。

对朝廷重大决策乃至皇帝诏旨监督、驳正的制度称谏议制。这种在国家决策过程中的制约机制是帝王为维护长远、根本利益而设置的技术性制约手段。隋唐三省六部中的门下省便专门负责对诏令的审议与封驳，即拥有封还皇帝诏书和驳回臣下章奏的权力。按照规定，任何高层决策经中书省议定并报皇帝批准后，尚须移交门下省审核，如不妥可驳回中书省重议，直至门下省驳正违失、审核通过方可交尚书省执行。这种决策程序对于防止帝王过度滥用权力起到一定制衡作用。一如宋代官员刘黼所述，“帝王之枢机，必须经中书参试，门下封驳，然后乃付尚书施行。凡不由三省施行，谓之斜封墨敕，不足效也。政由中书则治，不由中书则乱。天下事当与天下人共之，非人主所可得而私也”。[②]

---

① 《明纪》卷39。

② 《宋史·刘黼传》。

谏官制度系朝廷专门设置一批官员对政府各部门所制定、推行政策、法令、举措中的不当之处提出批评，并赋予直接向皇帝进谏规劝的责任和权力，享有“言者无罪”的特权，据理力争，不为“犯上”。唐代大诗人白居易在宪宗年间担任左拾遗谏官时，便因“不避死亡之诛，事无巨细必言”而惹恼宪宗，宪宗虽极难堪却也无可奈何，只能徒然感叹：“白居易小子，是朕拔擢致名位，而无礼于朕，系实难奈！”① 至宋代，朝廷还专门从门下省分设出专司谏议的谏官机构——谏院。并规定“若他人言不实，即得诬告及上书诈不实之罪”；而对谏官、御史则“不问其言所从来，又不责言之必实”，“虽失实，亦不加罪”。② 明朝略作调整，一方面将御史“得以风闻言事，激浊扬清”写入法典，同时规定“风宪官挟私弹事，有不实者，罪亦如是”，不能信口开河。“武死战，文死谏”成为历代官员标榜忠贞名节的传统。

谏议封驳制度为中央集权统治提供了谏正皇帝过失、防止决策失误的机制，但却不能从根本上制约至高无上的皇权。这一机制能否正常运行，很大程度上取决于君主自身的态度。如唐朝贞观年间，皇帝从谏如流，形成较为开明的政治气氛。魏征就曾心悦诚服地表示：“若陛下拒而不受，臣等何敢数犯颜色乎！”而清朝在加强对京内外官员考察弹劾的同时，彻底取消了六科给事中封驳皇帝诏旨的职权，皇权进一步恶性膨胀。

中国古代集权政治的效应与影响

中国古代以皇权为核心的中央集权政体，是由上述皇权、中央与地方行政机构以及选官与监察谏议等部门相互配合运转的整体系统。皇帝拥有最高决断权，但通常要受礼法规章约束。就在皇权高度膨胀的宋代，据《蓼花州间录》记载，神宗要杀一名有罪官员，被大臣援引祖训劝阻，后改为刺配穷山恶水偏远之地，朝中官员又说“士

---

① 《旧唐书·白居易传》。

② 《续资治通鉴长编》卷210。

可杀不可辱"。宋神宗感叹道，"快意事做不得一件"。大臣则称，"如此快意事做不得也好"。明万历朝在中国生活了三十多年的西方耶稣会传教士利玛窦也依据亲身见闻指出，虽然大臣制定的法规必得经由皇帝书面批准，但未与大臣磋商，"皇帝本人对国家大事就不能做出最后的决定"。利玛窦因此认为"中国的政府形式是君主制"，但"它还在一定程度上是贵族政体"。[①] 其实中国古代这种介于西方君主独裁与贵族集体统治两种形式之间的"政府形式"，最大的特点是在皇权之下建构起一套量才选拔录用、实行俸禄制和任期制的周密完备的官僚行政系统。皇帝通过朝廷中枢机构总揽大权，并分设诸衙门，依靠熟谙规章制度的行政官员实施专业化管理。如唐太宗李世民所述，"以天下之广，四海之众，千端万绪，须合变通，皆委百司商量、宰相筹划，于事稳便方可奏行"。[②] 明太祖在述及罢承相，设五府、六部、都察院、通政司、大理寺等机构时则称，"分理下天庶务，彼此颉颃，不敢相压，事皆朝廷总之，所以稳当"。[③] 这种君主官僚集权体制显然不能与专制独裁政体简单划等号。事实上贞观年间举凡重要军政事务的决策多经集体议政、充分讨论，因而"鲜于败事"。其时中央官员从2000多人精简至"文武总六百四十三员"[④]，政府部门限期办理公文，行政系统高效运行。宋代推行"重文轻武"国策，"国家用人之法，非进士及第者不得美官"。[⑤] 读书人科举入仕成为国家官僚队伍的主干，即使在枢密院军事系统中也逐渐任用文官主管，以制衡武将和军队。宋代最终确立君主官僚体制下的文官政治格局，在很大程度上提高了官僚集团的整体文化素质，有利于政治清明、社会安定和社会文明的发展。

---

① 参见《利玛窦中国札记》，何高济等泽，中华书局1983年版，第48、49页。

② 吴兢：《贞观政要》卷1。

③ 《皇明祖训》首章。

④ 《资治通鉴》卷192。

⑤ 魏泰：《东轩笔录》。

在中华本土经历长期实践和探索独创的这一套以中央集权制和官僚行政机构为核心的国家治理体系，高度集权而又层叠有序，既分工协作又分权制衡，通过科举选官提供的职业官僚和畅达迅捷的通讯运输网络，发挥“幅员万里而遥，遐迩相连，臂指相使”① 的统辖管理功能，成为将辽阔疆域、庞大人口群体与众多民族紧密联结在一起的枢纽。正是凭靠大一统中央集权体制统一调配社会资源的优势，中国古代卓有成效地开展了世界罕见的移民屯垦、开凿运河、兴水利、修道路等大规模公共工程，大力推行“书同文”、“车同轨”和统一货币、度量衡等重大国策以及一系列政治、经济制度创新，在相当长的历史时期内对抵御外敌入侵、平定分裂割据势力、推动统一多民族国家形成发展、促进经济繁荣和文化昌盛发挥了重要影响。这种君主官僚集权政体也因其具备强大的集中社会力量和精密分工管理的能力，并显现出整体性、系统性、连续性和稳健高效的特点，而被视为是“使所有行政运作整齐划一”的“理性的官僚制形式”。其中的科举制度就曾分别为法国大革命1791年以及英国1855年推行选拔文官考试制度所借鉴。在研究中国现代化问题的一些西方学者看来，中国古代这种“酷似现代官僚格局的行政体制”，堪称是“所有现代官僚制度的原型”。②

中国古代在不断加强中央集权的探索过程中，也留下诸如汉、唐、明局部时期宦官、外戚乱政等一些负面教训。明中期成化年间，宦官汪直竟享有无需奏闻任意侦缉逮捕朝官和巡边指挥军队典兵预政的权力。武宗时刘瑾更获得“天下镇守太监得预刑名政事”的特权，通过亲信党羽把持内阁及六部大权，全面控制从中央到地方一干政务，导致政治腐败、社会动荡，政局更加混乱黑暗。而宋代为防范割据分裂，采取过度分散事权、互相掣肘等矫枉过正之举，则带来机构

① 张萱：《西园闻见录》卷72。

② 罗兹曼主编：《中国的现代化》，江苏人民出版社1995年版，第78页。

重叠、效率低下、开支庞大以及军队作战指挥不畅等弊端，导致积贫积弱的后果。更为严重的是，中国古代的诸权分立、"上下相维，内外相制"①，毕竟是皇权控制下的分工与制衡，包括监察谏议机制均不能对皇帝行使最终否决权，而只能是维系君主集权统治运行的一种补充。这就无法避免"人治"社会因帝王决策失误、滥用权力、专横暴虐而给国家带来巨大危害的风险。在这种情况下，国家的命运在很大程度上寄望于"开明君主"施政。当体制内无法保持明君掌政时，只有经历社会革命推翻昏暴君王、改朝换代，方使国家机器重新回到良性运行的轨道。这也是导致中国出现王朝兴亡周期律的一个制度性的原因。

罗马帝国在分散割裂地缘格局制约下长期实施地方自治，始终未能形成大一统政局下系统的官僚政治制度，乃至围绕皇位继承杀伐废立，社会屡屡动荡不宁。直至中世纪的欧洲尚无统一的强权国家。14世纪以来庄园经济逐渐解体，个体经济和商品经济得到发展，呈现市场化、货币化倾向，新兴起一批工商业自治城市。17世纪英国资产阶级革命后，跨入工业文明轨道的欧美主要国家相继发展起代议制民主以及立法、行政、司法三权分立的立宪君主制或共和制。西方官僚制度乃是工业社会适应技术进步、劳动分工和社会民主化对行政管理提出更高要求的产物。民主化、法律化、制度化逐渐成为社会普遍接受的原则，体现了人类政治文明发展的重大进步。中国历史上的集权政治体制及其官僚制度、管理系统，将农耕文明格局下大一统优势发挥到极致；但却与市场经济社会自由选择、等价交换、平等、公正等准则格格不入，成为向工业文明转轨的巨大障碍。明清之际中国的进步思想家反映商品经济发展，代表新兴市民阶层利益，也曾反对专制暴君政治，鼓吹早期民主思想。黄宗羲公然宣称"为天下之大害者，

---

①《历代名臣奏议》卷217。

君而已矣"[①]，提出用"各得其私，各得其利"为原则的"天下之法"取代"桎梏天下人之手足"的"一家之法"，以约束帝王的"人治"。[②] 他还主张"是非决于学校"，赋予学校自下而上对皇帝和大臣进行监督、批评的功能，郡县学官亦可对地方官"小则纠绳，大则伐鼓号于众"[③]，以保证各级政权机关清正廉洁、决策正确和国家社会安定。王夫之"不以天下私一人"[④] 的"均天下"主张和顾炎武以"众治"取代"独治"的要求[⑤]，也都体现了反对君主专制的政治思想，多少带有近代君主立宪的因素。但中国古代的官僚系统在一定程度上终究是按照社会等级与血缘亲疏关系配置资源、维系秩序、维护皇权统治的工具。虽然明代甚至两宋时期远比 14—15 世纪欧洲商品市镇经济繁盛，但中国古代的商品经济始终处于发挥补充作用的从属地位，从未发育成充分货币化的市场经济社会。由身份、地位、血统决定的政治权力远高于市场货币持有者的权利。垄断一切资源的专制皇权统治机构无法适应对私有财产、契约关系的保护与民主化的发展，不可能发展出有效制约皇权的制度体系。中国古代的三省六部制与近代西方社会的"三权分立"政体在通过分权实现权力之间监督牵制方面有相似的一面，但西方三权分立意在限制君主专制，而中国古代的三省六部制在强化、优化权力运行机制的同时，却起到加强皇权的作用。事实上，明清两朝非但未能顺应世界发展潮流和国情变革的需要，反而在传统政体运行航道上逆流而动，专制皇权更趋膨胀。明初相继设置的锦衣卫和东厂、西厂军事特务机构，被授予自行侦缉、逮捕、审讯、滥施酷刑等特权，监察臣僚，专理诏狱，成为专制皇权的可靠支柱。皇帝为树立绝对权威，行使廷杖特权，对不合己意

---

① 黄宗羲：《明夷待访录·原君》。

② 黄宗羲：《明夷待访录·原法》。

③ 黄宗羲：《明夷待访录·学校》。

④ 王夫之：《读通鉴论》卷末《叙论》。

⑤ 顾炎武：《日知录·爱百姓故刑罚中》。

的大臣，于殿堂上任意鞭打杖责。并让犯了罪的御史戴着脚镣坐堂审案，谓之"戴罪理事"。明太祖还针对部分士大夫不肯与新皇朝合作的情况，规定"寰中士大夫不为君用"者，"诛其身而没其家"。[①] 明初甚至在废止1000多年之后，一度恢复用妃嫔为帝王生殉的野蛮制度。入清之后，统治者厉行文字狱，进一步把君主官僚制发展成专制皇权体制。如康熙皇帝所宣称，"今天下大小事务，皆朕一人亲理，无可旁贷。若将要务分任于人，则断不可行。所以无论巨细，朕必躬自断制"。[②] 乾隆帝也说，"朕亲阅本章，折中酌定，特降谕旨，皆非大臣所能参与"。[③] 清朝军机大臣日夜轮流在乾清宫旁低矮简陋的平房值班，受皇帝召见只能跪奏笔录。从明大朝仪"众官皆跪"，到清军机大臣"长跪白事"，朝臣沦为帝王家丁仆役。随着封驳机制在清朝被废弃，彻底从制度上封闭了纠错的可能，遂将国家命运系于一人之手。尽管清朝皇帝大多精明干练、勤于政务，尤其清前期康、雍、乾诸帝在巩固统一多民族国家、推进农耕文明发展方面颇有建树，但却对世界工业文明兴起的历史大变动毫无认识。高度集权的大一统政治建构犹如一柄威力巨大的双刃剑，此刻正是专制皇权极度膨胀和清朝帝王固守农耕藩篱、闭关锁国等战略失误，在阻碍中国向近代社会转型方面带来严重后果。就在康乾盛世之后不久，便如道光帝所感叹的，"两只夷船不能击退，可笑可恨！武备废弛，一至如是，无怪外夷轻视也"！[④] 这是农耕文明和工业文明较量的必然结局。

① 《大诰三编·苏州人才第132》。

② 《东华录》康熙朝，卷91。

③ 《东华录》乾隆朝，卷80。

④ 《史料旬刊》第23期，第844页。

（四）宗族农耕社会中的性别与妇女问题

胎儿在母腹中因含有两个X性染色体，或含有一个X性一个Y性染色体的区别，而注定了出生后的性别差异，后者生而为男，前者孕为女身。男女之间在生理上的最大区别表现在生殖系统，即第一性征的不同。至青春期，第二性征也出现明显差异，一般女性较男性身材略矮，骨骼纤细，皮下脂肪较多，肌肉发达程度和血液循环系统、呼吸系统等方面也存在差异。这种主要体现在生育功能不同的先天生理上的性别差异，导致了自我意识和心理上的性别差异。以生理、心理上的性差异为依据，在人类社会发展的不同阶段，形成性质不同的性别分工，由此而成为两性的社会差异，并发展成两种不同的社会性别角色。总之，既然有性别差异，就会有不同性别之间在人类自身再生产和社会生产中的分工合作，就必然存在这种性别分工是否合理的问题，即围绕妇女的地位作用而产生妇女问题。这种问题因社会发展阶段和社会制度不同而有所区别和变化，因而妇女问题的出现是一种历史现象；同时，性别的差异和妇女问题总是与人类俱存，妇女问题又属于人类社会任何发展阶段都会遇到的“永恒”范畴。正如马克思所指出的：“没有妇女的酵素就不能有伟大的社会变革。”① 在人类历史上，能否充分调动妇女的潜在力量，妇女所处地位及其所发挥作用的状况如何，或者说性别关系与妇女问题处理得是否科学得当，不但关系到占人类人口总数一半妇女的切身权益，也必然会对人类社会的发展产生重大影响。

中国古代宗族农耕社会中的性别关系与妇女问题最为集中典型地反映了血缘地域二系合一、农耕自然经济与宗族家庭纽带紧密交织的

① 《马克思致路·库格曼》，《马克思恩格斯全集》第30卷。

家国同构社会模式，又突出体现了传统文化控塑社会成员的典型特征。本节拟从社会本位和妇女发展本位两重视角对宗族农业社会中妇女的地位与作用以及传统文化对妇女个性才智的控塑加以考察，进而加深对中国古代历史发展特殊脉络的认识。

远古时代男女乾坤易位的巨变

在人类早期原始社会阶段，尽管生产力和生活水平极为低下，但就女子在社会中的地位作用来看，却曾经有过极其光辉灿烂的时刻。尤其旧石器时代中期步入智人阶段后，由于生产力的发展和血亲婚配的排除而迈进氏族社会，人类素质明显提高，导致母系氏族全盛时期实现了一次重大的文化飞跃。[①] 考古绝对年代约在7600—8500年前，河南舞阳县贾湖新石器时代遗址的考古挖掘证明，当时已有原始农业、制陶业，能够驯养野生动物，掌握了铜器钻孔技术，并出现具备七音阶结构的骨笛。带有契刻符号的陶片，表明这时已具备文字前的书写系统。距今约6000年前母系氏族鼎盛时期，西安半坡仰韶文化遗址出土的底尖口小流线形陶瓶，则意味能够利用浮力与重心平衡原理，汲水时上半部前倾，水满之后又自动直立。房屋遗址和陶器纹饰也显示当时已能排出等差数列，设计对称图案，掌握了一定的等分技术和较精确的计算丈量方法。半坡祭场有规律的陈设布局，甚至可视为早期演示八卦的实例。《周易·系辞下传》和《世本·作篇》两篇古代典籍曾记载史前一系列重大发明创造，其中绝大多数都始于这一时期，或在这一时期得到重大发展。但两篇文献的作者却几乎把所有发明创造的桂冠加冕到男子的头顶。近代维新派领袖康有为对此提出异议，在历数史前女子一系列重大发明之后，康有为感叹道：“今世

① 学术界对是否母系制早于父系制普遍存在尚有争议，这个问题较为复杂，本书不拟展开。不管怎样，根据古代文献、民族学调查资料以及原始墓葬等考古发现，母系制是中国史前社会发展过程中曾经存在过的一种重要社会形态，应是不容置疑的事实。

界进化，日趋文明，凡吾人类所享受以为安乐利赖，而大别于禽兽及野蛮者，非火化、熟食、调味、和羹之食乎？非范金、合土、编草、削木之器乎？非织麻、蚕丝、文章、五采之服乎？非堂构、樊圃之园庭、宫室乎？非记事、计数之文字、书算乎？其尤为美术令人魂欢魄和者，非音乐、图画乎？凡此皆世化至要之需，人道至文之具，而其创始皆自女子为之，此则女子之功德孰有量哉！岂有涯哉！”而这一切在古史传说中却阴差阳错，几乎全部归为男子所创。康有为认为这是因为“男子后起之秀，渐于文明之时，既在农耕、熟食、室居之后，不待逐兽，亦有静暇，乃取女子创造种种之事为器物，大推广之。既为女子之主，遂攘窃其名……其实皆非男子所能为也”。[①] 康有为的见解不无道理，彝族文化学派的研究也证明，古老的十月太阳历、伏羲八卦以及阴阳五行，源出于远古三皇五帝之首的伏羲，都先后产生于夏代以前的原始母系氏族社会。《周易·系辞传上》辟首第一句为“天尊地卑，乾坤定矣”，而早于《周易》的《归藏》乃至伏羲八卦均为首坤次乾。伏羲是以母虎为图腾的原始氏族部落的名号，故伏羲先天八卦与《周易》根本不同，其尊崇女性以阴性坤为首便不奇怪了。需要强调指出的是，伏羲八卦在卜筮形式下蕴含着原始宗教、哲学、科学和社会政治思想的结晶，是母系制下原始先民总结概括自然界和人类社会变化规律的带有奠基性的史前文化丰碑。几乎现代文明所有辉煌成就，都能从这一时期的重大发明创造中探溯到蓓蕾和胚胎。伏羲因此而被称颂为“中华民族文化的始祖”。[②] 在这人材辈出的英雄时代，女性先民无疑扮演了主要角色。当然这一时期所取得的重大成就中，也凝聚着不少男子的心血。所谓的“母权”并不以歧视、排斥男子为前提，但在整体上妇女的地位作用更为显赫，因而理所当然以女神的形象作为这一时代的总代表。远古传说中以女娲

---

① 康有为：《大同书》戊部第三章，《女子最有功于人道》。

② 茅盾：《神话研究》第214页，百花文艺出版社1981年版。

为首的众多女神格外活跃，陕西仰韶文化以女性为中心的葬制和女性墓主的格外厚葬，以及辽宁红山文化的女神庙遗址，即是人类早期女子扮演着重要角色这一“社会形式本身”的真实反映。如马克思所说，“由于性别和年龄的差别，也就是纯生理的基础上”产生的自然分工，使妇女在原始采集、种植、畜养业等主要生产领域居于主导地位。[①] 而妇女在种的繁衍上所起的纽带作用又“意味着妇女在家庭内的统治，正如在不能确认生身父亲的条件下只承认生身母亲意味着对妇女即母亲的高度尊敬一样”[②]。妇女在两种生产中所处的这种主导地位，决定了她们在母系氏族时期享有崇高的社会地位，发挥了推动社会发展的主导作用。

随着生产工具的改善、生产经验的积累，农业和畜牧业生产的效益大大提高，人类终于告别蒙昧时代进入以农牧业生产为主的新的历史纪元。当农牧业生产充分显示出在稳定性和收获量方面都远比渔猎经济优越时，男子就越来越多地转入由女性开辟的农牧业领域。身强力壮的男子汉在新生产领域中的地位日趋显要，其财富占有量也相应更为丰盛。生产力的发展必然引起人们在生产、分配以及社会生活中的地位相应发生变动。此刻直接创造社会财富的重担，已主要为男子所取代，衡量社会地位的天平自然要向男方倾斜。既然“丈夫在家庭中占据比妻子更重要的地位”，他们便当仁不让，反过来“利用这个增长了的地位来改变传统的继承制度”。从此，妇女被要求严守贞操，以确保子女“确凿无疑地出生自一定的父亲”。[③] 本来以母系为核心计世的血缘纽带曾经是原始时代女性处于统治地位的真实基础；至此女子以母系计世的天然优势也荡然无存，“母权”统治地位的基石终于彻底坍塌。恩格斯把这种父权对女性的征服称为“人类所经

① 马克思：《资本论》第1卷第389、390页，人民出版社1975年版。
② 恩格斯：《家庭、私有制和国家的起源》第45页，人民出版社2003年版。
③ 恩格斯：《家庭、私有制和国家的起源》第52、65页。

历过的最激进的革命之一”。[①]这场本该是最为亲密的男女之间的地位更迭，虽然基本上未曾诉诸战争的手段，但其间引起社会制度的变革，性质是极为深刻的。其激烈的程度也远远超出常人想象之外，经历了许多曲折反复，充满了狡诈与残酷。否定女性的生育权，便是男性发动攻势从根本上废黜母系的一个重要手段。

在这一历史时期，男人们开展了一场大规模篡改祖神性别的运动。母系制时代著名女神或者阴变为阳，或者乱点鸳鸯谱硬被贬嫁从属于男性神，甚至连威力无比的女娲也难逃变性的厄运。《世本·氏姓篇》称：“女氏，天皇封帝涡于汝水之阳，后为天子，因称女皇，其后为女氏，夏有女艾，商有女鸿、女方，晋有女宽，皆其后也。”[②]居然把标示性别的“女”字释为姓氏，于是一系列女神便从神谱中消失，而那些冠之以“女氏”的男神实际上便是这批暴发的男性新贵的自画像。“鲧复（腹）生禹”传说的初始意蕴也已变质走味，不但鲧被衍化为男神，而且父亲生子正是那个时代男人竭力宣扬的天经地义的“真理”。为了千方百计强调男系血统的重要，父家长们还自欺欺人地反复扮演着女人生孩子、男人坐月子的丑剧，以至日久天长形成荒诞不经的产翁习俗。

对于男子这种卑劣的欺世盗名行径，女性当然不会无动于衷，她们对单方面剥夺女子性自由的反抗，便曾“推迟了严格的专偶制的实现，一直推迟到人们思想发生大动荡而将人类引入文明社会之时”。[③]至今在一些少数民族中保存抢婚、逃婚、哭嫁、从母居、不落夫家、审新娘等婚俗都是这次男女权易位社会大变革留下的遗痕。

男女易位的大变革在原始墓葬中也得到了鲜明的反映。考古工作者在山东泰安县大汶口等地发现了一批距今约5000年前的男女合葬

① 恩格斯：《家庭、私有制和国家的起源》第53页。

② 朱一是《女娲非女主辨》称：“女者，姓也。《左传》有女艾……则亦何疑乎女娲之非女主哉!”参见《畲史》卷9。

③ 摩尔根：《古代社会》下册第465页。

墓，比起母系氏族时期遗留下来的墓葬发生了很大变化。这些墓中女性的随葬品多为纺轮、骨锥、骨针和一些装饰品，男子的随葬品则多数是石斧、石碎、石刀、石凿一类的生产工具；而且随葬品绝大部分都放在男子身边，其中大汶口墓地一号墓，共有57件随葬品，放在男子身边的达55件。这证明一夫一妻制个体家庭的出现，以及女子被排除出主要社会生产之外；男子不但在社会生产中占有重要地位，而且对财产拥有更大的支配权力。稍晚一些时期齐家文化的秦魏家成年男女合葬墓中，男子均居右，直身仰卧；女子则一律居左，曲腿面向男子侧卧。青海柳湾齐家文化墓葬第314号墓中侧身屈肢面向男子的女尸还被埋于棺外，并有一条腿压在棺下。在甘肃武威皇娘娘台遗址发现的一座一男二女成人合葬墓，男性居中仰卧，两名女子均面向男子侧身屈肢，下肢向后屈，双手屈于面前，分埋在男子两侧。在有些合葬墓中男女是同时埋入的，女子很可能是为男主人殉葬而丧生。皇娘娘台第76号墓中的一对成年男女，男子肢体完好，女子则为一具无头女尸，更当是杀殉的铁证。这表明历史上的私有制、阶级对立，大体上与父权制同时产生，而且"最初的阶级压迫是同男性对女性的奴役同时发生的"①。

女性在两种生产中地位、作用的全面退缩，最终导致母权制被颠覆，遭受到"具有世界历史意义的失败"。进入父系氏族社会之后，这些女子面向男性曲肢侧卧的墓葬标志着社会经历了一次深刻的转折，这次社会变革，"开辟了一个一直继续到今天的时代"②，但在取得这一伟大历史进步的同时，女性却遭受了历史性的失败。这些墓葬正是以后几千年妇女处于屈辱地位的缩影，预示了女子备受摧残压迫的遭遇。

---

① 恩格斯：《家庭、私有制和国家的起源》第63页。
② 恩格斯：《家庭、私有制和国家的起源》第63页。

宗族农业社会中妇女的地位与作用

中国古代在农耕自然经济与宗族血缘纽带双重制约下跨入文明的门槛，国家行政组织与血缘纽带相互耦合，凝为社会深层结构，制约着社会发展的路向。在这片特定社会土壤中积蕴的妇女问题，同样打下家国同构社会传统的特殊印记。

进入阶级社会之后，随着女性被从主要生产领域排挤禁锢于家庭四壁，她们的地位便一落千丈。其直接后果就是在经济上无以自立。“子妇无私货、无私蓄、无私器，不敢私假，不敢私与”①，不得拥有任何形式的私有财产。这种经济上的一无所有，注定了她们“伏于人也”② 的从属地位，“未嫁从父，既嫁从夫，夫死从子”③，自幼及老，一辈子沦为男子的附庸，从此压入几千年历史的黑暗幽域，备受父权社会“忍心害理，抑之、制之、愚之、闭之、系之，使不得自立、不得任公事、不得为仕宦、不得为国民、不得预议会，甚且不得事学问、不得发言论、不得达名字、不得通交接、不得预享宴、不得出观游、不得出室门，甚且斫束其腰、蒙盖其面、刖削其足、雕刻其身，遍屈无辜，遍刑无罪”之苦④。尤其步入传统社会后期，专制集权极度膨胀，在理学“存天理，灭人欲”科条禁锢下，女性对男子的依附发展到“饿死事极小，失节事极大”⑤ 的地步。妇女缠足成习、殉节成风，被专制政权、神权与夫权牢牢捆绑，彻底沦入女奴的境地。直至19世纪末资产阶级革命前夕，悠悠数千年，宗族农业社会结构一直没有发生根本性变更，女子的社会地位也就不可能实现实质性变化。而且事实上，随着统治阶级归于穷途没落，社会对妇女的控制压迫，总体上呈现出日渐严厉的趋势。

---

① 《礼记·内则》。

② 《礼记·本命》。

③ 《仪礼·丧服》。

④ 康有为：《大同书》戊部，《去形界保独立·妇女之苦总论》。

⑤ 《河南程氏遗书》卷22下。

古代妇女受尽屈辱摧残，但却并不意味女子在社会上便一无所用。正如恩格斯在《家庭、私有制和国家的起源》中指出的：“未必早于文明时代的一夫一妻个体家庭，曾是社会和国家赖以逐渐凝结起来的核心。”在家国同构、血缘地域二系合一的古代中国，家庭既是农业自然经济下进行生产、承担赋税兵徭的基本单位，又是宗族血缘色彩极浓的社会组织基本细胞；因而“齐家”一向被视为“治国平天下”的前提。而夫妇关系又是组成家庭结构的主导因素，一如《易·序卦传》所说：“有夫妇然后有父子，有父子然后有君臣，有君臣然后有上下，有上下然后礼仪有所措。”在确保男尊女卑的前提下，女性因在传宗接代、维系家庭家族稳定、以织助耕、料理家务和相夫教子等方面发挥了不容或缺的特殊作用，而在家国一体社会结构中获得一定的社会价值和社会意义。汉儒“天下之本在家”① 的提法，便基于对中国古代这种家国之间特殊关系做出的判断。

“婚姻者，合二姓之好，上以事宗庙，下以继后世”②，关系到古代宗族社会立国立家之本的根本大计。女性便是使“王侯将相、功臣子弟苗裔满朝，传祚无穷”③ 和“借新的联姻来扩大自己势力”④ 的重要工具，因而“以为嗣续计，古人重之”⑤。此外，古代一夫一妻多妾型婚制是使父家长不致“覆其宗祧”的重要保证。倘若妇人“年老无子，情甘绝祀，而不愿夫娶妾”⑥，或“老而无子，妻悍尤甚，使婢有孕者皆手杀之”⑦，便有世系不传、香火不继之虞。而妻

① 荀悦：《申鉴·政体》。

② 《礼记·昏义》。

③ 《魏书·临淮王传》。

④ 《家庭、私有制和国家的起源》第 76 页。

⑤ 《续修汪氏家谱·家规》。

⑥ 戴礼：《女小学》。

⑦ 谢肇淛：《文海披沙》。

妾之间争宠夺嫡，“或弃产而焚家，或投儿而害婿”①，也往往导致富家大户“家道离索，身世迍邅”②。尤其后妃之间围绕子嗣继统和自身权位展开的争斗更屡屡酿成社会动乱，被统治阶级视为“国亡家绝之本”的祸根③。因此妇女能否做到顺从丈夫、孝顺公婆、妻妾相善、妯娌姑嫂和睦相处，便成为事关“万物之统”的“人道之大伦”④，是直接影响“天下之本”的社会问题。

“男司耕读，女司纺织，自是生理。”⑤ 在“闭门而为生之具以足”⑥ 的农村自然经济社会中，男耕女织乃是家庭生产最基本的分工。妇女虽被排挤出主要社会生产领域之外，“妇女当年而不织，天下有受其寒者”的作用仍不应忽略。此外，她们往往还要担负其他家庭手工业、副业，并从事部分农业辅助劳动。那些极其繁杂琐碎而又为千家万户日常生活所必需的家务劳动也全部落到妇女的肩上，这副过于沉重的担子，使绝大多数妇女沦为“家庭中的奴隶”。贵妇一般不亲执庶务，但也要承担主内理家的主妇职责。一个家庭要想“禾麻粟麦，成栈成囷；油盐椒豉，盎瓮装盛；猪鸡鹅鸭，成队成群”，少不了主妇的心血和汗水。一旦不幸丈夫亡故，“保家持业，整顿坟茔；殷勤训后，存殁光荣”的重担更得由遗孀独力承担⑦。“男女贸功，相资为业”⑧ 的性别分工，实为维系农村自然经济，凝聚家庭、宗族社会结构必不可少的基础。

不言而喻，妇女之中本身还存在着阶级、阶层、等级的差别。不但贵妇与贫妇、婢女贵贱悬殊，就是同一家长的诸妇中妾也须尊正妻

① 张缵：《妒妇赋》。
② 《魏书·临淮王传》。
③ 《仪礼·丧服》疏。
④ 《史记·外戚世家》。
⑤ 《九江义门总谱·推广家法》。
⑥ 《颜氏家训·治家》。
⑦ 《女论语·守节章》。
⑧ 田艺蘅：《留青日札》卷3引《亢仓子·农道》。

为“女君”，妻妾之间也还是主奴关系。而且嫁为夫家嫡长子妇与嫁作其余诸子妻的妯娌之间、同一女子能否为夫育子传嗣以及作儿媳时和熬成婆婆之后，其身分、地位也都有较大差异。不过，不论各阶级阶层妇女生活条件上存在多大差异，但在从属于父家长这一点上都没有本质的区别。实际生活中也会遇到“妇强夫弱”的现象，“三从”中“夫死从子”的条目，因有儒家孝道的制约，也只限于夫死不嫁，不另立门户，而并非实际规范母子关系的准绳。相反，社会一向认同母亲具有一定管教惩戒子嗣的义务和权力，除了日常家教外，在主婚、分配财产等方面亦有次于父家长的权限，直到皇太后在夫亡子幼的情况下暂行摄政。这种状况多少反映妇女因在人类自身繁衍、家庭经济及操持家务、稳固家庭宗族等方面的作用而享有一定的社会地位。当然，一些父家长在家内受制于妻妾的表象并不能改变在政治、经济等社会活动中男尊女卑的大局。所谓“粉黛判赏罚，裙襦执生杀”①，包括太后垂帘听政，并非体现女性个人的人格意志，而仍旧是在维护父权社会利益的前提下代夫施威。何况男尊女卑、夫为妻纲还一直被统治阶级用作维护宣扬纲常伦理准则的有力武器，使之在强化专制集权统治意识方面发挥重大作用。中国古代国家秩序中的民顺臣忠，实质上便是家庭秩序中子孝妇从原则的合乎逻辑的翻版与扩张。针对鲁哀公提出的“为政如之何”问题，孔子曾明白回答：“夫妇别，父子亲，君臣严。三者正，则庶务从之矣。”② 从中可以清楚看出要求妇女顺从丈夫，已经具有强化君臣关系、巩固专制集权统治的重大社会意义。所以妇人妒悍不但被认为是破坏伦理纲常的准则，是对宗法社会“妻事夫”人伦之本的否定；而且摇撼冲击了“臣事君、子事父”治理天下之礼仪“常道”③。反之，“国家重贞节以励人

---

① 于义方：《黑心符》。

② 《礼记·哀公问》。

③ 《韩非子·忠孝》。

妇”，也被统治阶级看成是“帝王治天下”的“导迪彝民之具”[①]。就这样，夫权与君权（政权）两条巨大的绳索牢牢地编织在一起，相互鼓荡，共同涨落。

中国古代的妇女问题正因为在以上诸方面具备维系自然经济、稳定宗族血缘社会结构、强化专制集权统治的奇特功效，异乎寻常地受到历代统治阶级高度重视，成为他们殚精竭虑冀图加以解决的事关立国之本的重大社会课题。而统治阶级推行妇礼教化、实施社会控制的诸种举措，以及妇女地位作用的升沉荣辱，在历史上也相应产生了巨大影响。这种影响在不同的历史阶段对社会发展所起的作用又不尽相同。尧舜禹时代已基本奠立父家长男权的统治地位，但母系制遗俗仍很顽固，并一再向父家长的权威发起反击，新旧社会之间的矛盾和冲突仍很尖锐。屈原《天问》中“稷维元子，帝何竺（毒）之”的疑问；以及传说中的“尧杀长子”[②]；大禹“辛壬娶涂山，癸甲生启”，婚后二日便生子，遂声明“予不子”，不承认和启的父子关系[③]。其原因俱如颜师古释《汉书·元后传》“羌胡尚杀首子，以荡肠正世”所说：“言妇初来，所生之子或他姓。”为防鱼目混珠，竟至弃杀长子，表明倡导贞节以确保“血统的不可争辩性”的至关重要，也反映父系母系之间争权斗争的残酷激烈。分别代表夏、商、周三代统治阶级思想的经典文献《连山》（首卦属阳）、《归藏》（首卦为坤）、《周易》（首卦为乾）之间乾坤颠倒、阴阳易位的变更，即为当时母系父权新旧社会之间波澜壮阔斗争的缩影。此刻新兴统治阶级高举“男女有别”、“男尊女卑”的大旗，宣扬要求女子绝对顺从丈夫、不容他人染指的贞操观念，确曾为辨析父子血缘关系、世代承袭私产不至流失他姓，并确立父系嫡长子继承制度提供保证，成为父权最终战

---

① 倪谦：《褒旌堂记》。

② 《庄子·盗跖》。

③ 《史记·夏本纪》。

胜母权、巩固和发展私有制、使人类跨入文明门槛的有力武器，对促成这次具有世界历史意义的伟大的胜利发挥了巨大作用。春秋战国之际，随着铁制农具和牛耕的使用推广，"公作则迟"、"分地则速"①，以夫妻横向关系为轴心组成的个体小家庭，逐渐从大宗族中游离出来，地位越趋重要。新兴地主阶级把强化妇礼、宣扬三从四德、加紧对妇女思想行为的规范控制，当作稳定个体家庭、巩固"编户齐民"社会新秩序、从根本上削弱贵族保守势力的战略措施。商鞅变法"更制其教而为其男女之别"，直接服务于"民有二男以上不分异者，倍其赋"，"令民父子兄弟同室内息者为禁"② 的离析宗法宗族大家庭的变革。至秦始皇一统天下，更不遗余力，四处巡游刻石宣教，在搜捕拘役数以十万计"赘婿"，发起扫荡"妇人尊贵"母系制遗存强大攻势的同时，反复强调"有子而嫁，倍死不贞"、"贵贱分明，男女礼顺"③，其目的则在于顺应"秦兼天下，划除旧籍，公侯子孙失其本系"④ 的潮流，巩固"男乐其畴，女修其业"的新型小农经济家庭，以之作为巩固政权"舆舟不倾"、长治久安"嘉保太平"的重要保证⑤。

中国古代社会，在春秋战国之际经历了一次深刻变革，至秦汉成熟定型之后，便在相当长历史时期进入相对平稳的发展阶段。至唐宋时期，社会经济之繁荣、科学文化之发达，依然在世界范围居于领先地位。统治阶级通过把妇女圈禁在家庭藩篱之中，发挥主内持家、凝聚宗族、稳定社会、强化大一统统治的功能，也还大体上起到积极进步的作用。那种把历史上的祸乱归咎于"牝鸡司晨，唯家之索"⑥、

---

① 《吕氏春秋·审分》。
② 《史记·商君列传》。
③ 《史记·秦始皇本纪》。
④ 《隋书·经籍志》。
⑤ 《史记·秦始皇本纪》。
⑥ 《尚书·牧誓》。

“赫赫宗周，褒姒灭之”[①]、“乱非降自天，生自妇人”[②] 一类的指责，固然是荒谬的偏见；不过也应看到，古代妇女因缺乏实际从政、从经、从戎的机会和经历，后妃通过枕边效应干预政事的结果，每以负面效应居多，迹近游弋于社会中的致乱因素；贵妇宠妃徇私舞弊、争宠夺嫡的行为举止，在上层社会波诡云谲的殊死拼斗中，也确实起到导火引爆的作用。而一旦新制度确立之后，整肃妇礼以减少毫无意义的变乱，便在一定程度上带有稳定社会新秩序的进步意义。

无疑，在肯定“男尊女卑”、“男主外、女主内”、“从一而终”以及加强妇礼女教的诸种措施，在历史的特定阶段曾经起过进步作用的同时，也应看到这种进步的取得是建立在对妇女摧残压迫的基础之上。而且就是在当时，这种对妇女过于苛酷的桎梏束缚，也远远超过了稳定社会秩序的实际需要，严重封闭窒息了占总数一半人口的创造才能，影响了社会的活力和生气。至传统社会后期，妇礼女教畸形高涨，更把这种弊病推向极端。春秋秦汉时期，正统礼教偏重于强调妇女在家庭、宗族中应尽“女正位乎内”的职责，新兴地主阶级生气勃勃，尚能不拘一格培养人才，妇女尽管从属男子，却不排除在事业包括国事大政上发挥辅佐作用；而明清两代妇礼日益苛严，愈趋腐朽僵化，把男女有别、男尊女卑扩张到极点，守节殉夫的行为也被衍化为“地维赖以立，天柱赖以尊”的女德[③]，当作社会权衡妇女的最高价值准则。殉夫只是在“尽妇道而已”，竟与“夫之贤不”毫不相干[④]。这种妇礼教化制造的愚昧盲从，不但扼杀、摧残了无数妇女人才，而且成为统治阶级借以实行文化专制、维护腐朽没落统治的工具。统治阶级通过压抑控制妇女所发挥的凝聚宗族社会结构、巩固男耕女织自然经济生产方式的功能，至此也走向反面。族规家法中关于

① 《诗经·小雅·正月》。
② 《诗经·大雅·瞻卬》。
③ 陈宏谋：《教女遗规》。
④ 《明史·列女传》。

每年定量配给族妇原料、限定产量、“俱令亲自纺绩，不许雇人”[1]，以及“日使诸女诸妇各聚一室为女功，工毕敛贮一库，室无私藏”[2]一类的规定，有效地阻断了自然经济向商品经济转化的渠道。即使在以举族累世经商著称于世的徽州地区，本来十分有利于资本主义生产关系萌芽生长发展，商品经济的潮流也为商人妇更新观念、提高妇女地位提供了更好的条件。但当地因男子经商久客不归，格外重视妇礼教化，“素崇礼教，又坚守程朱学说”，“闺阁渐被砥砺，廉贞扇淑扬馨，殆成特俗”[3]，乃至“节烈最多，一邑当他省之半”[4]，其结果非但未能导入资本主义轨道，反而世代“重宗义，讲世好，上下六亲之施，无不秩然有序”[5]，始终保留浓厚的传统宗族血缘关系。其中一个重要原因如《徽州府志》赞颂当地古风犹存时所述：“盖亦由内德矣。”徽州女教培养出来贞节守礼、勤劳俭朴的标准“内德”，在春秋战国时，曾经是新兴地主阶级用以砍断旧贵族保守势力羁绊的利剑；到了明清时期则一变为统治阶级用以把社会结构牢固包裹在古旧陈腐的宗族框架之中，维系传统社会“生态平衡”、斫杀资本主义萌芽的凶器。传统社会后期，在包括传统女教在内的礼教纲常维护控导之下，个体自然经济家庭和乡土宗族血缘势力再度胶合强化形成的混凝土结构，使社会凝固板结，阻滞着社会结构的更新、变革，成为资本主义生产关系萌芽发展的巨大障碍。而这又是中国农耕文明衰落、远远被甩到世界潮流之外的根本症结。

对中国古代妇女地位作用兴衰起伏变迁的历史考察，给我们留下如下两点启示：

其一，生产活动和人与人之间交往的社会活动以及围绕这两种活

① 《庞氏家训·考岁用》。

② 《元史·孝友传》。

③ 《歙县志·列女》。

④ 赵吉士：《寄园寄所寄》。

⑤ 《徽州府志·风俗》。

动形成的生产关系、社会关系，是人类活动最基本的领域，妇女社会地位的升沉兴衰便取决于、或主要表现于她们在两种生产中的地位和作用。不论妇女地位高下怎样变化，都在或隐或显对人类社会发生作用，妇女问题始终是影响历史发展的重要因素。几千年来仰赖妇女含辛茹苦劳作持家在凝聚家庭、稳定社会方面作出的巨大奉献，男人们才得以在妇女参与奠立的牢固基石上，形成大一统局面，创造出灿烂辉煌的古代文明。尤其在人类跨入文明门槛和新兴地主阶级登上政治舞台等重大历史关头，妇女的活动都曾直接发挥推动生产关系变革和催化社会进步的巨大作用。同样，妇女问题也曾被腐朽没落的统治阶级用来筑成顽固抵御时代潮流冲击的千年古堤。妇女的地位作用受到社会发展阶段的制约，反过来妇女问题的解决也在很大程度上影响历史发展的进程。这应当是对目前与未来同样适用的一条历史发展规律。

其二，进入文明时代之后，“任何进步同时也就是意味着相对的退步，这时一些人的幸福和发展是用另一部分人的苦痛和受压抑为代价而实现的”，其中既有阶级压迫，又包含“男性对女性的奴役”①。从此对妇女活动的社会效应和伦理道德上的评价，便在某种程度上发生了偏离和对立。中国古代妇女在社会地位和作用方面表现出既卑贱又不能忽视的两重性特点，是统治阶级对妇女问题给予高度重视的同时，又极度蔑视妇女权益的内在依据。在对历史上解决妇女问题的诸种举措进行总体评价时，应当承认由“男主乎外、女主乎内”性别分工导致对女性的单方面禁锢，有其历史存在的必然合理的一面。同时更不应忽略，这种历史进步的前提却是对女子个性权益的野蛮践踏和对她们才能的压抑摧残，何况这种有限的积极因素越来越被消极落后的主流所掩抑。靠牺牲压抑妇女所能获取的进步毕竟是有限的，而社会为这种进步付出的代价却凝固了妇女的、从而也限制了整个民族

① 恩格斯：《家庭、私有制和国家的起源》第63页。

的进取精神和创造活力，导致社会结构板滞僵化，从根本上阻碍社会得到更大发展。只有在反对剥削、压迫的革命斗争中，和在社会主义充分发展的条件下，妇女社会地位作用的提高与社会的发展进步才又重新取得了历史的一致性。

传统文化对妇女形象素质的控塑

妇女的社会形象是女性自我认识以及社会评价女性的标志，是女性性别角色社会化定型的结果，主要体现在价值取向、人生模式、性格气质等方面。所谓素质，是指人在身体和精神方面的特质，主要表现在思想品德、性格情操、文化教养与能力等方面，它反映了心理活动的质量和水平，影响着行为反映的特点和倾向。人的素质固然离不开先天遗传，但却并非是从天上掉下来的，而是受生存条件、文化背景的影响，社会结构、政治制度的制约，社会控制和教育培养的引导，以及诸种意识形态、历史传统的熏陶，交互作用而形成较为稳定的心理性格特征和潜在的能力；是在特定的社会环境中，由先天遗传的感觉器官、神经系统等解剖生理特点与后天社会实践综合作用的结果。无论素质的形成和改变，都是一个历史的过程。通常所说历史规定了继续前进的出发点和基础，不但指今人推动社会前进的生产力得之于前辈历代的积累；而且包括人们最可宝贵的，用来认识改造世界并且认识改造人类自身的素质和能力的获得，也离不开历史的承传和积淀。具备克己、坚忍、勤奋、端庄、含蓄、温柔等品格气质的三从四德式的贤妻良母，被公认是中国古代所崇尚、并努力塑造的传统人格和正统妇女形象。但这种品格气质本身带有很大局限性，它是在麻木、残缺、病态的心理扭曲基础上形成并与之紧密相联的，因而又在某种程度上含有狭隘、依赖、自卑、屈从的特定内涵。

生物遗传与生理特点是个性而形成的物质前提，为个性的形成与人的发展提供了可能性。但男女遗传因素上的差异，却远非造就传统妇女社会形象的根本依据。“妇者，服也，服于家事，事人者也”①，以及与之相应的三从四德贤妻良母人格形象，就其本质而言，是女子长期以来所处社会地位、生活条件及其所扮演社会角色的真实反映。中国古代自给自足的小农经济和君臣父子家国一体的宗法等级社会结构，规定了塑造传统妇女人格形象的基本格局。妇女被甩出社会生产、政治生活之外，经济上无以自立，只能把全部希望寄托在男子身上，自然形成依赖、服从、仰视男子的心理定势。活动天地囿于家庭四壁，极大限制了生活、事业发展的空间，同时也禁锢了心理扩展的空间，由此铸成单一、内向、枯萎、沉默的心理特征。社会环境或文化背景的制约，属于宏观远程控制，其影响必得经由历代统治阶级制定礼法、施行教化这一中间环节具体运作表露出来。后者是前者的人格意志体现，在一定限度内显示出主体的选择、创造，因其凭仗国家机器的权威施行定向制导，对控塑妇女的气质形象更为直接有效。这种控塑主要通过三个渠道发挥影响。

第一，礼法规范。“惩恶抑淫，致人于劝惧，莫先于刑”②。从宗法社会结构中孕育出的中国古礼，把调适夫妇、家庭、宗族伦理关系视为衍化整个礼法的发端，规范妇女的行为在古代礼法体系中占有重要地位。其中关于妇女有不顺父母、无子、淫、妒、有恶疾、口多言、盗窃等“恶行”即予离异的“七出”规定，首见于《大戴礼》和《家语》，至《唐律》又正式以法律形式确认，成为父家长束缚妇女思想行为的重要武器。传统社会后期广泛流行的族规家法，也同具礼法功效，而且在严惩女子不贞、阻挠嫠妇再醮方面格外凶残，成为国法的重要补充。除用刑罚强制规范妇女思想行为外，法律条规对男女、夫妻以及妻妾嫡庶，因不同身分量刑时畸轻畸重的区别，也起到维护男尊女卑、强化妇女自认卑贱心态的作用。刑法虽可“禁人之恶”，却不能“防人之情”，因而在统治阶级看来，“划邪窒欲，致人

① 《白虎通·嫁娶》。

② 《白香山集·刑礼道论》。

于格耻，莫尚于礼”。妇礼的基本准则是“三从四德”。三从为经，“妇德、妇言、妇容、妇功”四德为纬，经纬交错织成庞大礼网，具备准法律的权威性和约束力，成为强制妇女遵循的规范仪节。“敦礼则耳目手足、起居动作，皆有规矩可循而不容越”①，日常生活中“行莫回头，语莫掀唇”②，一类标准活动的无数次重复，辅以自幼“遵三从，行四德”、“修己身，如履冰”③的道德实践，反复锤炼、积淀，内化为坚定的人格操守和道德情感，遂使妇女“时时择语浑如哑”、“事事重思惧失行”④，从内心深处筑起一道长堤，自觉对妇礼女教虔诚认同。

第二，思想控制。在对妇女实施控塑的思想武库中，天命论和鬼神报应观念是交互为用的两把利器。自《易传》宣扬“天尊地卑，乾坤定矣”、“女正位乎内，男正位乎外，天地之大义也”，即从先天人性和社会伦理上把男女判为两类，男女之间有如天尊地卑为先天所决定。既然“夫者天也”，女子就理当“事夫如事天”，“天固不可逃，夫固不可违也”⑤。而“夫有恶妻不得去”的理由，同样在于“地无去天之义也”⑥。从董仲舒到程朱无不标榜天命天理观，使女子视从而终为天经地义，笃信不疑。犹如法之于礼，神鬼报应也被用来对违反天命的行为在思想领域实行制裁，“行违神祇，天则罚之”⑦，“幽有鬼诛，恶报昭然”⑧。历代笔记小说中充斥着各种“冥报”的奇闻，就是正史也多把历史上一些重大火灾归咎于“妻妾数更之罚”：“夫人骄妒，皇子不繁，乖《螽斯》则百之道，故灾其殿焉！”⑨社会

① 李晚芳：《女学言行纂》。
② 《女论语·立身章》。
③ 《女儿经》。
④ 邱心如：《笔生花》。
⑤ 班昭：《女诫》。
⑥ 《白虎通·嫁娶》。
⑦ 《女诫》。
⑧ 《女教篇》。
⑨ 《晋书·五刑志》。

上对失节再嫁、骄妒等行为施以刀劈锯截、油锅煎熬等冥报的精神审判，造成强烈的“天谴神殛”意识，成为高悬妇女头顶、威慑她们信守妇礼的思想武器。

第三，女教引导。教育是按照统治阶级意图“养其德性，以修其身”①，将妇礼条规化，作为女子思想行为信条的重要手段。古代女子被排除在学校大门之外，不等于社会放弃对女子施教。相反，基于“女德之所关大矣，与男教并盖天地……镜之往古，兴废存亡，天下国家罔不由兹”② 的认识，历代统治者无不对女子教育给予高度重视，许多皇帝后妃、名臣硕儒都曾亲自撰著读本，或作序诠释大力提倡，以期“为女妇者，诚能于古今之训，家习户诵，则风俗自然淳朴，彝伦自然敦厚，齐家范俗”③。这种女教，主要通过家教、社会教化的途径实施。女教的目和施教内容，与男子根本不同。父家长为女子个体社会化作出的设计，无非是“如男子之教而长其义理者也”④，“学事人之道也”⑤。女教读本因大多“事取其平易而近人，理取其浅显而易晓”，并注意形象生动，“无非欲儿女子喜于观览，转相论说”，在社会上发挥了摄人心魄的神奇功效。其中“由感生愧，由愧生奋，巾帼之内相与劝于善而改不善者，盖不知凡几也”⑥。诸多昭示具体标准和奖励手段的旌表条例，对广大妇女及其家庭尤其是一种巨大的诱惑。正是经济上“除免本家差役“和“大者赐祠祀，次亦树坊表，乌头绰楔，照耀井闾”的殊荣，直接推波助澜，驱使寡妇守节殉夫趋之若鹜，“乃至于僻壤下户之女，亦能以贞白自砥”⑦。

---

① 《内训》。

② 黄治征：《书〈七诫〉后》。

③ 章圣皇太后：《女训》序。

④ 《大戴礼·本命》。

⑤ 《白虎通·嫁娶》。

⑥ 《教女遗规》。

⑦ 《明史·列女传序》。

这类社会教化如水银泻地，渗透到日常风习各个领域。官府有与百姓订立民约：“孀妇愿嫁与守者具牒受判，庭立二木，一木书羞，愿嫁者跪之；一木书节，愿守者跪之。”① 再嫁者“必加以戮辱，出必不从正门，舆必勿令近宅，至家墙乞路，跣足蒙头，群儿且鼓掌掷瓦而随之”②，守节殉夫和再嫁不贞之间的巨大荣辱反差，在妇女心理上形成强大冲击，锻铸着她们的价值取向。妇女通过参与祭祖、祭神、婚礼、丧礼以及其他宗教民俗祭祀活动，沐浴于肃穆神秘的宗教气氛和浓厚的宗族亲情氛围，也能油然产生对历史传统、妇女自身地位以及现行妇礼规范、社会秩序的强烈依附、认同和归属感。日常生活中家族每于晨昏“高声唱于各家之门，曰‘勿听妇人之言’”③ 一类浸透男女、夫妇、妻妾、嫡庶贵贱差别的繁琐礼仪，都反复重申和强化了男尊女卑、严别嫡庶、不齿再醮失节、妇女绝对从属于夫族的社会心态，寓有教化移俗的深意，收到“涵美气质，熏陶德性，或可不劳而致”之功效④。

统治阶级通过以上途径制定礼法，有效利用文化积淀，把握控制社会风气，形成“无主名无意识的杀人团”，以一种无形的氛围印入潜意识心态，孕育、牵引着妇女特有的思维模式、行为方式，强有力地雕捏控塑她们的灵魂，以至居然能够驱使妇女视守礼、殉节为履行天职，甘之如饴，充满愉悦感和道德尊严，“不幸夫亡，动以身殉，经者、刃者、鸩者、绝粒者数数见焉……处子或未嫁而自杀，或不嫁而终身”⑤，甚且“不持利器，谈笑而终其身，若老衲高僧之坐化”⑥。中国古代对妇女人格形象的控塑，即为以上论及诸种因素交

① 《名山藏·臣林记》。

② 《祁门县志·风俗》。

③ 《霍渭崖家训》。

④ 《养正类编》。

⑤ 《石埭县志》。

⑥ 李渔：《闲情偶寄》。

叉互动综合作用的结果。其间某些历史时期、某些局部地区妇女人格品质发生有悖于正统形象的变异，无不由于整体控制系统的某些环节失调、脱轨所致。汉魏之际，战乱频仍，纲纪荡然，又兼北方少数民族风习冲击，流风所及，妇女不尚中馈，公然“寻道亵谑”、“杯弔路酌”[①]，与正统妇女形象判若天渊。唐代风气开放，闺门不肃，现今保留下来的壁画、陶俑中，不乏袒胸露怀、“胡服骑射”、英姿飒爽的妇女形象；盖“唐源流出于夷狄，故闺门失礼之事不以为异”[②]。辽代则因“据北方，风化视中土为疏”，终辽之世仅得“贤女二烈女三”[③]。就是明清之际文学作品中流露出一些市井妇女不拘礼法注重情爱的风貌，也多少能从局部地区生产关系上出现资本主义萌芽以及城市家族血缘关系相对淡薄中找到内在依据。而就汉文化圈主流而言，生产方式长期未能突破自然经济躯壳和宗族血缘纽带顽固滞存，则是造成古代妇女总体上无法摆脱传统人格拘束，其正统气质形象格外强固的根本原因。

认识和改造世界的能力，是构成人的素质和影响人发展的另一重要方面。中国古代，女子蜗居家庭一隅，不得居官任职涉足官府政治、经济活动，这就从根本上阻断了通过参加社会实践锻炼增长才干这一主要成才之路。传统社会不但将女子排斥在正规教育大门之外，即使以社会教化形式实施的正统女教，也仅只专注于妇德，并通过灌输种种妇礼以及“女子无才便是德”的观念，进一步捆绑住女子向学成才的手脚。传统文化旨在培养“女憧，妇空空”[④] 三从四德式贤妻良母的社会控制，不啻是对妇女才智的扼杀摧残，是导致中国古代“一家之中，男子则文学彬彬，妇女则鹿豕蠢蠢，虽被服相近，有同

---

① 葛洪：《抱朴子外篇·疾谬》。

② 《朱子语类》。

③ 《辽史·列女传序》。

④ 《大戴礼·主言》。

异类”①，女子人才奇缺的重要原因。

在几千年的历史中，也曾涌现少量妇女杰出人物，她们几乎都是在环境优于大背景的特殊情况下孕育成才的。这种比较有利于女子人才成长的特定温床，大致表现在：边远少数民族地区利于发挥女于政治、军事才能；战争环境磨炼出一批女子军事人才；农民解放运动为劳动妇女开辟成才之路；商品经济发达市镇成为培育新型女子人才的摇篮；优势家庭提供适宜女子成才的温床；后妃、少数民族首领、上层倡优、女尼、女冠等特殊身份带来特殊的成才优势。这类小环境的优越之处，不外是为妇女提供了实践锻炼的机遇，创造出摆脱妇礼拘束的宽松氛围，以及使妇女得以接受较为良好的教育或特殊训练。“足行万里书万卷，尝拟雄心胜丈夫”②，清代王贞仪抒发胸中凌云壮志的名句，高度概括揭示出古代女子得以锻铸成才的规律。叛逆妇礼、挣脱羁绊超胜男子的雄心壮志和“足行万里书万卷”的社会实践、治学经历“数者辅一”，最终使王贞仪振翮冲天，成为中国古代在自然科学领域广有建树的女学者。征战频繁的古代中国，把无数血肉之躯不分男女一齐卷入血肉横飞的沙场，于是在传统妇礼戒条被战火轰击得荡然无存的戎马杀伐中，也竟然磨炼出妇好、冼夫人、平阳公主、秦良玉等驰骋疆场的将帅之才。宗法社会所认可的母后垂帘也曾为女子从政留下一线余地，遂有“宋之宣仁，明之慈圣，皆以女主临朝而致承平”，至于吕后、武则天更“其才术控制天下，有若缚鸡弄丸”③，在后妃中造就出一批杰出有为的女政治家。但是中国古代的总体环境毕竟极少能使女子有幸碰到武则天、王贞仪一类的特殊机遇。“算古来巾帼几英雄，愁难说！”④这更足以证明宗族农业社会和传统文化对女子人才的埋没、压抑与摧残。

① 康有为：《大同书·妇女之苦总论》。
② 王贞仪：《德风亭集》。
③ 康有为：《大同书》第127页，古籍出版社1956年版。
④ 沈善宝：《满江红》。

中国历史上的原始先民，经历了漫长的以“女神”为主导的母亲时代，相比之下，父权制几千年的统治只是人类历史中短暂的一瞬。生产力的发展和生产关系的变革，曾经在促进社会进步的同时，为父权奴役女性提供历史依据。现在，基于同样的原因，父权制连同人剥削人的制度终将无可挽回地退出历史舞台。这并非简单的历史回归，而是在智能取代体力占据主导地位的更高阶段，进入女性和男子一样得到全面发展，既和谐而又多元，更加自由、更加富于个性的群星灿烂的时代。这将是妇女的个人价值与社会价值、全人类价值融为一体，男女携手并肩共同辉煌的无限美好的明天。

如前所述，在家国同构的中国古代宗族农耕社会，性别关系与妇女问题最为集中典型地反映了社会结构和传统文化的特点。国家对女子社会形象的控塑是统治阶级实行社会控制的典型体现。中华民族刻苦、勤奋、克己、献身等优良传统和依赖、屈从、拘谨、自卑等国民积习中的缺憾在妇女身上表现得淋漓尽致，其间蕴含的精华和糟粕都更为典型地折射和强化了中国传统文化的特质，从正负两个方面强有力地塑造着民族的灵魂。需要强调指出的是，无视妇女问题的研究，以及忽略与之相关的家庭、家族、宗族问题的研究，就不可能真正把握中国历史发展的特殊路径。而通常我们看到的中国通史著作，恰恰罕能把握住这一有别于西方的中国古代社会深层结构的基本特征。因而新编通史对中国古代宗族农耕社会中性别与妇女问题的关注，显然对于全面深入了解中国传统文化和古代社会模式，并进而加深对中国历史发展特点和规律的认识有所裨益。

（五）中国传统文化的历史定位与建构新文化的路径走向

中华文明之绵延不绝，不但表现在作为政治实体从未被外力所中断，还体现在语言文字和思想文化始终连续发展。[①] 这种源远流长的中国思想文化本身既是中华文明的集中表现，也是推动整个中华文明发展进步的主要动因，在通史著述中占有重要地位。本节将中国传统文化放置在农耕文明向工业文明、现代化发展的纵向流变和横向中外比较的坐标中进行时空定位，并就评价传统文化的原则与取向、新文化的本原和源泉、中国特色社会主义新文化的建构导向和路径等问题展开讨论，对"全球化与中国文化"问题做出理论回应。

传统文化的时空定位

对"文化"、"传统文化"两个关键词理解的歧异，给学术界关于文化问题的对话带来诸多混乱。"文化"的定义，大而化之，无非是广义、狭义两种。其中影响颇大的关于"文化的实质性含义是'人化'或'人类化'"或"自然的人化"的提法，实有加以澄清的必要。国家教委高教司组编的高校推荐教材将此实质性含义释为"是人类主体通过社会实践活动，适应、利用、改造自然界客体而逐步实现自身价值观念的过程"[②]。这一提法强调主体价值观念和社会实践有一定道理，但是人们所要展观的"自身价值观念"又是从哪儿来的呢？难道是先验的吗？倘在以上表述的"实现"前加上"获得和"三字或许尚能差强人意，毕竟在"实现"之前首先要"获得"。厘清这一点是为后面对新文化本体与源泉展开讨论确立必要的前提。通常认为，广义文化是指人类在社会实践活动中所获得的物质、精神生产能力与所创造的物质财富和精神财富的总和。至于狭义文化，如第三节所述，我们将其定义为"人类在社会实践中运用象征符号进行的精神活动，创造出的精神成果以及在人们自身所凝聚的素质、行为方式的复合体"。尽管我们把体现精神因素的物质产品

---

① 参见白寿彝：《中国通史》第1卷第352页。

② 张岱年、方克立主编：《中国文化概论》第4、9页，北京师范大学出版社1994年版。

（物质文化）与精神成果（精神文化）加以狭义区分，精神与物质之间的千丝万缕联系仍处于研究视野之中。

所谓传统文化，是指历史上流传下来、至今还在发生影响、有一定活力的文化，具有相对稳定、延续和可塑、变通二重性的特点。关于这一点，学术界应无异议。但在界定传统文化具体内涵时，学者之间还是各有所指。有一种观点认为："所谓传统文化绝不能把它仅仅理解为古代文化，而且应该包括近代、现代以来反帝、反封建及爱国主义的文化传统。"① 这种看法除了存在把近现代"负面"文化排除在传统文化之外的片面性，也确有一定道理。在马克思主义指导下，经历了大半个世纪新民主主义革命、社会主义革命和建设实践的今天，中国的文化已在相当大程度上得到改造与重建。但总体来看，我们面临的文化格局也还包含部分古代中世纪、半殖民地、半资本主义以及外来文化等不同成分和导向。而且文化本身层累递进，不同成分之间的边缘并非那么整齐，有的对峙并立，有的涵盖变异。问题在于，我们现在探讨的是熔多种成分于一炉的"传统文化"还是特指其中的某种成分？前述教委推荐教材《中国文化概论》一书提出"以1840年鸦片战争以前的中国文化，即通常所说的中国传统文化为主要对象"②，有一定代表性。当今探讨的"传统文化"的主要成分特指中国古代中世纪的"封建文化"，已经是一种事实。把传统文化中的这一部分剥离出来作为研究对象并无不可，只是研究时不要忘记把它放置在整个传统文化总体流变中加以考察。

还有一点需要说明的是，中国的宗法分封制早在公元前221年就被秦帝国郡县制取代，用"封建"概括此后两千多年的社会形态有点不伦不类；而且"封建"已成为愚昧、落后、黑暗的代名词，用

① 敏泽：《关于建设有中国特色的社会主义文化问题——论以传统文化为基础的综合创造》，载《社会科学战线》1993年第2期。

② 张岱年、方克立主编：《中国文化概论》第4、9页，北京师范大学出版社1994年版。

黑暗的“封建”一词概括古代两千多年文化也有欠公允。本节沿用“封建”一词均做加引号处理。

中国传统文化源远流长，在相当长的历史时代处于世界领先地位，创造了光辉灿烂的古代文明，这是和当时最为先进的精耕细作型农耕文明相适应的，有其历史依据。

与统一多民族国家发展历程相应，中华文化多元一体格局呈现出博大、开放、汇聚百川的特点，得以发展延续世界上唯一没有中断的文明。中国古代在自然经济和宗族血缘纽带双重制约下迈入文明门槛，形成和西方分途的文化类型——内倾、人伦、群体、集权导向。由中央集权官僚系统、人伦血缘关系、以儒家为主的正统思想三大纽带交织组合形成的强大凝聚力，有利于社会稳定，便于充分调动发挥大一统整体的优势，从而产生高度繁荣发达的经济、文化。如韦尔斯《世界史纲》所说，唐代“中国温文有礼、文化腾达和威力远被，同西方世界的腐败、混乱和分裂成为鲜明对照”、“当西方人的心灵为神学所缠迷而处于蒙昧黑暗之中时，中国人的思想却是开放的、兼收并蓄而好探求的”。而这显然是中国古代租佃制生产关系远较西欧封建庄园经济优越的结果。

不过还应看到，在世界范围中华文明并非一枝独秀。不但尼罗河流域、两河流域、印度河流域早于华夏跨入文明的门槛；即使在中华文明高度发展的周秦迄于宋明时期，世界范围也相继兴盛起希腊、罗马、阿拉伯等文明，东西方交相辉映。其中古希腊文明的城邦民主政治、罗马帝国的法律建设、希腊先哲的精神觉醒和人文追求，为近现代文明的发展提供了丰厚的资源和深刻的启示。特别是14世纪后半叶，随着资本主义生产因素的发展，文艺复兴运动在意大利兴起，此后西欧社会经历了一系列深刻变革，并通过产业革命向工业文明迈进，取得天翻地覆巨大飞跃。

如所周知，16世纪前中国的科技水平长期处于世界前列。除四大发明外，远比西方国家先进的成就还有水碓磨、石碾、弓弩、马镫、马颈套、风箱、独轮车、万向架、制瓷、铸铁、造船、机械钟、拱桥、天然气井等等 。显然，统一多民族国家的巩固发展和农耕经济的高度繁荣，是古代科技取得辉煌成就的根本保障。但这种传统科技大体属于经验和描述的范畴，其间缺少科学的概念、定律和逻辑推理，也未能提出较为系统完整的学说。而近代科学则是建立在观察试验基础上的实验科学，并应用数学方法使科学知识精确化，确定一系列科学定律。生产力水平、社会与生产的需要决定了科学技术的发展，这是导致欧洲工业化与科技创新相互鼓荡飞跃发展的根本原因。正如恩格斯在《自然辩证法》中指出的，“工业有了巨大的发展，并产生了大量力学上的（纺织、钟表制造、磨坊）、化学上的（染色、冶金、酿酒）以及物理学上的（眼镜）新事实，这些事实不但提供了大量可供观察的材料，而且自身也提供了和以往完全不同的进行实验的手段，并使新的工具的设计制造成为可能。可以说，真正有系统的实验科学，这时候才第一次成为可能”。而中国晚明虽因商品经济发展、资本主义生产关系萌芽等因素孕育出李时珍、朱载堉、宋应星、徐光启、徐弘祖等对传统科技取得一定突破的科技群英，但与西方16—17世纪哥白尼、布鲁诺、伽利略、笛卡儿、牛顿、哈维等在天文学、数学、物理学、生理学等领域的成就相比，已经不能同日而语。当18世纪中叶孟德斯鸠、伏尔泰、卢梭等启蒙思想家高举民主、科学的大旗，宣扬自由、平等、博爱，用理性之光照亮欧洲近代社会发展道路之际，处于中华农耕文明鼎盛阶段的康乾盛世诸帝却闭关锁国、厉行文字狱，顽固推行修补复制传统结构的“重农主义”举措，遂致中华帝国从先进转为落后，迅速在世界工业文明潮流中陨落。

只有把中国传统文化放置在农耕文明向工业文明发展的纵向历史流变和世界发展大势以及横向中外比较的时空坐标中，才能做出清醒、准确的定位。灿烂辉煌的中华古文明毕竟属于农耕性质的繁荣，是宗族农耕社会的产物。面临近代西方工业文明的冲击，固守以儒文化为主的传统文化不能挽救中国，早已为近现代历史所证明。在向工业文明、现代化发展的进程中，经济基础、生产关系、社会结构发生深刻变化，文化相应面临着转轨更新的变革。当前在对待人类文化遗产的问题上，至关重要的一点就是要树立向现代化转轨的意识，在现代化实践中用改革创新的视野对传统文化和外来文化加以审视解析，在这样一个文化坐标定位指导下决定弃取，并纳入新文化体系中融会创新。

评价传统文化的原则与取向

坚持历史唯物主义观点和辨证分析的态度，端正评价传统文化的原则与取向，是确保通史著述正确认识和展现传统文化与新文化的前提。

无论古今中外，在处理人自身、人与自然、人与人、人与社会的关系方面，都面临着一些共同的课题。包括意识形态、方式制度、心理素质等不同层面中都含有一些跨时空、超阶级的共同因素。作为人类文明的成果，传统文化和外来文化中蕴藏着丰富的智慧和经验，可供汲取、借鉴的地方很多，并不只限于“民主性”的精华。中国历史上为生民立命、为万世开太平的博大胸怀，刚健自强、刻苦勤奋的励志精神，天下大同、克己奉公、“先天下之忧而忧，后天下之乐而乐”等政治理想和“富贵不能淫，贫贱不能移，威武不能屈”的道德情操，以及“仁者爱人”的人文关怀和“贵和尚中”的和谐追求等等固然要发扬；注重整体性、系统性、模糊性以及强调天人和谐的思想虽处于朴素粗糙层次，但却与后工业文明社会发展方向有不少契合相通之处，也都有可以吸收弘扬之处。传统文化中除占据主导地位的儒家文化外，尚有与之既对立又互补的法家、道家、墨家、兵家、佛教以及明末清初带有启蒙性质的思潮等亚文化、反文化。如果从地域、民族差异的角度审视，则不应忽略，在以农耕文化为主的传统文化中，也包含着诸多草原文化、海洋工商文化以及外来文化的因子。我们几乎在所有问题上都能轻而易举地找到一些互相对立、相反的悖论。譬如农耕文明总体上存在着尊祖重孝崇古守成的倾向，但历史上也不乏与之针锋相对的主张。诸如秦始皇奉行“以古非今者族”，王充批判董仲舒“奉天法古”、嵇康倡言“非汤武而薄周孔”、王安石标榜“天命不足畏、祖宗不足法”，清中期汪中甚至一反孔子“三年无改于父之道可谓孝矣”的千古说教，宣称父若无道，不妨“朝没而夕改可也”①。即使明清竭力塑造妇女“时时择语浑如哑，事事重思惧失行”② 正统形象之际，仍如谷应泰《明史纪事本末》所云：“妇女之轻剽好作乱，大抵不少概见也。”③ 这正是传统文化内部矛盾斗争并在一定条件下发生变化的内在依据。如果不把眼光局限于占统治地位的主文化，那么传统文化中可供汲取借鉴的优良成分大有可以拓宽挖掘的余地。特别是明清之际先进知识分子重科学、讲实际，高扬断义逐利、经世致用的主张以及“负万死不回之气”的革新精神，尤应大力标榜弘扬。而且即使在官方正统文化中也有很多可以批判继承之处。姑不论博大精深的儒家思想文化体系，即在阶级色彩极浓的政治建设方面也颇多建树。中国古代高度发达的中央集权官僚制度、畅达的通讯运输系统，有效的组织调动人力、财力资源的行政机制，早已使中国的“政治设施在结构上发展到与现代化社会的政治大体相当的程度”④。唐代《贞观政要》甚至“1300 年来成了亚洲国家首脑的统治艺术教科书”⑤。

需要强调指出的是，鉴于文化具有整体性、系统关联性的特点，往往优劣融于一体，呈现出既是优点同时也是缺点的两重性。例如传统的宗族农耕型文化讲究身心和谐、天人协调的内倾导向，务实、入世，避免了全国性的宗教迷狂；但却缺乏探索、开拓、竞争、征服自然的进取精神。重人伦、宗族、整体的倾向，强调人对集体、国家应尽的义务、责任，鼓舞人们向心、凝聚、忠于民族、爱国、克己献

---

① 汪中：《述学·内篇》，嘉庆二十年刻本。

② 邱心如：《笔生花》卷1，咸丰七年刻本。

③ 《明史纪事本末》卷23。

④ 罗兹曼主编：《中国的现代化》第59页，江苏人民出版社1995年版。

⑤ 金世馨：《金泳三的帝王学》，转引自《参考消息》1993年5月8日。

身，这是今天仍应大力倡导发扬的宝贵精神财富；但这些优长之处在当时却是和浓厚的宗族血缘观念以及忠君思想紧密相连的，一定程度上是建筑在漠视个人主观情绪要求、抑制个体主动性和创造性、溶个人于家庭与社会的基础之上。这种尊卑等级伦理化、凝固化的结果，又成为妨碍社会进一步发展的障碍。中国传统文化的巨大凝聚力、生命力、再生力及其前期显示出的大一统优越性和它的保守性、迟滞性及后期因不能适应工业文明社会变革而由盛转衰、被甩出世界发展潮流之外，其症结俱源于此。特别中国近现代是在工业尚不发达、并未经受资产阶级启蒙思潮涤荡的状况下，因帝国主义殖民势力逼迫挤压而被迫启动现代化进程；而反对帝国主义殖民势力的殊死斗争又一定程度上掩抑、缓冲了对“封建主义”的批判。在这种超阶段飞跃的特定历史条件下，难免出现文化的错位与失衡，马克思主义在中国传播过程中便经常因“封建”习惯势力影响而变形走样，并步入误区。平均主义、大锅饭表面上与社会主义公有观念接近，实质上却是“等贵贱、均贫富”绝对平均主义酿造的苦酒；建立在压抑个性、专制独裁基础上的整体利益、宗族本位，形式上也与集体主义思想原则近似，在政治生活中却造成官本位、家长制、终身制，粗暴地践踏民主原则，把一些富于创造性的合理选择也一概视为个人主义加以扼杀，这和马克思主义的民主集中制原则当然存在着本质的区别。1957年以后我国社会主义革命和建设中出现的一些重大失误，便主要是这种文化错位、即“封建”遗毒对马克思主义扭曲变形造成的恶果。①

总之，中国传统文化总体上呈现为以儒家文化为主的宗族农耕型特质，而其自身又是包含着多种成分和倾向的复合体。认识、评价传统文化和弘扬传统文化是两回事。在对传统文化进行时空定位及评价其社会效应时，务求客观、实事求是，既不妄自菲薄，也不能只看玫瑰花不揭癞疮疤。而在探讨如何利用传统资源建构新文化时，则应更

---

① 参见王鹏令：《论当代的文化选择》，载《光明日报》1989年4月3日。

为鲜明地体现主体选择性和创造性。对传统文化的筛选、过滤，其实也是今人对传统的建构与“发明”。问题的关键在于这种建构取舍的标准要体现前瞻性、开放性、前沿性、先进性。与此同时，还应清醒地看到，传统文化中的腐朽落后糟粕是一种客观存在，必然要或隐或显地对实际生活发生影响，肃清制约人们价值取向和行为模式的“封建”毒素，摆脱旧传统习惯势力的桎梏裹缠，同样是建构新文化必不可少的前提。

新文化的本原与建构路径

辨明新思想、新文化的萌发生长与传统文化、外来文化以及社会实践之间的关系，将有助于我们洞察和展现中国历史上文化发展变迁的轨迹，并科学地把握建构中国特色社会主义新文化的路径。

从历史上来看，明清之际一些先进知识分子开创了一股要求个性解放、平等、民主的，具有批判、务实精神的进步思潮。这一思想文化领域中“凡千古相传之善恶无不颠倒易位”① 的崭新气象无疑植根于其时商品市镇经济的发展和市民工商阶层的兴起。另一方面，17世纪工业文明波及中土以来，中国不再能脱离世界大势单独发展，回应西方文化冲击的方略便成为影响中国发展的不容忽略的因素。自晚明徐光启提出“欲求超胜，必须会通”，清廷实施禁海、闭关，魏源《海国图志》力主“师夷之长技以制夷”，洋务派标榜“中学为体，西方为用”，乃至现当代共产党人“马克思主义与中国革命具体实践相结合”的努力等等，俱为回应工业文明冲击的思想与实践，产生了深远的影响。可以说，自晚明近代化因素萌动以及中西文化频繁交流碰撞以来，在建构新文化以及处理传统文化和外来文化关系问题上便始终存在着中西体用之争。这一争论不仅涉及对中西学的态度，而且关系到对中西社会制度、发展道路的评价与选择。抛开历史上一些

---

① 《四库全书》总目提要。

口号的特定内涵不谈，仅就形式而言，这种争论大体可归纳为中体西用、西体中用和综合创新三种意见。如果不把"中体"诠释为以儒学为主的传统文化或传统的社会制度，而是强调发展新文化应以中华民族为主体，要从中国的实际出发，当然有其合理之处。同样，如果把"西体"解释为并非将西方现行制度不分良莠盲目照搬，而是强调以西方现代化实践中积累的先进经验或以西方工业文明孕育的马克思主义学说为导向，也不能说没有道理。尽管实际上这两种观点多少分别带有"封建主义"和资本主义的倾向。第三种态度则不去计较字面上的体用之别，而是从实际出发，兼取中西文化之长，创造中国新文化。事实上，早在明末中西文化碰撞之初，徐光启便曾提出"欲求超胜，必须会通"的主张①。20 世纪初，李大钊高瞻远瞩地提出以取得十月革命胜利的俄罗斯文明为媒介，创建既不同于西方资本主义文明又有别于中国传统文化的"第三新文明"②。所谓"第三新文明"，实际上就是融会东西文化之长、有中国特色的新文化体系。张岱年先生继承这一优秀传统，概括成高扬民族主体精神，以开放的胸襟、辩证的态度综合中西文化之长的"综合创新"理论。综合创新论跳出中西对立、体用二元的形而上学思维模式，显然比简单判别中西体用高明可取。

值得注意的是，上世纪 90 年代一度兴起两个影响颇大的文化建设口号。其一曰"综合创造"要"以传统文化为基础"③。这种"传统文化基础"论的失当，不但表现在忽视新中国经历了影响深远的重建与变革；而且还在于对现代化实践对建设新文化所起的重大作用置之不顾。与"以传统文化为基础"相类似的，还有一种"马克思

① 《明史·徐光启传》。

② 李大钊：《东西文明根本之异点》，载《言治季刊》1918 年 7 月。

③ 敏泽：《关于建设有中国特色的社会主义文化问题——论以传统文化为基础的综合创造》，载《社会科学战线》1993 年第 2 期。

主义与中国传统文化结合”的口号①。众所周知，马克思主义是在对资本主义社会矛盾进行分析批判、对工人运动实践加以总结并吸收汲取人类文化遗产优秀成果基础上构筑起的不断更新发展的思想体系，既是世界观，又是方法论。而中国化了的马克思主义本身就涵盖了对传统文化遗产的批判继承。显然，把“马克思主义和中国传统文化相结合”当作建构新文化的路径，不但在逻辑上讲不通，而且是对马克思主义普遍真理与中国革命具体实践相结合原则的倒退。

如果我们从文化的来源、本原的角度审视中西体用之争，当能更清楚地显示出各奉中西为体和“以传统文化为基础”观点的偏颇。马克思在《关于费尔巴哈的提纲》第八条指出：“全部社会生活在本质上是实践的。凡是把理论引到神秘主义方向去的神秘东西，都能在人的实践中以及对这个实践的理解中得到合理的解释。”人类的思想、理论、意识形态或者说人类的文化本质上都是实践的产物。无论传统文化还是西方文化都是前人创造出来迄今仍发挥影响的文化遗产，是文化的不同支流。对于新文化来说，它也是一种源泉，但却并非新文化的本体、本原。在向现代化迈进的过程中，传统文化和西方文明之间如李大钊所形容，“正如车之两轮，鸟之两翼”，不应有体用二元的对立与区别；而唯有实现现代化的实践本身才是检验真理决定弃取和发展新文化的“本体”。中国传统文化无疑是今天中国特色社会主义扎根的沃土，提供了深厚的历史渊源，可以从中汲取丰厚的滋养。但同时要看到，这种传统文化毕竟是古代中世纪小农自然经济生产活动和宗族血缘社会生活实践的产物，如果不发生向工业文明的生产生活实践转轨，就不可能产生科学社会主义的新文化。同样，脱离现代化的社会实践，西方工业文明的精华也不可能真正在中国本土

---

① 参见《“如何正确对待中国传统文化”学术座谈会述要》，载《教学与研究》1991年第1期；《“炎黄文化与民族精神”学术座谈会综述》，载《光明日报》1991年7月17日。

上扎根开花。如马克思、恩格斯所说：“当人们谈到使整个社会革命化的思想时，他们只是表明了一个事实：在旧社会内部已经形成了新社会的因素。旧思想的瓦解是同旧生活条件的瓦解步调一致的。”①改革开放的实质是通过调整生产关系而进一步解放和发展生产力、推进现代化进程。而生产方式调整、生活方式变革，必然引发传统价值体系产生深刻的裂痕。只有在改革开放的现代化实践中才有可能强化竞争观念、效益观念、法制观念和开拓意识、民主意识，建立起中国特色的社会主义新文化。一如明清之际经济领域的深刻变革催生了带有启蒙性质的进步思潮，当今现实生活中，深圳等特区人重竞争、讲效益、快节奏，在价值取向等方面发生重大转变，则植根于改革开放以来现代化建设取得的重大进展。如同让深圳退回农业社会已经没有可能，也很难指望深圳人的观念还会重新逆转到传统社会慢节奏、大锅饭、低效率。正是在这个意义上，我们强调：唯有现代化实践才是科学社会主义新文化的本体，才是新文化永不枯竭的源泉。

从另外一个方面来看，离开物质本原抽象谈论文化固属无本之木，但文化也并非对物质世界简单机械的反映，而是体现了人类的主体能动性和选择性、创造性。文化建设之所以重要，就在于“人的意识不仅反映客观世界，而且创造客观世界”②。尤其在社会转折关头，文化建设实质上就是对发展路向的规划和选择，其结果必然从正负两个方面对社会发展发挥巨大影响。显然，从文化本原与创新的角度衡量，只有坚持改革开放的现代化实践，在批判继承人类一切优秀文化遗产基础上会通中外，凸显面向世界、面向未来的创新取向，才能实现创造性转化和创新性发展，才是建设中国特色社会主义新文化的正确路径。

一如本书“终极制约与主体选择”一节所述，文化的改变说到

① 《马克思恩格斯选集》第1卷第271页，人民出版社1972年版。

② 《列宁全集》第38卷第228页，人民出版社1988年版。

底是人的素质改变的问题，这又牵扯到社会改造与人的改造之间的先后因果关系问题。只有社会得到改造，才有可能使一代人的素质、文化更新，而没有人的"觉醒"，没有人的素质、文化的改变，又谈不上社会的革新。既然环境决定个人，而环境又需要改造，那么，又由谁来改造环境呢？这是一个几千年来使思想家们陷入"鸡生蛋、蛋生鸡"一类困惑的怪圈。最终击破这一怪圈的还是"革命的实践"。马克思在《关于费尔巴哈的提纲》第三条指出："环境的改变和人的活动的改变或自我改造之间的一致，只有把这两种改变都看作革命的实践，才可以认识和合理地理解。"也就是说，环境的改变与人的素质或文化的改变两者在"革命的实践"中取得了一致①。亦如马克思《政治经济学批判》所说："生产者也改变着，炼出新的品质，通过生产而发展和改造着自身，造成新的力量和新的观念，造成新的交往方式，新的需要和新的语言。"这是我们强调现代化实践本身是科学社会主义新文化的本体和永不枯竭源泉的又一理论依据。

建构21世纪"第三新文明"的文化走向

中国人民在经历了大半个世纪努力奋斗之后，已经取得了举世瞩目的伟大进展，同时也遭遇不少曲折、反复乃至倒退逆转。与此同时，世界格局也发生了重大变化，苏联东欧动荡解体、东亚部分国家与地区异军突起，其间升沉兴衰、波诡云谲留下许多发人深省的经验教训。而当今资本主义文明在高度发展的同时也暴露了不少痼疾，现代社会对生态环境破坏、熵值无限增长以及对科学技术高度发展失去控制反而有可能威胁人类生存的忧虑，正促使西方有识之士努力从东方文化传统、生活方式中寻求出路。当代耗散结构创始人普列高津便预言西方科学和中国文化对整体性、协同性理解的很好结合，将形成

① 参见曹孚：《〈关于费尔巴哈的提纲〉第三条与教育》，载《曹孚教育论稿》，华东师范大学出版社1989年版。

新的自然哲学和自然观。“9·11”事件之后，面临地区冲突和恐怖主义日益加剧的危机，人们更加憧憬东方文化的传统。季羡林先生在2001年10月“人文奥运与北京文化建设研讨会”上再次提出，21世纪是东方文化的时代，“这是不以人们的主观愿望为转移的客观规律”。季先生特别说明，这种文化转移是“取代”而不是“消灭”，“是在过去几百年来西方文化所达到的水平的基础上，用东方的整体着眼和普遍联系的综合思维方式，以东方文化为主导，吸收西方文化中的精华，把人类文化的发展推向一个更高的阶段”。如果立足中国本位思考未来文化走向，季先生的看法确有一定道理。但我们倾向于认为，李大钊上世纪初提倡的既不同于东方传统文化又有别于西方文明的“第三新文明”（或者可称之为科学社会主义新文化）更符合21世纪人类先进文化的发展方向。

被称作儒家资本主义的日本、东亚“四小龙”勃兴的原因是多方面的，但至少表明儒家传统文化经创造性转化，确有可以适应、促进现代化的一面，甚至在某些方面还显示出一些特殊的优势；不过这并不能简单归结为儒学体系指导的结果。实际上这些国家、地区因种种原因经济均较发达，他们是在大力引进西方先进科学技术和管理方法的同时，针对西方社会的弊端，从儒家传统中挖掘重视知识教育、重集体、讲奉献、倡导感化与和谐等有利的因素；而且根据现实需要对儒家传统有所选择或重新加以解释、引申、改造。例如被誉为“日本近代资本主义经济大指导者”的涩泽荣一便重释儒家伦理而形成“论语加算盘”说，把儒家义利之辨改造诠释为“仁”与“富”的结合。总之东亚部分地区的崛起，对东方后发生型现代化的道路做出积极尝试，并取得一定成功，给同属东方文化传统的中国以有益的启示；但东亚模式却远非纳入儒家传统轨道的结果，并不意味可以从传统文化体系复兴中寻求出路。而西方强调向东方传统文化靠拢，则是针对资本主义社会的弊端，着眼于东方文化适应后工业文明社会发展的积极面，绝不是全盘皈依古老的中华文明。西人的明智之举，其实是体现了鲁迅在《看镜有感》一文中提到的中国汉唐时期那种“凡取用外来事物的时候，就如将彼俘来一样，自由驱使，绝不介怀”的雄大魄力。我们断不可因西方尚且要从东方文化传统中吸取养分便丧失起码的自我反省和鉴别能力。即如中国古代早已有之的“天人合一”思想传统，不但如杨振宁先生指出的，对中华文化思维方式曾带来消极影响，是导致近代科学没有在中国萌芽的重要原因之一；而且严重抑制开拓、探索精神。何况儒家标榜的社会和谐，实以维系尊卑等级礼制为前提，而非建立在尊重个体尊严与平等基础上的和谐。否则孔子何以会对新兴地主阶级的“僭越”之举痛心疾首，发出“季氏子八佾舞于庭，是可忍孰不可忍也”的抱怨！清雍正帝更倡言：“若无孔子之教……势必以小加大，以少陵长，以贱妨贵，尊卑倒置，上下无等，干名犯分，越礼悖义，所谓君不君，臣不臣，父不父，子不子，虽有粟，吾得而食诸?”① 而且即使“天人合一”思想包含“生态文明”的宝贵因素，当下中国与发达国家卓有成效的努力相比，实在面临着更为严重的环境污染威胁。我们从“西方向东方学习”之举所得到的启示，或许在于更需警惕鲁迅批评的那种“每遇外国东西，便觉得仿佛彼来俘我一样，推拒、惶恐、退缩、逃避、抖成一团，又必想一篇道理来掩饰”的心态，万勿重蹈清末“衰弊陵夷”之际封闭误国的覆辙。

人类文化丰富多彩，不同的民族、国家和地区形成了各具特色的文化类型；不同文化间的交流传播、融会创新，对人类文明的发展起到巨大的推动作用。中国古代的三大发明传到西方，成为“预告资产阶级社会到来”的强大杠杆；而十月革命一声炮响，送来了马克思主义，给中国带来天翻地覆的变化。认同和提倡文化多元并存，既体现对不同民族和国家自主发展的尊重和理解，也为异彩纷呈的人类文化发展留下更为广阔的空间。但这并不意味否认野蛮与文明、先进

① 《钦定国子监志》卷首。

与落后的区别，并非固守落后传统或猎奇式地保护"原生"状态。人类社会毕竟走过了从蒙昧、野蛮到文明的发展历程，清帝国正因为固守农耕藩篱才最终沦入任列强宰割的深渊。何况任何民族、国家自身的文化中，都包含主文化、亚文化、反文化以及精华与糟粕等不同成分。一些西方人便曾宣称共产主义是西方文明中不容忍与逻辑的顽固性的典型产物，把中国奉为指导思想的马克思主义列为西方向东方推销的"最可遗憾"的产品①。可见，所谓"全盘西化"或"全面固守传统"都是不能成立和无法操作的伪命题。问题的实质还是在于确立扬弃的标准与取向。就拿西方文明来说，从总体定位上看，资本主义是发展工业文明的一种模式，几百年来积累了不少经验教训，目前仍在调整更新、高速发展。除了马克思主义、白求恩精神之外，处于世界前沿的物质建设、科学技术、管理方式等方面的巨大成就，"2004文化高峰论坛"发表《甲申文化宣言》表示接受的"自由、民主、公正、人权、法治"等价值观，以及确保实施这些价值观的相关制度建设，俱为西方工业文明孕育的优秀成果。作为发展现代化的普适性经验，这些成果构成当代先进文化的重要组成部分，为不发达国家发展现代化提供了宝贵资源和重要武器。如所周知，西方的现代化是靠海外殖民、充满血与火的掠夺压榨起家的。对于资本主义发展过程中暴露的种种弊端、内在难以克服的矛盾和危机以及西方文化中的消极腐朽部分，自当着力批判，引为前车之鉴。而社会主义是资本主义社会矛盾运动的产物，也是一种发展中国家后发生型的现代化模式。尽管在价值体系、经济基础、政治制度以及社会运行机制等方面和资本主义文明有很大差异，但作为同处工业文明时代的两种不同现代化模式，相互之间必然存在可资借鉴的共性。唯有跳出"东方还是西方"、"姓资还是姓社"的简单划线，把社会主义视为在借鉴和批判继承一切人类文明优秀成果基础上开创的超越资本主义的现代化新路径，才有可能

① 联合国教科文组织：《东方与西方的人文主义与教育》英文本第155页。

对改革开放国策做出合理的诠释，才有可能正确认识社会主义初级阶段理论和中国特色社会主义现代化道路的本质内涵。

我们根据现代社会需要导入市场意识，鼓励开拓、竞争、公平；但却坚决反对尔虞我诈、拜金享乐。我们所提倡的平等，不但在真理、法律面前人人平等，而且在竞争、机会面前人人平等；不是结果、分配上的绝对平均、平等，而是承认差别的合理性，尽量为人们提供发挥最大潜力的公平竞争机会，同时还要发挥整体协作的优势，共同发展。这和传统农业社会中的绝对平均主义大相径庭。科学社会主义新文化倡导的文化精神应体现求真、务实、科学、民主、自由，既讲功利、效率、公平竞争、进取创新、充分发挥个体主动创造性；又讲社会责任、社会和谐、统筹协作，鼓励奉公献身。这和西方社会流行的以及中华传统文化的价值体系既有联系又有重大区别。中国在经济文化基础并未充分发展的状态下启动现代化征途，必然会遇到许多困难、挫折，付出重大代价。不过外国现代化的经验教训毕竟为我们提供了少走弯路的借鉴，这又成为我们的后发优势。唯有立足中国实际，“面向现代化，面向世界，面向未来”，将人类包括物质、制度、思想观念层面等一切优秀文化成果放置在中国现代化实践中鉴别整合，融会创新，方能既高扬民族主体精神，又摒弃狭隘民族主义和文化保守主义，跻身世界先进文化前沿。唯其如此，中华文明才有可能“会通超胜”，为人类文明的进步做出更多贡献。只是在这个意义上，关于21世纪是东方文化时代的预言才是一种美好的憧憬。只是在这个意义上，汤因比的下述论断才是一种科学的预言：“中国文化如果不能取代西方成为人类的主导，那么整个人类的前途将是可悲的。”①

① 《谁将继承西方在世界的主导地位?》，载美国《思潮》月刊1974年第9期，转引自《文化的冲突与抉择》第29页，人民出版社1987年版。

三、横向互动中整体滚动的历史——体例与方法

（一）传统通史体例与现当代史家的创新

素以历史悠久、文化发达著称的中国古代流传下许多史学名著，编著体例丰富多彩。其中最有影响的通史类著作体裁有三种：编年体、纪事本末体和纪传体。

编年体是按年、月、日时序纵向排列逐次记述史事的史学体裁。这种体例便于区分史事的先后顺序及彼此间的异同。如刘知幾《史通·二体》所说，“系日月而为次，列时岁以相续，中国外夷，同年共世，莫不备载其事，形于目前，理尽一言，语无重出，此其所以为长也”。[①] 这种体裁的缺点，是“年不一事，事不一年”，互不关联的事件相杂，无法呈现诸事之间的横向关联。而一事被分置多处“首尾难稽”的状况，也令读者难以洞悉其始末及内在联系。此外编年体记载帝王将相军国大事一目了然，但对那些较长时段的重大社会变化则因难以系定年月而无法载述。

为克服叙事前后隔越、彼此错陈的缺陷，纪事本末体应运而生。

① 刘知幾：《史通·二体》，上海古籍出版社1978年版。

这种体裁将按日月时序排比分列于各部分的相关事项辑于一处，“因事命篇”，详叙始末，使人对该事有一完整了解。《四库全书总目提要》称之为“每事各详其起讫，自为标题，每篇各编年月，自为首尾，经纬明晰，节目详具，前后始末，一览了然”。梁启超对此体评价甚高，认为“欲求史迹之原因结果，以为鉴往知来之用，非以事为主不可”，并表示，纪事本末体“于吾侪之理想的新史，最为相近，抑亦旧史界进化之极轨也”。① 不过这种体裁同样难以把握社会横切面以及纵向各事件之间的内在因果联系，无法分清大小史事之间的层次序列关系。

纪传体实际上是一种综合体。蒴伯赞称其为“并‘编年’、‘纪事’、‘纪言’、‘分国’诸体于一书，别而裁之，融而化之，使其相互为用，彼此相衔，以各家之长济各家之短，而又益之以表历，总以书志，卓然自成为一种新的历史体裁”。② 该体“本纪”，用编年形式记载帝王军国大事，是为主线。“世家”记载诸侯、贵族、将相，“列传”是各类代表人物的传记。其余“志”用来记载典章制度的沿革和风俗的变迁，“表”勾画错综复杂的历史情状，“论赞”阐述对人物、事件的评价。清人赵翼盛赞“司马迁参酌古今，发凡起例，创为全史”，然后“一代君臣政事，贤否得失，总汇于一编之中。自此例一定，历代作史者遂不能出其范围，信史家之极则也”。③ 纪传体用本纪、表两部分记载大事及囊括各类复杂事项，勾划出纵向线索；又以书、志、传分类叙述，对社会的不同侧面及人物做详尽描述，用多种形式综合反映时代全貌，容量广阔，伸缩自如，确为通史类体裁的佳构，以至官修正史无不奉之为正宗。但其中的本纪以帝王活动为中心，诸多重大社会问题未能纳入，难以简单明了窥见历史发展大

① 梁启超：《中国历史研究法》，商务印书馆1933年版，第31页。

② 蒴伯赞：《论刘知幾的史学》，载吴泽主编：《中国史学史论集》（二），上海人民出版社1980年版，第32页。

③ 赵翼：《廿二史札记·各史例目异同》。

势。而在横向史事的表述上，又往往“同为一事，分在数篇，断续相离，前后屡出”，“每论家国一政而胡越相悬，叙君臣一时而参商是隔”[①]，仍有未能尽如人意的缺憾。为此章学诚在《文史通义》中曾经提出“仍纪传之体而参本末之法”[②] 改造史书体例的构想。

以《史记》为代表的纪传体和以《资治通鉴》为代表的编年体、以《通鉴纪事本末》为代表的纪事本末体三种体裁各有优长和无可替代的特殊价值，三者互补担负起记述中国历史主体框架的重任。至于传统史学通史体例在多层面整体通贯反映时代全貌及其流变方面各自存在的缺陷与不足，则不但反映体裁设计的方法技术未臻成熟，同时也是史家观念受到时代限制使然。

19 世纪末，西方近代编纂历史的章节体传入中国，20 世纪初相继为夏曾佑《中学中国历史教科书》、刘师培《中国历史教科书》、曾鲲化《中国历史》等通史著作采用。该体以绪言或导论总领全书，将大的时代纵向分阶段划为数篇（卷），篇下所含时段为章，章下又将横向若干事类设子目为节，如此多层级依次展开，把纵向历史发展的阶段性变化和横向多层面主次关联完整清晰地展现出来。此体经移植改进很快成为中国通史编纂体例的主流。

章节体在历史阶段的划分，显示历史现象之间的内在层次关系和主要从政治、经济、文化三大块描述历史的框架，是对传统史学的重大突破；但在继承、保持旧史体裁精华，诸如对事件、典章制度、人物活动系统完整记述等方面则有明显的不足。上世纪 50 年代吕思勉编著断代史分上下册，上册按时序以政治为主线展开，下册分门别类记述社会、经济等方面的制度，即是弥补章节体不足的一种尝试。章节体的另一局限是，以中小规模篇幅记述大跨度通史虽游刃通畅，用

① 刘知幾：《史通·二体》。

② 章学诚：《文史通义·与邵二云论修宋史书》。

来编纂全方位大型通史却显得局促僵硬。原因是这种体裁适宜概要勾画历史发展的结构、脉胳和时代特征，而难以承载在揭示中长时段基本线索的同时充分展现丰富多彩典制、事件和人物活动的整体大格局。有鉴于此，吕振羽 1941 年出版《简明中国通史》，曾尝试“注重于历史的具体性，力避原理、原则式的叙述和抽象的论断”，但格于体裁和篇幅的限制，很难彻底改观。

1989 年白寿彝深感一种单一的体裁决不足以反映我国历史的内容，进一步提出“应该发展综合运用的优良传统，多体裁配合、多层次地反映历史”。[①] 由他总主编的多卷本《中国通史》历时十年陆续出齐。该书首卷设“导论”，论述与中国史有关的一些重要问题。以后按远古、上古、中古、近代时序列卷，卷下按王朝时期分册。各卷都分为序说、综述、典志、传记四个部分。其中“序说”开宗明义，说明基本资料，论述、总结相关研究成果，交待编撰意图。“综述”为各卷主干，紧紧抓住每一历史时期的纲，着重从政治、经济、文化、民族、中外关系等方面勾画历史发展的总向，同时厘清时空线索与范围，尽量显示出历史发展的规律性。相关典章制度、人物说到为止，细节分别放到典志、传记部分去写。“典志”部分设地理、民族、社会经济、政治制度、军事制度、法律等门类，进行历史现象的剖视，从各个社会剖面来反映一个历史时期的特点。“传记”部分主要状写各种人物群象。此部多卷本《中国通史》博采章节体与传统史学多种体裁融会创立的新综合体，在多层次反映历史发展进程，追求“既反映了历史的规律性，又反映了历史的丰富性”方面具备显著优势，将大型通史编纂水平提升到一个新的高度。

① 白寿彝主编：《中国通史》导论卷，上海人民出版社 1989 年版，第 310 页。

（二）新的挑战与对策

历史著述本身是历史的产物，总会打下时代的烙印，存在一些历史局限。大型通史的编纂无疑要建立在大量相关领域坚实的研究基础之上。“文革”前极“左”思潮的干扰和“文革”造成的破坏，难免在相当长的时期使集大成的通史编纂工作陷入“难为无米之炊”的困境。白寿彝 1981 年拟定《中国通史》“导论”提纲时曾提出中国历史的 12 个方面、346 个问题，涉及面相当广泛。但终因其时相关研究薄弱，“短时期内不能对这些问题都进行研究”，只得将这份提纲列为“导论”卷的附录。未能纳入正文的就包括“家庭”（含家族、婚姻、妇女）、“城乡、市镇、会社”等重要内容。①

史学著作的体例，作为历史认识主体反映、描述历史的编纂形式，很大程度上取决于历史学家自身的历史观、认识能力和思维方式。而人们的历史观、认识能力和思维方式则要受到客观世界发展变化的制约。历史是不断发展变化的，其间既有客观世界、包括人类社会的发展变化，也含有历史主体观念、能力、思维方式的更新、提高，这是史学著作体例不断更新、完善的依据。

当我们在 21 世纪之初重新面对大型通史编纂使命之际，时代背景已经焕然一新。改革开放以来史学观念更新、研究视野拓展、研究方法手段丰富多样，既为今天通史编纂的推进奠立了坚实的平台，同时也对如何才能充分汲取诸多新成果、层叠有序地展现出来提出新的要求，在体例框架的建构方面提出新的挑战。这种挑战集中在如何确立、彰显纵向历时性发展的主轴、脉络，如何展现横向共时性多层面事象丰富多彩的全貌及其关联互动，以及怎样处理好纵横之间的关

① 参见白寿彝主编：《中国通史》导论卷题记、附录一。

系，勾画横向互动中整体滚动的轨迹。为此，我们提出如下对策。

1. 以时间为经、文明进程为主轴勾画历时性基本脉络

创造历史的主体是人，人的活动必定在一定的时间、空间中展开。历史的记录与表述自当以时间为经——勾勒纵向渊源流变，时序清晰；空间为纬——展现一定时空中人类社会活动的全貌，包括社会各层面以及不同地域、民族、国家之间的横向互动。

鉴于人类的活动极为纷繁多彩，只有把握住总体发展趋势和规律，勾画出基本脉络，方能避免杂芜失序，使历史的记述与研究成其为科学。其中对于"人类社会发展进程"这一主轴的把握是否到位，尤其关系到通史撰述的主纲、主线是否科学、通畅。

新编通史摒弃泛阶级斗争和庸俗唯物论的观点，不再以阶级斗争为纲，不再刻板套用五种社会形态单一演进的教条。我们以人类文明发展进程为主轴建立的宏大历史时期与中长时段各层级的历史分期，以及所勾绘的历史基本脉络与阶段性特征，前文已专节详尽论述。这里的问题是如何在全书体例框架中将这条主线有机地与各部分描述融汇一体，贯穿其中。

历史进程中呈现出的诸种事象，实际上无不以偶然性的面目出现，是无数偶然现象的集合。至于人们所探索的历史发展规律，只是在辩证的思维中才"包括在必然中"。[①] 如马克思在《资本论》中指出的，"通过这些偶然性来为自己开辟道路并调节着这些偶然性的内在规律，只有在对这些偶然性进行大量概括的基础上才能看到"。[②] 而在某一个具体的时间点上，并非所有社会现象之间都存在必然的联系，历史学家叙述的政治、经济、意识形态等方面的发展在一些具体

① 恩格斯：《自然辩论法》，《马克思恩格斯选集》第3卷，人民出版社1972年版，第545页

② 马克思：《资本论》第3卷，人民出版社1975年版，第936页

时点上也并不必然存在同步性。我们当然不否认整体与局部以及诸种历史事象之间存在着互动关联，这正是通史著作所要着力揭示的筋脉。只是当我们以时间为线索在一个空间平面展开对历史的叙述时，如果总是力图在任何一个时点上都建立一个包罗万象的历史结构，就难免会漏洞百出。通常中小型章节体通史着重展现中长时段社会发展流变，揭示历史发展规律。因其篇幅不长，所描述的历史时间跨度大，便于做粗线条的描绘和综合概括。而在大型通史中，这种钩玄提要的宏观剖析往往会被多姿多彩的微观场景和社会全貌所湮没。既然在大型通史中宏观与中观、微观层面都要得到充分展现，既反映丰富性又反映规律性，而实际操作时又不可能在展示有血有肉个性鲜明具象之际同时“对这些偶然性进行大量概括”；这就需要我们在体例设计上另辟蹊径。

新编通史总体上采取互相间离的办法，将中长时段的社会学结构分析从大量短时期瞬时性场景情节描述中剥离出来，宏大叙事与精彩片段之间既分隔又相互配合呼应。

具体的对策主要是采取“分层表述，点线关联”的方式阐释社会发展主轴，展现历史演变的基本脉络。

首先高屋建瓴，在全书的“导论”部分设专节，系统辨析中国历史的大势总向与阶段性分期，从宏观层面确立历时性主轴，并通过“纲要”厘清和展现基本脉络，总领全书。

以下按时序纵向分卷，逐次在相对完整的时空单元中展现中、短时段历史流变及社会多层面互动的全貌。

全书的纵向分卷按照朝代更替顺序排列。这里的朝代是指在全国范围占据主导地位的某王朝若干代相传的完整的统治时期。按照历史上存在过的王朝统治时期划分时段，具有体现自然状态的客观标识性，便于整体把握该时段国家的政策、制度、举措与社会多方面状况互动的全貌，全方位展示导致变迁的主客观原因。这种以朝代为时间单元顺序的排列，与以帝王为中心的王朝体系毫不相干；以文明进程为主轴的社会分期也并不必然与某一王朝统治的起讫榫合。之所以不按社会分期分卷，是因为这种较大跨度的模糊性分期，缺乏可操作性。而且这种分期是人们对大量历史事实研究之后概括出来的认识，具有很大的主观性，很容易产生争议。正如恩格斯指出的，“原则不是研究的出发点，而是它的最终结果，这些原则不是被应用于自然界和人类历史，而是从它们中抽象出来的；不是自然界和人类去适应原则，而是原则只有在适合于自然界和历史的情况下才是正确的”。① 如果以这些抽象出来的“原则”为标准划段分卷，就会让人感觉历史的演进只是在证明这些原则，演示某种预设的规律，似乎人们是在事先设计好的框架结构中按照某种原则生活，而这恰恰是以往章节体通史常见的流弊。② 总之，我们对历史分期、演进“原则”的把握，应该呈现为体现在历史发展过程中的内在脉络，而非将其悬为剪裁历史的外在框架。

新编通史在以卷为单元中观层面展现规律性和基本脉络的具体做法是，每卷卷首在“纲目主线”之后设“综述”，概要勾画本时段的历史定位、发展轮廓与该时段内的阶段性特征。一方面是对全书“导论”相关部分的呼应与细化，同时也是对本卷分门别类展现的各部分内容做横向整合，提纲挈领，承上启下。

微观层面则突出对涉及社会变革与转型的环节做重点描述，将其放置在历史长河及本时段背景中浓彩重墨充分展示。

全书“导论”、“纲要”和分卷“综述”、“纲目主线”部分的相关表述均与作为主体的具象描述板块“类编”间隔，便于用较短篇幅宏观概括勾画，以保持主线脉络流畅，居高临下，总揽全书。对主板“类编”内相关环节的重点描述则既与上位主轴对应，又与“类编”板块内周围点位关联，从而在对点与线的两种呈现方式上都能“量体裁衣”，各具特色。通过这种“分层表述，点线关联”的设计，

① 恩格斯：《反杜林论》。

② 参见乔凌霄：《史学体裁的沿革与创新》，未刊。

使全书在展现历史的丰富性和人们的主动性、创造性的同时，又“草蛇灰线，伏脉千里”，“主轴”、“脉络”与“规律”或明或暗，自然渗透其中。

2. 以空间为纬展现共时性社会各层面全貌

一切事象的存在与发展变化都离不开特定的空间。如恩格斯在《反杜林论》中所指出的，“一切存在的基本形式是空间和时间，时间以外的存在和空间以外的存在，同样是非常荒诞的事情”。这空间即是指各种事象所依存的“自然基础”，包括因人类活动而形成的带有社会、人文内涵的“社会空间”和“文化空间”。我们所描述的全部历史便都在这相应的特定的空间中展开。首先要对不同地域、民族、国家各自的地理空间准确定位。其次厘清特定时段横向社会各层面及其相互间的关系，以及各层面局部与社会整体变动之间的关系。对大量史事的具象描述，也应放置在社会各层面的框架中展开，做到繁富生动而不纷乱。在这里，我们要尝试解决的正是马克思在《哲学的贫困》中提出的如下问题：“单凭运动、顺序和时间的逻辑公式，怎能向我们说明一切关系同时存在而又互相依存的社会机体呢?”①

不过在以卷为单元剖视社会横切面并展现共时性社会全貌方面，也会面临因追求丰满生动而失之与主线疏离松散或虽清晰流畅却枯燥干瘪的两难困境。白寿彝主编的多卷本通史另设“典志”、“传记”，与“综述”部分相互配合补充。其中的“综述”作为全书的主体与主干，从框架结构与篇幅体量方面来看约略与整部中小型通史相当；而“典志”部分则按地理、民族、社会经济、政治制度、军事制度、法律等门类，系统、清晰地反映该时段各社会剖面的历史特点。虽主要内容与“综述”略有重合，但视角、侧重点有别，在熔章节体与

① 《马克思恩格斯全集》第4卷，人民出版社1958年版，第145页。

传统纪传体两者优长方面取得明显突破。只是“把典志的内容一般限制在制度性的范围”① 难免会影响对历史“丰富性”和制度变迁“过程”的展现。白著“传记”部分涵盖的内容较为繁复，诸如“经学、史学、哲学、科学技术、文学、艺术、教育”以及如第三卷将周、秦以及一些诸侯国乃至巴蜀、西南夷之类一并归入“传记”部分展现。

我们对各卷内的体例设计，将在全方位多层面展现历史和力求丰满生动而不杂芜方面做出新的尝试。

前文已述，我们以较短篇幅用既间离又关联的方法建构纵向主轴的设计，为在一定时段内集中展现横向多层面的描述预留了空间。

以下全书各卷都主要分综述、类编、人物三部分展开。

卷首所设“综述”，有别于白寿彝多卷本《中国通史》“综述”作为该书主体的大体量描述，而只相当于本卷简短的导论，旨在勾画全卷纵横脉络的主干。此“综述”力求行文简洁，上接全书“导论”，下启本卷各“类编”，确保主线通畅而又避免与类编的具体描述较多重复。

各卷的主体部分是剖视社会横切面并展现该时段共时性社会全貌的“类编”。“类编”的设置，主要借鉴历史学科之下两个次大分支社会史与文化史的框架，解构传统纪传体史著以书、志、传分别叙述横向史事的内涵与分类，用当代认识、分析社会的学术视野重新加以建构和整合。即在章节体史著以政治、经济、文化三大板块为主的基础上，细化为治乱兴衰、经济、社会结构、国家控制、精神文化、社会生活六个类编。在各类编之下，同样运用当代相关学科的理论、概念、方法建立其内部结构，例如经济编下设资源与环境，体制、政策与管理，部门经济，区域与城镇经济等章。通过对上述六类编多层面描述，逐次展现这一时期人们创造历史的活动及社会各层面演变的

---

① 白寿彝主编：《中国通史·导论卷》第321页。

轨迹。

历史本来处于多层面因素交集的整体运动状况，各层面之间关联互动，均非单独存在。以上类编的分层是一种人为的设定，便于条分缕析，从不同视角多层面观察社会，进而更准确地把握历史的整体变迁。各编分别以某层面为本位展现，但都不脱离全方位诸多因素的观照；又兼本卷“综述”与各编编前语的对应整合，引导读者既从整体的眼光剖析某一社会层面，又透过某一层面窥视整体。各具象点位依时序分别放置在各编相应层面之中，同样大中有小，小中见大。这种用当代学科视野建构的以具象点位、社会横切面与纵向时序纵横交织的类编网络，更有利于清晰地展现特定时段丰富多彩的社会全貌以及社会多层面共时性运动的历史轨迹。

类编中的内容分别用专题、专论、通论等形式呈现。

“类编”之后的另一板块是“人物”。人是创造历史的主人，但一般通史类著作着重宏大叙事，罕见对人的关注。不但史中无人，不设人物传记，即使因事及人也缺乏个性，多为苍白的符号。本书的“人物”板块专门刻画各类历史创造者的命运遭际、人情百态；同时也是对“类编”各类相关内容的共时性整合，通过彰显人物与时势的交互作用，以历史“主人公”的角度透视时代特点和社会风貌。

本节侧重诠释体例设计的思路，关于完整的体例框架以及体现历史在横向互动中整体滚动理念的操作进路，都将在下文专节论述。

（三）体例框架

1.《导论·纲要》总领全书

本册主要由导论、纲要两部分组成，列于全书之首。

导论

阐明指导思想与理论框架，高屋建瓴，总领全书。阐释体例设计、编纂旨趣。

通史纲要

相当于十多万字的浓缩版章节体通史，概述中国历史发展的大势、总向以及社会各个方面演进的轮廓，简略勾划中国历史的基本脉络。

总目

只反映全书总的分卷情况。

以下大体以朝代标识的历史时期为单元，按时序分册分卷展开。例如秦汉卷指秦汉时期中国的历史，而非秦朝史、汉朝史。

具体卷、册排列如下：

第一册　导论·纲要

第二册　第一卷　史前

第三册　第二卷　夏·商·西周

第四册　第三卷　春秋战国

第五册　第四卷　秦汉

第六册　第五卷　三国两晋南北朝

第七册　第六卷　隋唐五代

第八册　第七卷（上）　两宋

第九册　第七卷（下）　辽·西夏·金

第十册　第八卷　元

第十一册　第九卷　明

第十二册　第十卷（上）　清

第十三册　第十卷（下）　清

第十四册　第十一卷　中华民国（1911—1949）

2. 分卷框架结构

各分卷由目录、地图、纲目主线表、综述、类编（治乱兴衰、经济、社会结构、国家控制、精神文化、社会生活六类）、人物、附录等部分组成。具体框架及说明如下：

目录

本卷目录。

地图

反映本时段的疆域、行政区划、人口与民族分布、城乡布局、生态环境和自然地理状况。可同时选用几种不同类别的地图，也可保留一种，其余安排到相应的有关部分。随图配以必要的文字说明。

纲目主线表

将本时段各类基本史实交织在一起，归纳成主题词，将六个类编与“人物”简化合并为政治、经济、社会与文化互相平行的三线，同时按时序纵向展现标列。三线之外并列一条外国史事纲目背景线，以资在全球视野下中外对照。本表从纵横两个向度对类编展现的各方面内容加以提纲挈领的整合。这种多线平行的纲目，解决了历来“一条鞭”式大事记不分主次、杂芜不清的弊端，能够把中国的史事置于世界大背景之下，同时纵向展现社会的各横断面。既瞻前观后，反映社会总体演变，并洞悉不同侧面的各自流变；又左顾右盼，同时兼顾各横断面之间的相互关联，使各种事件、现象、人物在时空纵横两方面构成的坐标中定位。这是一种立体、全方位、多层次的整体贯通，能够更好地体现中国历史在横向互动中纵向变迁的整体滚动全貌。

综述

在按时序进行阶段性分期综合归纳的基础上，勾勒出本时段历史演进的轮廓、线索、发展大势。阐明该时段的历史特点及其在世界与中国历史上的地位，并进而概括本时段社会各层面（指政治、经济、社会结构、思想文化、社会风貌等方面）之间的横向互动关系，阐释导致这种变动的原因。此外还对国际关系、民族关系、疆域、生态地理状况、综合国力状况、民族性地域性差异以及主文化与亚文化、反文化之间的区别与联系等正文不易展开的方面作总体性综述。本综述实际上也是对以下按类编分别展示的各部分内容所作的总体整合，为读者提供鸟瞰全局、把握纵向流变趋势和横向互动关联的宏观视野，从而对本时段的历史全貌留下总体印象。

类编

以下将各种事件（典章制度等可化作事件处理，如杨炎推行两税法）、历史现象，按照专论、通论与专题等形式，划为治乱兴衰、经济、社会结构、国家控制、精神文化、社会生活等六类，依次展开。其中一些不便采纳为事件描述的大时段社会现象，如时代精神、社会阶层等，可用专论的形式表述。其余以概述本类事象轮廓、特点的通论为主，同时辅之以专题，所设专题参照纪事本末体，各自独立成篇，同类中诸事基本上按时序排列，但也不必刻板拘泥于年月日的先后，而可采取大题小作、小题集中的办法，适当介绍背景及追溯来由，以避免成为“断烂朝报”而流于杂蔓细碎。

各编内容均包括少数民族政权所辖地域。

以下所列编章条目中，“编”一级标题各卷须保持一致。“章”一级标题原则上统一，在保持原有板块的前提下措辞可适当调整。章以下所列各点为提示，供各卷拟定细目时参考。

具体分类如下：①

治乱兴衰编

第一章　权力更迭与政争

（1）朝代、国家、有独立性的地方政权的兴亡更替

（2）不同政治派别与政治集团之间的冲突斗争

（3）除农民起义与民族战争之外的各武装集团间的重要战争

第二章　改革与变更（含正反两个方面，侧重从宏观角度把握）

（1）王朝或国家以及独立的少数民族政权内部政治、经济、文化、司法、监察、军事制度等方面的更改变革

（2）王朝或国家以及独立的少数民族政权内部围绕上述方面展

① 以下各编的章节细目系经各位总主编反复研讨，分头执笔。

开的争论及其后果

(3) 其他有关制度、政策方面的重大举措与对政局产生重大影响的天灾人祸等事件

第三章　国力盛衰与社会稳定状况

(1) 国家盛衰变化的重要标志和反映（侧重表现总体政局与社会环境，如××之治、××中兴）

(2) 治安状况与社会稳定状况（主要为一般性的描述与评价，如“夜不闭户”和“盗贼蜂起”之类。又如明代设立厂卫后民众“三缄其口”，但具体起事或动乱的过程及厂卫设置情况则不论）

第四章　民族与国家关系

(1) 边防战争、不同民族间的战争和大事（含介入中原王朝内部战争的少数民族武装行为，如“回纥助唐平乱”；但对于已在中原地区立足生根和建立政权的少数民族，则主要从民族冲突与融合的角度论述其行为的意义，而不做一般的过程叙述）

(2) 中原王朝和独立的少数民族政权各自的民族与外交政策及有关行为

(3) 民族间的交往、迁徙、融合

(4) 与外国和战交往的有关政策举措与事件

第五章　农民起义与民变

(1) 农民起义与农民战争的纲领、口号、斗争目标、组织形式、战略战术及简要过程

(2) 农民政权的有关政治、经济、文化政策

(3) 民众采取的武装起义以外的其他形式斗争（如苏州机户风潮、“齐行叫歇”等）

经济编

第一章　资源与环境

(1) 自然资源与生态环境

包括土地、草场、森林、江河湖海、水利、水能、水产、动植

物、矿产、气候等方面的状况，以及对自然资源的开发利用状况和资源与环境对经济产生的影响

（2）人力资源及其有效利用

包括有劳动能力的人口总和，及其在年龄、性别、职业、城乡构成等方面所占比例，劳动力的素质，劳动力和生产资料的结合状况

第二章　体制、政策与管理

（1）机构与管理

各级财政经济管理机构的设置、职事及其运行机制，实施管理的内容、手段与运作程序

（2）制度与政策

各项财政经济方面的法规、制度与政策

（3）经济体制

体现于以上机构与管理以及各项制度与政策中的宏观的、根本性的经济制度与管理模式

以上第三级标题之间所涉内容多有交叉，故不单独分类，仅为选设和撰写专题的提示（包括政府对户籍与土地的控制与管理，各种赋税徭役，军屯、民屯及民间地主、寺院等各种经营形式，对商人、市场、价格的管理，专卖制度、币制、金融、关税、对外贸易，政府的财政预算与收支分配、奏销审计，劝课农桑与仓储、蠲赈等措施，以及马政、林政、河政、漕运等等），通论仍围绕第三级标题“机构与管理、制度与政策、经济体制”这三方面展开

第三章　部门经济

（1）农牧林渔

包括工具、技术、规模、品种、质量、产量、分布以及劳动生产率等方面的状况

（2）手工业

内容同上，按行业分别介绍

（3）交通运输

各级水陆交通网络的分布状况及交通运输工具

（4）商业贸易

包括不同性质商品交换的状况，价格、币值、购买力、商品流转的规模、市场发育情况、信贷金融、对外贸易等方面的情况

第四章　区域与城镇经济

按区域介绍生产类型、特色、发达程度，以及形成的原因、在全国经济中的地位与影响

经济集镇与都会的形成、发展、分布情况，一般市镇都会在经济方面的作用

第五章　科技发明

生产技术的一般状况放在部门经济中介绍，此处着重描述生产技术方面或与发展生产关系较密切的其他自然科学方面的重大发明创造（包括有关的著述、科学家及推广应用情况），科学理论部分的内容放到《精神文化编》中《自然科学》一章叙述

社会结构编

第一章　阶层、阶级与社会群体

（1）皇室与诸侯（有独立性或相对独立性的君主，并包括外戚、宗亲）

（2）官僚

（3）宦官

（4）胥吏与幕僚（包括经制吏、职役）

（5）士人（主要指在野的身份性地主、知识阶层）

（6）庶民地主

（7）农民（自耕农、雇农、佃农等）

（8）手工业者（包括业主、工匠、雇工及其同业组织，如行会）

（9）商人（包括皇商、官商、直至小商贩，及其同业组织，如商帮、商会）

（10）军人

(11) 奴隶

(12) 贱民（奴婢、乞丐、艺人、妓女、车夫等群体）

(13) 妇女（着重整个妇女在社会、家庭中的地位作用，也涉及妻、妾、婆、媳的不同身份及贵妇与贫妇、婢女之间的同异）

(14) 神职人员及宗教团体（各主要宗教的神职人员、出家教徒以及该教的组织机构）

(15) 帮会与秘密会社（主要指民间宗教组织及黑社会、流氓团体等，不包括公开的职业或娱乐性结社）

(16) 社会的层间流动（阶层、阶级间的分化、升降与显隐）

以上各类应紧扣其总体性社会身份、地位及群体性特点，不拘泥于其中的个人或个别现象

第二章　家庭、宗族与社区

(1) 婚姻与家庭

包括婚姻形式、婚姻制度（不含礼仪与婚俗），家庭结构（规模、代数、成员），家庭关系（家庭成员的地位、权利、义务），家庭功能（生产、消费、生活、养育、教育、政治）

(2) 宗族

包括组织制度、形态结构、社会功能

(3) 城市（对城市社区做空间的、总览性的审视，切勿具体写城市经济、城市文化、市民等等。所要涉及的，应该是城市的等级结构——比如大都市、中小城市、市镇等；城市内部区域结构，包括空间结构——形制，坊巷街区，功能性区划如市场、居民区、寺庙、官衙等，及社会结构——官绅、不同职业的市民、贱民、流民；城市的数量与空间分布；城市化与城市问题）

(4) 乡村（要求略同上，包括乡村社区的等级结构，里甲村社，典型的乡村组织如坞壁、庄园、封闭型村庄形式，乡村的空间分布、乡村土地利用格局，乡村内部的空间结构和社会结构——可以个案分析）

(5) 社会的空间流动（移民、流民等集团人口迁移形式，包括

政府的强制性移民，如徙民边屯、流放；自愿移民，如下关东、下南洋；社会变动造成的迁移，如永嘉南渡、两宋之际的南迁；天灾人祸造成的流民；盲目流动）

第三章　少数民族

对从属于中央政权或半独立的各少数民族的人口、分布、经济、社会结构、文化习俗及其与中央政权的关系等做概要介绍（与中原王朝分庭抗礼的独立的民族政权不列于此），可按民族设题，以便对各民族有一系统、完整的了解

国家控制编

第一章　政权统治

（1）君权与决策系统

关于君主职能、权力、地位的有关规定，王位的继承与确立（含兄终弟及、嫡长子继承、密建皇储等建储制度，顾命、摄政制度，以及防范篡权夺位和对后宫、宦官的整治等措施）、君主理政的方式（制、诏、谕、旨、批阅奏章等权限及行使程序）、依附皇权的特殊机构（如宦官系统）、宗室的封爵与参政等。中央决策系统（包括中枢决策机构），协助皇帝决策的程序、方式及运行机制（包括信息的上下传递、朝议与廷争、谏议与封驳、皇帝最终裁夺等）

（2）行政管理

包括中央政务机构与地方、基层行政机构及相应的官僚体系，各机构的职事、行使程序、户籍管理等方面的措施与情况

第二章　军队

各级军事机构、军队的种类与军制、军权的控制及军队对国家的控制作用，军队的规模与布防情况，武官及其选任，兵役和军队的镇压、御边、警备、治安功能

第三章　监察

监察机构、制度、权限，包括对皇权及对中央与地方官员的监察，巡抚制度，后期巡抚的行政化与地方化

第四章　刑法

法典、刑制、司法机构及其相互关系、司法制度（刑讯、勘验、讼师、断狱、狱政、赦政等）、审判制度、法外用刑，刑法的本质、主要精神与特点及其效应

第五章　教育与文官选任

教育制度、目的、内容、方法，各级儒学、国子监、庶吉士，荐举、选举、捐纳、科举取士制度，品级与俸禄，文官考核、致仕、世袭、回避制度，以及教育与科举制的效应

第六章　文化政策与思想控制

百家争鸣、统一文字、修纂典籍、文化专制、罢黜百家、文字狱，宣扬天命论，利用宗教因果轮回、神鬼报应思想，灌输三纲五常伦理道德观念及其思想影响

第七章　礼乐教化

五礼及其定制、乐的制定、礼乐维护尊卑等级制度的教化功能，仪礼规范与乐舞陶冶情操移情易俗的作用，朝廷教化方针及其内容，基层教化的特点——申明亭、乡饮酒，宣讲圣谕，惩恶、劝善，利用乡规民约、族规家法等，及其社会影响

国家的社会职能除上述对内统治管理、安定社会以及对外征战、抵御外侵，还集中体现在统一调配社会资源兴办大型水利、交通工程和组织发展生产以及为公众服务等方面。这部分内容已在“经济编”等编表述，本编不再重复

精神文化编

第一章　学术思想与流派

哲学、宗教（指官方认可的或有较大影响的宗教。如摩尼教，唐代可列此，宋、五代时则列入民间宗教。均侧重教义，不涉及组织机构）、史学、政治学、经济学、军事学、教育学等

第二章　自然科学理论与思想

医药学、数学、物理学、天文学、化学等方面的理论与思想

第三章　文学艺术

包括诗词、散文、小说、戏曲、音乐、绘画、书法、篆刻、舞蹈、建筑艺术、工艺美术等

第四章　语言文字

于各民族初创语言文字时期或重大改革转变时期设此条

第五章　民间文化

（1）民间哲学（民众对世界或社会的一般认识）

（2）民间史观（指下层人民对历史的一般认识）

（3）民间宗教与民间信仰（前者是有组织的，非全体共有的，如五斗米道、白莲教等；后者是非组织且通常是全体共有的，如妈祖信仰、五通神信仰等）

（4）民间语言（包括谚语、黑话、切口、歇后语等）

（5）民间文艺（包括民歌、民谣、民间故事与传说、民间小戏、民间舞蹈、民间音乐、民间工艺美术等）

第六章　时代精神与社会观念、社会思潮

时代精神指同一民族在特定时代形成的大体一致的稳定的心理状态，使人们在人生态度、价值取向、思维方式、道德情操、审美趣味、宗教情绪，以至生活习惯、行为方式诸方面表现出共同趋向。其中具有决定力的核心部分是价值系统。（这种时代精神系由共同的生存条件，特定的政治、经济、社会背景，同一社会结构和政治制度的制约，以及同一精神内容的教育培养，诸种意识形态、历史传统的熏陶，交互作用凝聚而成。写作时应突现其时代的特征）社会思潮则是指某一时期社会上普遍存在的广泛趋同的思想影响。前者更为宏观、本质、稳定，但在社会转型期其时代特点也表现得十分鲜明。社会观念，指社会上普遍存在的有较大影响的思想观念，诸如价值观、道德观、功利观、择业观、人才观、审美观、婚姻观、生育观等。它是文化精神的体现，比社会思潮更显稳定一些。此处着重谈价值观、

道德观、功利观等主要观念，其余如贞节观、婚姻观、生育观、丧葬观等分别放置在与其相关的社会生活等编

第七章　文化传播与碰撞交融

（1）精英文化与民间文化的双向互动

（2）民族文化、区域文化的冲突与交融

（3）外来文化的传入及其中国化

（4）中国文化的外传

社会生活编

一般的通史著述很少涉及社会生活。而在马克思、恩格斯看来，“人们为了能够‘创造历史’，必须能够生活。但是为了生活，首先就需要吃喝住穿以及其他东西。因此第一个历史活动就是生产满足这些需要的资料，即生产物质生活本身。同时这也是人们仅仅为了能够生活就必须每日每时都要进行的（现在也和几千年前一样）一种历史活动，即一切历史的一种基本条件”，并强调“任何历史观的第一件事情就是必须注意上述基本事实的全部意义和全部范围，并给予应有的重视”。① 关于人类的生产活动，包括生产力和生产方式方面的内容，已设“经济编”专编载述。本编侧重描述衣、食、住、行等“创造历史”的前提与“基本条件”。除了记述相关“基本事实”、勾画变迁轨迹外，还要探究蕴含其中的“意义”，揭示导致衣、食、住、行等日常生活改变的动因，阐述这种改变对生活方式和社会关系以及对社会发展产生的巨大影响。正是这种衣食住行社会消费的基本需要，从根本上推动着科技发展、社会进步和人材辈出。这也是新编通史将“社会生活”列入“类编”之中的重要原因。由此，按照恩格斯的说法，努力把历史“安置在它的真正的基础”② 之上。

---

① 马克思、恩格斯：《德意志意识形态》，《马克思恩格斯选集》第1卷。人民出版社1995年版，第78—79页。

② 恩格斯：《卡尔·马克思》，《马克思恩格斯选集》第3卷第41页。

以下按宫廷与上层社会、民间、少数民族三个层面，围绕器物、规制、习俗三方面展开。

第一章　衣食住行

（1）衣着与妆饰

各种服饰及其规制、服饰的发展变化、时样、服装与鞋袜行业、特殊服饰、各种妆饰

（2）饮食

饮食结构、宫廷饮食、民间饮食、地方风味小吃、有关礼仪规制、饮食习惯、名馆名字号、烟酒茶、餐具与茶酒具

（3）起居与行止

宫廷、官邸、民居、园林、寺观、文人书斋、别业、家俱陈设、皇家辇轿车船、贵族官宦车船轿、民间车船轿、有关使用规制及禁忌习俗

第二章　生老病死

生、冠、祝寿、侍疾、养老送终等人生仪礼，恤孤寡、济贫弱、社会救济等福利公益措施，帝王陵寝、官民墓葬、丧葬规制及葬仪葬俗

第三章　婚姻与性

婚姻规制、仪礼、婚俗、婚姻生活、性与性爱、性崇拜、性压迫、性禁忌、性变态、禁欲与纵欲、婚外性关系、宫中对食与宦官娶妻、男风、面首、贞节观等

第四章　岁时娱乐

（1）时令年节

各种时令年节的庆贺、娱乐、消闲活动及有关的习俗禁忌

（2）文体娱乐

乐舞、看戏、杂耍、说唱、博弈、豢养宠物、斗戏（斗牛、斗鸡、斗蟋蟀）、纸牌、叶子戏、斗草等民间游戏，以及宫中射柳、摔跤、比武、民间竞技、蹴球、马球、冰上运动、秋千、拔河等文体

活动

第五章　行业习俗

一些生产和商贸等行业部门内部流行的特定禁忌习俗、行业神崇拜

第六章　社会风尚

社会风气及其变化、宫廷及官场风气、士风与士大夫间的交往、诗酒结社、廉奢风、民间时尚等（一般日常习俗分别归入以上各类，此处指影响较大、较为特殊的时尚风气。吸毒、聚赌、械斗、嫖娼、缠足、殉节、溺弃女婴等陋俗以及革除陋习、移风易俗方面的内容亦可放在此处）

以上所列六个类编的各级标题或提示，是就中国历史的一般情况大致草拟。事实上各时段之间差异很大，在敲定细目时，应结合本卷具体情况，灵活增删调整。

对于所写事件、人物，时代横跨两卷而又均有重大影响者，可两卷并收。但应在小题目上有所区别，写作时各自以本时段的活动为主，同时简单交待来龙去脉，注明参见别卷的线索。对有些典章制度、阶层、风俗等较长时间无重大变化而颇多沿袭者，应分别在各卷简单交待一下有关情况，而不过多重复，只侧重在新的阶段发生变化的地方选题做文章。

本书类编采用的新分类，参考汲取了社会史、文化史的部分框架有机地融入通史大框架中，展现出一种新的视角，更符合人们认识、了解社会的程序和规律。

人物

人物入选标准为：

1．各民族杰出的政治家、思想家、理财专家、军事家、文学家、艺术家、史学家、科学家、教育家等

2．在重要历史时期、历史事件中起到较大作用（不论正反）、具有重大影响的各类人物，以及具有时代性和一定代表性的典型人物

（包括英雄人物、反面人物、少数民族首领、宗教领袖、妇女、隐逸人物等）

对以上各编中涉及的人物，重复处可略写，而着重反映生平、志向、品德、才能、心态、活动、遭遇、评价。

附录

1. 表图：本时段末或随文附相应的行政区划、人口分布、人均耕地、各种经济数据及气候变化等表格，简明清晰，一目了然。插图除形势、疆域、路线、示意图外，均选用文物、遗址照片，或翻拍古代绘画作品，以增强历史感。

2. 本时段的中西历及王朝年号、世系对照表。

3. 索引：主题索引（按事件、典志、典籍、人物分类）、笔画索引。

（四）体现“大通”特色的编写进路

新编通史原拟称大通史，并非自诩页码多、部头大，而是体现对全方位整体贯通——即“大通”的追求。

人类并非依附于经济关系的“棋子”和历史必然性的奴隶。我们反对刻板、僵硬地描述历史，把一切都解释成必然。不同的人或集团在同一时点既有可能顺势而为，也有可能逆流而动，即使大方向一致，路径也各具特色，充满偶然性、不确定性和多样性。不过有一点是可以确定的，即无论什么人都不可能脱离大势天马行空。因此，如本书顾问何兹全所指出的：“研究任何历史问题，都要从当时的整个时代、社会出发，都要从历史发展的大形势出发。任何历史现象，从纵的方面说，都是历史发展长河中的一点；从横的方面说，都是当时全面形势中的一环。不了解历史发展大势和当时社会全面形势，就不会真正认识任何历史现象和问题的本质。”①

一般来说，通史著作较侧重于描述社会发展的过程、流变，而难以同时顾及对历史上不同时期的社会横切面作共时性的深入透视。而事实上社会各个侧面均非孤立、单一的发展，这就难免影响对该时期社会剖析的深度，无法揭示出社会在多种因素“合力”驱动下整体发展的全貌。本书的体例设计即立足于克服这种横竖无法兼顾的两难困境，通过全书导论、通史纲要和分卷、纲目主线、综述、类编、人物等条块编织成纵横交错的网络。我们所强调的这种“大通”，不但要体现历时性无数个“点”之间的纵向贯通，还要揭示共时性各“环”之间的横向互动，力求展现在横向互动中整体纵向滚动的历史发展全貌。不过，如清代史家章学诚所感叹的，“类例易求而大势难贯”②，光靠这种体例框架本身并不能自然体现出“大通”的特色。通史毕竟不是断代史的简单拼接，亦非展示各种专史片段的拼盘。其间操作中的疏通焊接是否到位，对于能否贯通大势至关紧要。从各分卷操作的角度来看，这种贯通主要体现在对编、章、节（序号采用“一、二……”的形式）、点（序号采用“1、2、……”的形式）四个层级的纵横整合梳理。

1. 分卷与导论、纲要的呼应

本书“导论”在对历史唯物主义基本观点和社会重大转型期详加辨析论证基础上提出的历史分期，勾画古今历史变迁的轮廓、线索、阶段性特征与大势走向，体现出对中国历史发展脉络及中国路径流变规律性的认识。各分卷在各自时段充分展现自身特点的同时，要在大的原则和基本精神方面与导论、纲要的相关论述呼应协调，以期全书在对主纲、主线的总体把握上保持一致。分卷要把对本卷时段内

① 《学史经验和体会》，《文史知识》1982年第4期。

② 章学诚：《文史通义·史学别录例议》

的分期与描述放到上述框架的前后流变中定位，并融会贯通到各自的写作之中。通过对具体人物、事象的描述分析，揭示历史发展的整体性和规律性。这是关系到全书能否将丰富多彩而又零散杂乱的历史事象贯通一气的首要环节。

2. 纲目主线与综述对分卷的统领

本书的主体部分——各分卷的六大类编，系分别按社会的某一侧面互相平行地纵向展开，既难以兼顾各编之间的横向互动关系，也不能单独反映社会纵向整体发展的全貌，而这两点恰恰须由全书首卷“纲要”以及分卷“纲目主线表”、“综述”三部分体现。

“纲目主线表”的设置，旨在客观展现本时段各种历史事象的“原生”状况与发展演变的过程，提供一个粗线条的整体轮廓。尽管其中对历史节点的筛选、梳理和辑录，不可避免会受到编著者史观侵入的影响，但终究较一般著述保留更多“原生”状貌。我们力求较为客观地展现复杂多元的全息图景，为以下“类编”对各种事象分类描述、剖析，以及对各类事象之间横向互动关联的考察，包括对这一时段历史发展基本脉络和运行规律的把握，提供一个进一步展现的平台。基于上述认识，我们在2004年编写高中《历史》教科书时曾按此思路作过初步尝试。遵照《普通高中历史课程标准（实验）》（以下简称高中历史课标）的要求，高中《历史》必修课按政治、经济、文化三个专题古今中外混编，分三个学期教学。这给学生对历史共时性整体状况的把握带来一定困难。为此我们在每册教材后附录《中外历史大事年表》，将重大历史事象归纳为主题词，分别以本册历史主题为主，中外分列，并附另两册相关领域平行发展的线索，以资对照。（参见2004年8月岳麓书社版《普通高中课程标准实验教科书·历史》）这种《年表》对教材的整合，在体现历史发展的阶段性与连贯性，勾画、揭示各时段演变线索、原因的基础上，就各专题进行中外对比，进而体现各专题之间内在的递进、互动关系和内容的逻辑顺序，从而避免了因对高中历史课标刻板僵硬理解而导致流为杂凑拼盘的弊端，使全套教材真正体现高中历史课标要求的“多视角、多层次”、“古今贯通，中外关联”、“从不同角度认识历史发展中全面与局部的关系，辩证地认识历史与现实、中国与世界的内在联系”、“在分析重大历史问题的基础上，揭示历史发展的整体性和规律性”的精神。① 对于同一时段分别撰述的两宋与辽、夏、金等卷，这种统一的对整体中国历史的时空整合尤为重要。显然，“纲目主线表”并非简单的大事记，而一定程度上是整部通史的总揽。这种分类同时按时序辑录的纲目主线旨在搭建起一个立体交叉、整体关联、多层面、多角度探究的架构，为读者打开更为广阔的历史视野。“综述”所要承担的根本任务，则是把隐含在“纲目主线表”中的本时段一横一竖的基本脉络理清，否则就没有理由自称是通史，更遑论“大通”。

“综述”与“纲目主线表”互相支撑、映衬，起到总领分卷的统合作用。这里结合“体例设计”部分的相关表述，进一步对分卷“综述”的撰作在操作层面加以规范和说明。

“综述”板块下采取章节体的框架列目，以便于展示该时段社会纵向阶段性的发展和横向各层面主次层级间的关系。其中主要包括三方面内容，可列为三章表述。例：

第一章　××时期的中国与世界

本章把本卷时段的史事置于世界大背景之下考察，阐述该时期中国与世界其他国家、地区之间的相互关系和影响，说明中国在当时世

---

① 岳麓版高中《历史》之《中外历史大事年表》框架：

历史时期	政治		经济		文化	
	中国	外国	中国	外国	中国	外国

《中国通史纲目主线表》框架：

历史时期	政治	经济	社会与文化	外国史事

界历史发展中的地位，并勾画出本时期在中国历史发展中的地位，在纵观世界历史发展大势的基础上更深入地认识中国历史演进的特点，准确把握该时段中国的历史定位。

第二章　××时期历史发展大势

本章可依据本卷时段内的分期为三级小标题（节）展开。每节都要交代清时间起止，勾出轮廓、线索，并对社会的方方面面进行共时性综合归纳，使读者对该时期（例如明初、明中后期、晚明）社会历史全貌留下鲜明的完整的印象。在以上分期整合的基础上，还应将各阶段串起来（并注意和前后相邻卷的衔接照应），简要勾勒出本卷时段"历史演进的轮廓、线索、发展大势"。本章在写作风格上大体是述而不论，或述而少论，关键要在勾画轮廓、归纳概括时，把握住各层面之间内在的（递进或互动）、规律性的联系，体现出凝炼、清晰的钩玄提要功力。

第三章　××时期时代特点与社会风貌

归纳剖析本时段社会发展的主要特点。可按这些特点列为下一级（节）标题，注意揭示若干特点之间的内在关联。在此基础上另设"社会风貌"一节，侧重对各类编、各特点进行横向整合，展示社会全貌。即"体例设计"指出的，"概括本时段各层面（指政治、经济、社会结构、思想文化、社会风貌等方面）之间的横向互动关系，阐释导致这种变动的原因"。实际上也是"对以下按类编分别展示的各部分内容所作的总体整合"。至于"体例设计"中提到的"国际关系、民族关系、疆域、生态地理状况、综合国力状况、民族性地域性差异以及主文化与亚文化、反文化之间的区别与联系等正文不易展开的方面"是单独列题，还是合并到其他部分，抑或略而不论，可视各卷具体情况酌定。此外还可能有一些需要特别提出来论述的问题，亦可酌情安排，但要注意避免和"综述"其他部分以及正文有关部分过多重复。

总之，作为统领全卷的"综述"，第一位要解决的问题是要"为读者提供鸟瞰全局、把握纵向流变趋势和横向互动关联的宏观视野，从而对本时段的历史全貌留下总体印象”，也就是要解决纵横贯通的问题，因而称之为综“述”，而不称综“论”。“综述”内各级标题的设立，一定要体现这一构想（至少要用副标题点出），宁失于板、拙，也要避免被冲淡、掩抑。只有把这一首要问题解决好了，方可顾及对其他一些重点问题的理论性论说。“综述”中的理论阐释要发挥支撑加固整体框架的作用，有助于在全球文明宏观视野下洞察历史发展各领域自身和各领域之间以及全局与局部之间的关系，并从不同层面不同角度加深对历史的总体认识。否则将导致全书因筋血脉络不通而坍塌为支离破碎的砖瓦，失整体之恢宏，唯断烂之残章，成为马克思批评过的“把社会体系的各个环节割裂开来”，变成“同等数量的互相连接的单个社会”① 的残破景象。

3. 编、章两级的横向关联

分卷类编的各编之首设整合本编各章的“编前语”，讲清本编总的线索、轮廓、特点和本编各章之间的关系。例如“治乱兴衰编”，分权力更迭与政争、改革与变更、国力盛衰与社会稳定状况、民族与国家关系、农民起义与民变五部分纵向展开，但实际上这五个方面是互相关联的，而某一时期治乱兴衰的局面也是以上诸因素同时综合起作用的结果。分五章表述，优点是微观分析更透辟一些，缺点是容易只见树木不见森林，把整体肢解为互不相关的部件。因而“编前语”的整合就显得格外重要。此外各类编之间的内容多有交集，其间的整合主要由“综述”部分承担，但有的类编之间关系十分紧密，也应在此适当观照。例如国家对经济的控制，实为国家控制的一个重要方面，但因与“经济编”大多重复，不必在“国家控制编”下再单独设经济控制章，这种情况就应在“编前语”中交代清楚，并在对国

① 《马克思恩格斯全集》第4卷，人民出版社1958年版，第145页。

家治理与镇压软硬兼施进行总体分析评价时，将此因素纳入视野综合考察。又如商品消费，既是经济问题，又与衣食住行日常生活、人们之间的社会关系，乃至作为文化符号的时尚、观念紧密相关，互相影响。相关类编在从不同角度涉及消费问题时，亦应适当加以钩联照应。将本编问题放置在总体历史长河中考察，注意与前后卷及前后编相关部分的衔接照应，也是撰写“编前语”和“类编”中相关细目时应该注意的一个原则。

各章之下的三、四级标题也应尽量选设一些带有综合论述、总体概括性的题目，如“魏晋南北朝的农民起义与民变”这一章下可设“魏晋南北朝农民战争的特点和历史作用”一节，这类三、四级标题实际上起到了对全章的整合作用。如果不设或无法单设一个三、四级标题进行概括、整合，则应在章下写一段类似“章前语”的文字。总之，在章一级必须采取适当形式体观出对这一时期这一问题的总体把握。

4．微观节点的定位

处理好细节展现和历史大势的关系以及“丰富性”和“碎片化”的矛盾是大型通史必须解决的难题。本书分卷的结构，如前所述，先通过“纲目主线表”、“综述”加以梳理剖析，是为“纲举”。至“类编”进而按社会发展的不同侧面分解成六类列目展开，是为“目张”。在“类编”微观层面节、点一级标题选设与写作上显示多样性、生动性的同时，又都将其放置在编、章分类的链条中展开，做到由点连线绵密有序，可谓“纲举目张”。这种分类展开是指以该类编的角度为本位叙述，而非脱离其他因素孤立的单线描述。尤其在选设和撰写社会生活、习俗风尚、文化观念这类节点时，正应该“上挂下连”、“左右逢源”，密切和当时的经济、政治与社会变动观照，互相渗透联接。例如秦始皇大规模追捕、拘役赘婿，扫荡母系制遗俗和竭力倡导女子从一而终贞节观念，便顺应了铁器牛耕引发的个体生产逐渐取代大规模强制性集体耕作（从“公作则迟”到“分地则速”）以及维系巩固父家长小家庭私有制的生产关系方面的深刻变革，在社会转型中发挥了催化凝固作用，因而被赋予稳固“男乐其畴，女修其业”新生产方式和新兴政权使之“舆舟不倾”、“嘉保太平”① 的崭新意义。由此也体现了马克思在《致路·库格曼》中提出的妇女问题是伟大的社会变革“酵素”的思想。只有从这个角度和力度来把握社会史、文化史方面选题的写作，才能既使经济、政治方面的内容表现得更为丰满、生动、有血有肉；又不至使社会、文化方面的专题游离于大通史之外，成为单摆浮搁的零碎。也唯其如此，才能使大通史类编的各部分更好地条块结合，成为浑然一体的完整的体系。

对于一些以“专论”、“通论”形式表述的制度类节点，也要体现贯通的特点，不能仅做辞条式的纯制度解释，要做动态的把握，涉及背景、原因、内容、特点、本时段的变化沿革、简要推行过程、效应、运行机制，包括相关的非正规制约与惯习，以及历史影响等诸多方面。

对人物传的写作，也是一种整合，要放到时代中去表现，写出人物与这些深层历史的关系，通过描摹主人公与其同一时期其他人物及社会方方面面互动关系，进行共时性的整合，从不同侧面展现社会特点和时代风貌。

一般的历史研究虽然会以一定的理论为指导，但最终要建立在实证研究之上，“论从史出”。通史撰述则不同，它并不需要一一反映“论从史出”的研究过程，而是重在融会史学研究的成果，通过一定的理论框架用平实的叙述和传神的刻画清晰流畅地展现出来，更多地体现出“史论结合”、“寓论于史”的风格。

新编通史在时空纵横交织的框架结构中，为各“类编”具象节点和各色人物设置了相对间离的独立空间，正可效仿司马迁描摹“鸿门宴”、“荆轲刺秦王”以及司马光状写“赤壁之战”、“淝水之战”之类的生花妙笔尽情挥洒。或展现波澜壮阔的宏大场景，或定

① 《史记·秦始皇本纪》。

格曲折入微的精彩瞬间，写人叙事栩栩鲜活，评议辩析通透缜密。各类专题、专论、通论，虽枝繁叶茂、异彩纷呈，却仍处于层叠有序的网络框架之中，皆如整棵大树之红花绿叶相掩映，而不至有偏离主干旁逸斜出、枝蔓疏离之虞。

5. 图文辉映，提升文物图片史学功能

精选与配置相关时代的文物图片，将其提升到与正文相辉映的地位，是新编通史更好体现图文互动整体融通的一种努力。

中国古代一向有“左图右史”、图史互动的传统。如郑樵《通志》所说，“图，经也；文，纬也。一经一纬，相错而成文”。通史插配的图片除形势、路线、示意图外，一律选用相关时代的文物照片。所谓文物是指历史上人类活动遗留下来的物质遗存，包括生产工具、生活用品、武器等各种器具和各种图画、造像、典籍、文书以及建筑、碑刻、墓葬等遗物和遗址。书中文物图片虽以插配的形式呈现，但并非仅只是对文字描述的简单图说与印证。这些物质遗存本身毕竟就是人类历史活动留下的原始证据，凝聚了丰富的社会人文信息，不但真实、生动地反映出当时人们的生产水平、生活状况、文明发达程度，还鲜明展示了一定时期人们的素养和能力，以及审美情趣、向往与追求等精神世界。这些都是编纂通史不应忽略的真实、具体、形象、生动的资源。例如恬静、亲切、洋溢着生活情趣的汉景帝阳陵陶俑便浸透着“文景之治”休养生息、社会经济恢复发展的时代气息。唐代蒲津渡开元铁牛、铁人图片，则不但曲折展现出当年黄河浮桥运输的壮观景象，而且使人深为盛唐时代的恢弘气度所震撼。北宋张择端的《清明上河图》更栩栩如生地展现了当时各阶层人物的生活风貌，还为后人提供了北宋大都市手工业、商业等城市经济以及建筑、交通、城市管理和民俗、市民文化等方面丰富而形象的资料。历史不再只是一些枯燥的文字和模糊的记忆，读者通过这些文物图片自然能够真切地感受到古代社会的各种信息，进入特定的历史情境。如明人吴宽题跋《清明上河图》所述，“恍然如入汴京，置身流水游龙间，但少尘土扑面耳”。[①] 唯其将极具原始证据力、形象感染力和视觉冲击力的文物图片与富于系统阐释和理论剖析穿透力的文字表述有机地熔铸一体，互证、互补、互通、互动，方能为读者提供一个更为真实、生动的立体阅读空间。

以上概要探讨了体现横向互动中整体滚动“大通”历史的编写进路。新编通史力求展现历史整体滚动全貌，强调多层面的整合、贯通，往往从多种层面和角度观察剖析同一历史事象，这就难免会出现交叉互见与重复的问题。我们要注意通过变换视角和采用详略有别的笔法，尽量减少重复。但要想完全避免交叉重复，既不可能，也不必要。因为毕竟同一内容在不同部分所起到的作用和功能并不相同。司马迁《史记》亦曾因同为一事、分在数篇、断续相离而遭非议，可见“此事古难全”。何况如《中华文明史》一书前言所述，“叙事前后屡出，纪传互见，正可增加读者接触历史事件的机会，并从多种角度和场合表述同一历史事件，可以使人产生对于历史的立体感受”。

新编通史采用多学科交叉研究手段，将人类纵向文明发展历程和以物质生产、人类再生产、文化生产“三种生产”为主的社会实践活动交织成横向互动中整体滚动的框架，是在理论与方法创新基础上重构中国通史的一种尝试。不过其中各类编及类编中诸多层面的设置，固然有利于用当代学科视野展现各个社会剖面的历史流变，但事实上却并非各自单独演进。历史的综合及其恢宏整体未必能涵盖一切细节，也并非碎片的积累和拼接。各领域、各层次的局部与局部之间以及局部与整体之间都存在着紧密的因果关系或互动关联。只有把这些散在各处的一串串珠宝连接起来成为通史的有机组成部分，方能获得新的生命，使整个通史增色。一如宋儒朱熹所云，“若能于一处大处攻得破，见那许多零碎，只是一个道理，方是快活”。如果不能做到融会畅

① 《石渠宝笈三编》。

通，就不免“明珠投暗”，只能是一盘散沙或杂拌。因而就体例而言，横向互动中整体滚动的“大通”是我们最高的追求。总之，我们将力求通过历时性叙述，在宏观勾勒出纵向轮廓、线条、流变走向的基础上，运用社会学方法进行横向典型剖析。或者说把精密剖析放置在历史流变的大背景中，用丰富深刻的历史内涵弥补历时性叙述直线、粗糙、简单化的弊端，并防止横向剖析枝蔓过大而模糊、冲淡对流变历程和发展规律的宏观把握，不妨碍历时性叙述的连贯性和整体联系。我们期望中的《中国大通史》这棵历史之树，应该由干生枝、枝复生叶、枝叶掩映，既浑然一体、错落有致，又葱茏茂密、摇曳多彩。博览异彩纷呈的历史万象，解读隐含其中的奥秘及规律性发展大势，从中汲取鉴往知来、开拓创新的智慧，这正是我们阅读、探究历史的无穷魅力所在。

附　录

附录一　《中国大通史》编纂创意与框架设计①

一、创意说明

素以历史悠久、文化发达著称的中国古代传留下许多著名史学著作。从编著体例上看，大致形成三种体裁。

1. **编年体**：按时序纵向排列，便于掌握历史流变，但缺乏社会横向多层面的剖视；而且互不关联的事件相杂，而一事又往往被分置多处，难以洞悉其始末及内在联系。

2. **纪事本末体**：将按日月时序排比分列于各部分的有关事件辑于一处，“因事命篇”，详叙始末，使人对该事有一完整了解。缺点是同样难以把握社会横切面以及纵向各事件之间的内在因果联系，无法分清大小史事之间的层次序列关系。

3. **纪传体**：运用本纪、列传、世家、书、志、表等多种形式，从纵横两个方面综合反映时代全貌。其中书、志、传部分，分类叙述，对社会的不同侧面及人物做详尽描述，是其长处；但又缺乏对所

① 本篇为1994年8月提交给中央党校出版社的《编纂创意》。

述各方面之间关联的内在把握，以至“叙君臣一时，而参商是隔”。本纪、表两部分，纪载大事及囊括各类复杂事项，勾画出纵向线索；但所纪多以帝王活动为中心，诸多重大社会问题未能纳入。而且从以帝王为中心的本纪中也难以简单明了窥见历史发展大势。

以上三种体裁各有其优长和独立存在的价值，而且三者互补担负起了记述中国古代历史主体框架的重任。至于这三种体裁在多层面整体通贯反映时代全貌及其流变方面各自存在的缺陷与不足，则不但反映体裁设计的方法技术未臻成熟，同时也是史家观点受到时代限制使然。

现代史学大家在史学理论、观点、研究方法更新的同时，也对创新通史体例做出重大贡献。尤其在历史阶段的划分，通过章节显示历史现象之间的内在层次关系和主要从政治、经济、文化三大块描述历史的框架，是对传统史学的重大突破。但在继承、保持旧史体裁精华，诸如对事件、典章制度、人物活动系统完整记述等方面则有明显的不足。白寿彝先生七十年代中期着手编纂的多卷本《中国通史》巨著，以序说开宗明义，以综述勾划历史发展的总向，以典志进行历史现象的剖视（按地理、民族、社会经济、政治制度、军事制度、法律新的分类撰述），以传记状写人物群像，在继承中国史学的多种体裁方面，迈上新的台阶，给我们以有益的启示。

近十几年来，在改革开放时代精神鼓荡下，中国史学研究又取得长足进步。无论理论、观点、视野、角度、范围、内容、方法、技术、史料的挖掘考证和各类专题与综合研究的成果，都较前大为丰富和发展。今天，站在九十年代中期的高度，继承先辈史家优秀传统，吸收和反映近一、二十年多学科研究的最新成果，编纂一部既反映历时性社会纵向流变，又展示共时性社会全貌的全方位中国大通史，已是新时代赋予当代史学工作者义不容辞的职责。新编《中国大通史》将是一部力求在内容取材上有所创新，既方便专家学者，有所启发，又通俗易懂，为广大读者所喜闻乐见的具有一定学术水平的大型历史读物。这便是我们创意编纂《中国大通史》的出发点和宗旨。

二、框架设计

总论

列于全书之首，概述中国历史发展的大势、总向以及社会各个方面演进的轮廓、特点、规律，高屋建瓴，总领全书。

凡例

对全书体例编排作技术性说明。

总目

只反映全书总的分卷情况。

单元

以下大体以朝代、历史时期为单元按时序分卷展开。也可考虑按远古、上古、中古、近古、近代、现代分期，于每一历史时期前设导论，概述本时期的线索、特点。在各时期内再以朝代、历史时期为单元展开。

各单元框架如下：

目录 本单元的分类目录及各项细目。

地图 反映本时段的疆域、行政区划、人口与民族分布、城乡布局、生态环境和自然地理状况。可考虑同时采用几种不同类别的地图，并配以必要的文字说明。

年表 本时段的中西历及王朝年号、世系对照表。

综述 在按时序进行阶段性综合归纳的基础上，勾勒出本时段的轮廓、线索、发展大势，及其历史特点和在世界与中国历史上的地位。并概括本时段社会各层面（指政治、经济、社会结构、思想文化、社会风貌等方面）之间的横向互动关系以及导致这时期变动的原因，此外还对国际关系，民族关系，疆域，生态地理状况，综合国力状况，民族性与地域性差异，主文化和亚文化、反文化之间的区别与联系等正文不易体现的方面作总体性综述。为读者提供鸟瞰全局、把握纵向流变趋势和横向互动关联的宏观视野，从而对本时段的历史全貌留下总体印象。

纲目主线 把本时段重大事件（也包括政治举措、确立典章制度、科技及典籍作品的发明创作、人物活动等）、历史现象归纳成主题词，划为政治、经济、社会与文化互相平行的三线，同时按时序纵向展现。其中对几个方面都有关联的同一事件，可在同一时间定位上于诸线中各有侧重地同时标列。并在三线之外并列一条外国史事主线，以资中外对照。

（政治：含国家、法律、军事、外交、民族关系、农民起义及其他影响政局的事件。

经济：含生产力、科学技术、生产关系、生态资源的变化等。

社会：含阶层、结构、生活方式、社会风貌等。

文化：含哲学、宗教、文学艺术、史学、教育等。

人物可分别列入以上各线之中。

外国史事主线合为一条，综合展现。）

以下将各种事件（典章制度、文献作品均化作事件处理，如杨炎推行两税法、汤显祖著《牡丹亭》）和历史现象分为政局、经济、社会结构、社会控制、意识形态、社会生活、人物、典型场景八大块依次展开。纪事参照纪事本末体，基本上按时序，但也不必刻扳拘泥于年月日的先后，而可采取大题小作、小题集中的办法，适当介绍背景及追溯来由，时间跨度过大的事件也可分为几个阶段，集中在几处叙述。人物的时间定位，可安排在登上历史舞台上的第一次重大活动即首次亮相的年代，同时注明生卒年月。所分八大块，设两级标题。每块之前可考虑写概述串线（如设概述，前面综述有关部分可相应删减，或更为简略，仅侧重多层面之间的关系），而一些不便采纳为事件描述的大时段社会现象，如民俗风尚，则可用专论的形式表述。

编章结构 各分册主体部分按以下八编展开：

政局 权力更迭，治乱兴衰。

经济 生产力、科技、土地、资源、生产关系。

社会结构 阶层与阶级（皇室、官僚、士、农、工、商、妇），政权体制（中央及地方、基层机构），家庭宗族，会团村社。

社会控制 军队、刑法、教育、神道设教（思想控制）、礼俗教化。

意识形态 哲学、宗教、文学艺术、史学。

社会生活 衣、食、住、行、民间活动、习俗风尚、精神风貌。

人物 对以上各线中已描述的内容略写，而着重反映生平、志向、品德、才能、心态、活动、遭遇、评价。

典型场景 选择若干典型的历史转折点、重大事变、社会风貌等片段，浓笔重绘，类似放大的特写镜头。使人置身于特定的历史氛围中，增强整体互动感和历史亲近感。可撷取古典史学、文学名著的片段今译，也可由今人撰作。但如流于平淡，则反成累赘，不如宁缺勿滥。

以上全书的主体部分采用概述统领纪事本末和专论两种形式撰述。纲目中的小标题不一定和正文完全吻合，纲目部分可以分割零散一些，正文部分则相对综合完整一些，正文后注明史料来源和参考书目。

全书最后部分为附录

（1）本单元的基本史料，研究状况，重大问题、展望。

（2）索引 主题索引（按事件、典志、典籍、人物分类）、笔画索引。

全书共约1500万字，外加2000幅画片。下限截止到1994年底。也可考虑将1911年辛亥革命以后部分划为《续编》，相对独立，可分可合。插图除形势、路线、示意图外，均选用文物、遗址照片，或翻拍古代绘画作品，以增强历史感。

写作要求：一律使用现代文体，力求通俗、流畅、凝炼、生动。

在内容的选择编配上，要充分吸收和反映当代历史学，包括通史、断代史、文化史、社会史等各种专史，以及考古学、文化人类学、民族民俗学等相关学科的最新研究成果。做到内容丰富而系统，资料准确可靠，力求达到学术性、科学性和通俗性、可读性高度统一。对于一些学术界有争议而尚无定论的问题（如社会形态）尽量作中性客观的叙述，有关的争论情况，可在书后的研究状况部分介绍。

三、本书的特点

1. 在框架体例的设计安排上，有所创新，主要体现在四线纲目和八块分类上。

四线平行的纲目主线，解决了历来“一条鞭”式大事纪不分主次、杂芜不清的弊端，能够把中国的史事置于世界大背景之下，同时纵向展现社会的各横断面。既瞻前观后，反映社会总体演变，并洞悉不同侧面的各自流变；又左顾右盼，同时兼顾各横断面之间的相互关联，使各种事件、人物、现象在时空纵横两方面构成的坐标中定位。这是一种立体、全方位、多层次的整体贯通，能够更好地体现中国历史丰富多彩、在横向互动中纵向变迁的全貌。

政局、经济、社会结构、社会控制、意识形态、社会生活、人物、典型场景的八块新分类，参考汲取了社会史、文化忠的部分框架，有机地融入通史大框架中，展现出一种新的视角，符合人们认识了解社会的程序和规律；而在旧史体例的书、志、传以至一般通史的政治、经济、思想文化三大块模式中，则混沌不清，还须读者自己重新整合，很难把握。

2. 学术性和通俗性的辩证统一

本书具有较高学术水准，这既反映在框架体例上有所创新突玻，也体现于充分吸收反映多学科最新研究成果，领域更为广阔，内容更加丰富多彩。注明史料来源和介绍基本史料、研究状况，也为进一步研究探索提供了方便，而表现形式的图文并茂、生动流畅，并不意味必然导致学术水准下降。本书深入浅出的描述，立足于使专家学者感到有新意、有收获，而又使一般党政干部、工、农、兵、大中学生不觉艰涩难懂，从而拥有广大的读者群。

《中国大通史》并不能替代各有侧重与优长的其他历史著作，但却博采众家之长融会创新，在总体上没有任何一部史著与其相类，因而有其独立出版的理由和特殊的价值。

1994 年 8 月

附录二　《中国大通史》学术委员会座谈记录

戴　逸：为了把这部书编好，组成了这样一个学术委员会，聘请一些年长的老师、前辈们，聘请一些老专家、老学者参加。我们这个学术委员会，由于年事都比较高，不可能进行很多的具体工作，不可能具体编写，但是可以出些点子，当个参谋，做点咨询，提供一些知识，提供一些信息，以便把这样一个宏大的文化工程搞好。确实这样的工作很有意义。我们以前编写了很多通史，随着时代的发展，提出了新的要求，所以要做这样一个工作。今天开这个学术委员会，希望听听大家的意见，看看怎么编，看看编写说明里一些问题是否妥当，希望大家能够各抒己见，畅所欲言，提供宝贵的意见。我首先介绍一下学术委员会的组成。学术委员会由二十八位同志组成，我介绍一下，我按照顺序来介绍。有几位先生今天请假，我先说一下。邓广铭先生、周一良先生、赵光贤先生，因为年事比较高，身体不太好，不能够到会。季羡林先生，本来要参加的，最近这几天把腿摔坏了，行动不方便，所以没有来。侯仁之先生本来也要来的，今天正好一位美国的学者去拜访他，商量给洪先生写传的问题，所以不能来。林甘泉先生，他作为全国政协委员到外面视察去了。龚书铎先生，今天国家教委有会议，所以也没有参加。王桧林先生，今天是博士论文答辩，没有参加。陈高华先生，因为他岳母突然去世，回家去了。顾诚先生，因为身体不好，没有来参加。

下面介绍：丁守和先生，中国近代史研究所；田余庆先生，北京大学；宁可先生，首都师范大学；刘家和先生，北京师范大学；杨向奎先生，历史研究所；李学勤先生，历史研究所；宋德金先生，《历史研究》；何兹全先生，北京师范大学；张岱年岱老，北大；苏秉琦先生，考古所；林耀华先生也没有来。庞朴先生，社科院《中国社会科学》；钟敬文，钟老，北师大；郭松义先生，历史所；徐宗勉先生……噢，来了，来了。潘吉星先生，科技所，《科技史研究》；瞿林东先生，北师大；我是戴逸，人民大学。学术委员会就由这样一些同志组成。

下边我想先请编委会的曹大为同志来介绍一下关于编写的情况。

曹大为：各位先生，我受委托把编写《中国大通史》的缘起和前期准备工作做一个简单的汇报。大概在去年九、十月份吧，原来国际文化出版公司和新闻出版署的两位年轻的同志，他们一个是学哲学的，一个是学历史的，都是研究生毕业。这些年他们自己主编了一些、组织编写了一些大型读物，有的效果还不错。他们根据现在社会需要，根据学科研究状况，根据现在书市的走向，提出了这样一个设想，这样一个选题，这一点得到了中央党校出版社负责同志的大力支持。于是决定重点组织一些中青年的学者来承担这个任务。侧重由中青年来承担，主要有这样一个考虑，能够比较快地吸收各方面的情况，加以总结，能够比较快地反映出来，就是说，时间不要拖得太长。在这种情况下，社科院历史所，《历史研究》杂志，还有一些高校历史系的几位同志组织起来，坐下来推敲框架，做一些准备工作。这些中青年同志非常珍惜这样一个机会，这样一个大气候，从学术空气来看，从各方面来看，是非常好的，生态环境非常好；同时又有中央党校这样有良好声誉、有坚强实力的出版社来坚决支持。我们觉得这个机会非常难得，确实有比较强的责任感和一种使命感。但我们也觉得由中青年后学来冲锋陷阵，当马前卒，只要勤奋一些，还是能够做到。但是在理论框架的把握、体例设计方面，能不能反映新的成就、新的水平，能不能不辱使命，觉得功力不足，感到很困难。所以只有请老一辈专家学者作为后盾来指导，来把关定向，才能把工作做好。在这样的情况下，我们一个办法就是认真钻研老一辈史学家的著作，包括他们最新的一些成果、一些思想。有的就通过当面请教，还有的把草稿写出来以后，请求审读批改。这些老先生都很关心支持，提出一些指导性、建设性的意见，涉及指导思想、理论框架、以及一些提法是否合适等等方面。比如徐宗勉先生做了很细的批示，我们觉得有的就完全可以放到这里面，这并不是说徐先生对所有的方面都很满意，这些问题要让徐先生来负责，不是这个意思。我举这个例子，就是说看得非常细，另外很多先生都是看得非常细的。在组织队伍方面也加以指点，推荐一些人选，传授组织编写的经验等等。从去年十月到现在八个月的时间，反复修改，向各方面征求意见，初步拿出这么一个框架。与此同时，在组织写作队伍方面，也做了一些工作。各分卷一些具体的细目、纲目，我们已经开过两次全体编委会，做了这些方面的讨论。我们的编写队伍包括社科院历史所、近代史所等一些学术研究机构的中青年学者，另外像《历史研究》《史学理论研究》等一些专业杂志的编审，还有一些是高校的教师。像北大、人大、首都师大、北师大，外地的像南开，以及天津、河北、山东、东北等等地方的一些高校的历史系教师，其中不少是一些系所的主要负责人和教学科研的骨干。他们有比较多的编写实践经验，有些还在学会担负一定的工作，便于更好地组织各方面力量来参加。在这次座谈会以后，我们编委会还要进一步讨论，可能还要花一两个月的时间，在分卷的细目上还要进一步统一。大概每一分卷还要找一二十个同志，最后确定编写队伍，整个大概要十个月的时间才能够全面铺开。今天请前辈学者来座谈指导，是我们正式启动、全面铺开前一个重要的环节。虽然有些老专家由于种种原因，没有出席，但我可以简单地介绍一下他们的意见或态度。比如邓广铭先生，他表示非常支持，他说："这事儿要是再早五六年，我就要跟你们一块来干。"我们觉得这是一种鼓励啦。另外季羡林先生季老，他很早就写了一篇文章，号召重新编写一部新的中国通史，而且还提出来，历史所和《历史研究》能不能牵头，季先生对这个工作确实非常支持。他说："我号召了，本来是一定要来参加的。"而且他看到历史所、《历史研究》的一些同志都进来了，这虽然不是单位的一个项目，但这些单位的领导也都非常支持的，季先生还表示能不能再有一个机会他来参加座谈，或者他能把详细的意见、书面的指导意见写出来。另外林甘泉先生也表示非常想和大家谈一谈，也提出了一些意见。比如疆域问题，原来我们从今天的疆域往回推，林先生说，这个意见他觉得是可以理解的，但是中间会不会有一些问题，像近代不平等条约强占的领土，这个怎么办呢？像这样一些重要的意见，我们及时地加以修改。另外，这种大的分期，有些具体的提法能不能再推敲一下。比如对“宗法集约型”的提法和其他具体的一些提法，都提出了很多意见。龚书铎先生也提出了很多意见，他说这个框架还比较新，牵涉的面也很宽，怎么注意把它整合起来，用一条线穿起来，不要成为一个开中药铺的，面很宽，成为一种工具书。这也是我们在编写过程中始终考虑的一个问题，就是通过总论、通过综述，怎么样把它整合起来。像这些意见，都是非常重要的。还有侯仁之先生，他是中科院院士，他本来表示不能再过多参加历史学科的工作，因为他底下的一些人已经有意见了，说这样频繁参加社会科学方面的活动会影响他们自己的学科，原来是这样的；但是看了材料以后还是欣然接受，而且把材料拿到他所里面，一些搞自然科学的科学家看了以后也表示很感兴趣，觉得史学界还比较新，走到前面去了，他们作为自然科学家也对这个很感兴趣。我想侯先生的意思也是表示支持鼓励吧。另外有些没有参加我们这个学术委员会的老先生也是很支持的。比如白寿彝先生，我们把编写材料呈递给他看了以后，他亲自一点一点地看，专门约谈了一个半小时，一方面表示非常支持，另外也提出了许多具体的意见。他很风趣，他说：“有些东西，你们是吸收我的，但是你们把精华扔了。”这些地方我们都要调整的。另外他语重心长，说时间不要拖长了，时间拖长了就比较麻烦。在编写队伍方面，他也专门提出来，编写队伍有两种情况，有的虽然学术上成就很高，但是还要考虑一方面他既要懂学术，另一方面还要有组织能力，底下要有人，把底下的人组织起来，在编写过程中培养队伍。这样的看法提了很多。当时我们编委会的同志就提出来了，问：白先生能不能参加指导我们的学术委员会啊？白先生看了名单以后，说这是很高的荣誉了，表示很客气。这时他身边工作的刘雪英同志提醒说：白先生通史方面的工作别的都不能参加了，然后问白先生是不是。白先生没有说是也没有说不是。后来听说与上海人民出版社有定约，《中国通史》还未出来，白先生不便再去指导做其他通史类的工作。尽管这样，白先生还是再三表示，大家如果有问题的话，随时可以去请教。各个方面对我们的工作都非常关心。

现在国际上有个“一般进化论研究小组”，这是由联合国教科文组织科学顾问、系统哲学家拉兹洛组建的一个国际性的跨学科的科研小组。教科文组织总干事、诺贝尔生物奖获得者索尔克是它的荣誉成员，这中间二十多个跨国成员是一些学科的带头人，他们目的主要是综合人类在宇宙学，天体物理学、非平衡态热力学、混沌理论、突变理论、分子遗传学、生物进化论、人类文化学、历史学科各方面一些新的成就来研究贯穿在宇宙进化、物质进化、生物进化、社会进化和意识进化过程的一般规律，用于指导罗马俱乐部多份报告里指出的人类面临的全球性的难题，要比较顺利地度过日益迫近的全球系统的突变分叉点。社科院哲学所闵家胤先生是这个组织的客座研究员。他看了我们的材料以后，在一些会议上提出说，他们从哲学的本体论来讲，倡导“三种生产”的视野：物质生产、人类的再生产和信息文化的生产。他们觉得我们这个大的理论框架把握与他们有不谋而合的地方。他们对历史科学也要讲综合，从各方面、从三个角度来把握，表示欣赏，很感兴趣。

我们这次请的一些老先生，学术顾问，除史学界以外，还有哲学、文学、民俗学、民族学、人类学、考古学、地理学、自然科学等学科的专家，这也体现了社会科学和自然科学家对历史学的关怀。今天出席的多是一些德高望重的泰斗，我们确实存一些把握不准的、一些需要把关定向的问题，比如说宏观的分期，主要按照社会文明形态来划分，另外像封建社会我们这样解释，在操作上有没有问题，是否妥当？还有一些想法也许不错，但怎么落实。另外像现代部分在框架衔接上大概会有比较多的问题，是不是用续编的形式比较好等等，在许多方面，我们确实有很多东西都还把握不住。有些问题呢肯定会有一些不同意见，我们编委会中间有不同的意见，也可能在一些老先生之间也会有不同的意见。比如说，我们那次上季老那儿去，也特别提到了，像历史上不同民族之间的一些矛盾和斗争，季先生的意思，这在当时是属于不同国家之间的矛盾，岳飞抗金是体现了爱国主义；但是，白先生则认为是民族之间的一些斗争。另外季羡林先生认为有关五种社会形态演变模式的讨论是一种无聊，是斯大林主义不是马克思主义；但是龚先生和一些先生就觉得在这个问题上有些提法呢在意思上知道，在提法上是不是更慎重一些、怎么能更好地把握。那么我们想实际编写时只能以一种为主，但即使是这样，我们也能因此考虑得更周全，把问题考虑得更周到，另外要在附录部分把有些争论的情况比较详细地展开。我们这里要特别强调一点，我们认为过去史学研究在某些时期可能会出现一些偏失，这些偏失主要是由于时代原因造成的，就是说，当时的整个大气候，比方"左"倾的影响等等。我们举个例子，比如对宗族问题的研究，吕思勉先生几部断代史都曾经研究过了，另外关于文化史方面也有不少成果。但是到了五十年代初把宗族问题这一类的研究看成是模糊阶级斗争了，另外对文化方面、文化史方面的研究，被认为是一种唯心史观，几乎被封禁了。所以这些先生并不是说没有认识到，而是当时的情况下不能这么展开。再比如，白先生在着手编《中国通史》的时候，我们看了《导论》后面的附录部分，原来家庭、宗族、婚姻、妇女，这些都已经安排有计划的，据我们知道瞿林东先生也费了很大力气，着手做了很多这方面的撰写工作，我们想可能是那个时期比较早，虽然提出这个问题，但是在各卷的配套是不是一时还跟不上，所以在正式写作中没有单列专题。所以我们觉得我们的历史著作本身是历史的产物，也正是因为这样，我们就特别珍惜这样一个机会，能够在一个比较好的气氛下，把新的水平、把老先生研究的一些成果，把多学科研究的新的成果反映出来，要做到不辱使命，尽量做到。最后我想提一下，过去桐城派教弟子，曾经有一句老话，说“二十岁不狂没出息，三十岁还狂没出息”。我想我们这些中青年从来都没敢狂过，那么以前已经是没出息了，以前没出息已经没有办法了，以后我们可以做到有出息，也就是说，我们恭恭敬敬地吸取、认真地听老先生的指教。我们热切地期望前辈学者给予严格的批评指点，谢谢。

戴　逸：刚才曹大为同志把编写的缘起和情况做了一个说明，我们除了学术委员会和编委会以外，还有工作委员会。现在请工作委员会副主任委员叶佐英讲话。

叶佐英：我首先代表中共中央党校出版社向前来参加《中国大通史》编撰工作座谈会的我国著名的文化界、学术界的专家学者表示最热烈的欢迎。我们中共中央党校出版社是中央党校的一个工作部门，我们出版社成立于1980年，到今年二月份正好是十五周年。我们出书的范围主要是围绕着党的教育，围绕着党的干部教育、思想理论建设，主要出版社会科学方面的书。这十多年来，我们一共出了1000多种，印了8000多万册。近年来我们出的比较有影响的书，比如《中共中央文献选集》(1～18卷本)，这是我们党向全世界公布的第一部最全面的，也是比较准确的，最有权威的文献集。和历史方面有关的还有《中共党史大辞典》，有数百万字，还有一些工具书，比如说《中国政务百科》，这是近千万字的书。在政治读物方面，我们出了一些有名的比如说薄老的《若干重大决策与事件的回顾》。今天我们就讲一讲我们出版社为什么愿意承担《中国大通史》这套书的出版工作。我们想作为中共中央党校出版社这个牌子，理应出一些为广大干部阅读的好书。去年我们接触到《中国大通史》这部书的时候，社里是经过比较认真的论证的，而且向学校主管部门做了一些汇报，觉得这套书符合我们出版社的出版规定，也符合我们的出版范围。现在我们国家已有很多很多史学方面的书，那为什么我们还愿意出呢？我们就想，把这套书接到以后，觉得它选择这个题材，编撰的体例，我们认为它有新意。现在不是讲全方位多角度嘛，我们就是在这方面多方考虑了，为广大的干部提供一部有质量的书，就在史学这方面，就在历史书这方面，我们觉得应该承担这个任务。我想借这个机会，向我们的编撰工作委员会、我们的编委们对我们出版社的信任和支持表示我们热烈的感谢！衷心的感谢！今天在座的有文化界、学术界著名的专家、学者，我们出版社也希望得到在座的同志更多的支持、帮助，给我们多提出建设性意见（哪怕是批评的意见），这是我们求之不得的。我们希望《大通史》这套书的编撰工作能顺利成功，让我们出版社也为中华民族文化的积累做一点贡献。谢谢大家。

戴　逸：下面请大家发言，对编写工作畅所欲言，看看有什么想法有什么意见，提供宝责的意见。哪位同志发言？

张岱年：各位同志各位朋友，今天我参加《中国大通史》这个会议，我非常高兴。我得到《中国大通史》编写手册，上边有指导思想与理论框架，我大致看了看，其中有许多观点我很佩服，我很同意。尤其在第9页特别提出来“不再套用五种社会形态模式”，在这书里面决定不随便使用所谓“封建制”这个名词，这个我非常的赞成，非常的同意。因为我们现在所谓“封建制”，不是中国古代所谓“封建制”，事实上是个翻译名词，我们用这个翻译名词来讲中国历史就不太恰当。可是从三十年代一直到八十年代，总是讲中国“封建社会”，总是用“封建”这两个字来讲中国历史，事实上并不恰当。现在突破了这个局限，所以我认为这是理论上一个重要的突破，此外还有许多观点我也很同意，很同意这个书的编写计划、观点，我祝贺这个书能够顺利编写出来，能够赶快出版，中央党校出版社又肯出这个书，这也是有重要意义的。我对中国历史也没有什么真正的研究，可是我看了这个说明以后，特别的高兴，感到这是一个重要的理论突破，这又是一个大的创造。这个书出来以后可以说是一个划时代的著作，这是值得庆贺的。我就讲这么几句。

钟敬文：我是有点客串的，我不是专搞历史，不过中国传统文史不分家。刚才张先生说的许多话，我很同意。看了这个计划书、指导思想和理论框架，我觉得这部书编出来是有新的信息（现在喜欢讲信息）。关于编撰的问题，我没有很细地去研究，我有几点意见借此机会请教大家。第一，就是七个类编，大的编，七编概括了历史活动内容，当然也不可能人类那么长的历史活动都一点不漏地包括进去，大体上来讲没有什么遗漏。中间有一个问题我想提出来，从中国历史的发展来讲，民族的问题、民族关系（这里民族当然是包括部落、部族的概念在里面，不是严格的现在的定义，民族包括部落），从历史上来看，接触、碰撞甚至于斗争，当然大部分最后融合，但现在还是有一部分相对地保存了他自己的文化，名称还保留着。这种长期的民族的接触、碰撞、融合这个过程是一个非常显著的问题，是一个大的方面，不是一个很破碎的方面。是不是应该在七个类编里边能反映出来它的重要性，作为一个大的编，大的事项来反映，这一点我提出来供编委会的同志考虑。

其次，过去的历史是帝王史，这些不去讲它，就是我们新的历史，建国后的这些历史在文化、文明上成就的反映，是比较弱的，包括范文澜同志的那个通史。这个当然有它的当时的历史原因。不过现在时代不一样了，我们中国通史实际上应该反映整个民族的成就。对我们民族生存发展有关的事项都能够反映，不管是精神的、物质的，或者是社会组织，或者是语言方面，各方面都能够反映出来。这个《大通史》的编撰考虑也是这样，在这方面我觉得，这个通史比过去还是有一个很大的区别的地方。关于民间文化我想说，中国的文化根据我个人的看法，有三个大的层面：一个是上层文化，就是所谓精英文化；一个是中间的，就是“都市文化”吧，从都市兴起的，用一般的社会学的词是所谓“市民文化”；最基础的是农民文化。这三个文化相互对立，但是另一方面又有千丝万缕的关系。特别是中下层的文化对于上层精英的文化，在某些意义上讲，有阶级的社会的一面，因为我们过去的文献的记载都是主要记载上层的文化，不管是学术的也好，制度也好，各种方面都有记载。下层的文化，除了很少数，皆被忽略了。那么，我们现在清理民族的历史的文化，就应该尽可能地把那些被忽略的东西复现出来，所以在这个意义上，大通史的编撰意图很可称道。这一点，特别在社会生活编的部分我觉得有较多反映。这个地方我有一个看法，精英文化同中下层文化、下层文化之间，当然是有对立的一面，有不同，但是它又互相牵连，因为在一个民族里面它究竟是一个整体。很简单，如中国的年节，新年、端午、清明啊，在过去，在封建社会也好，在以后的半封建的社会，帝王和老百姓都是一样地要过春节。当然具体的丰富性有不同，但是还都过着，端午节也过着。有很多东西是民族共有的。当然也有另外一部分，就是各搞各的，你有你自己的文化，上层有上层的文化，中下层有中下层的文化。那么我们要注意，哪些文化可根据文献弄出来，但是也有文献没有表现出来的。中下层文化对于上层文化是一个基础，这在文学史上很清楚，中国的文学史，各种体裁，从《诗经》到《楚辞》一直下来，汉乐府一直到明清的小说，也包括戏剧、词，文学上的重要体裁原来都是中下层生产的，在民间产生，然后为上层所吸取。这个说明了与中下层文化有关系，而且往往它的基础就在下面。那么我们在历史里面要反映历史的真实，是不是也要注意到这一点？事实上中国老百姓的文化是精英文化的一个基础，很多精英的文化就从这里产生。比如儒家文化。当然儒家文化是代表封建统治的上层的文化，但是儒家文化有好些也是提炼了民间已经存在的文化。比如中国古代的所谓“冠礼”，冠礼当然写在“三礼”里面，是作为上层文化的一个部分。实际上冠礼首先应该从民间算起。不管从民族学的资料来讲，从世界来看，或者从中国现在的民俗学资料来看，都能证明这一点。这个不是上层文化的，上层文化靠下层文化，把它提炼了，作为它的文化。上层文化至少有一部分是下层文化的上升，当然也有很多文化是上层文化的下沉。所以作为通史，作为文明史性质的历史怎么样来体现这个东西，能够尽可能体现。总而言之，不仅在新的通史里面能反映尽可能找得到的材料，还要尽可能反映民间的中下层文化，除了精英文化之外也能反映出下层文化、中层文化。但同时还能说出它们的关系，指出上下层文化之间的某些关联。这当然也不是很简单的事情，因此这个事情我觉得值得考虑。刚才有位同志说，现在中国史料那么多，我们又不能不分开来讲，分开来讲，就是使它作为一部历史，就应该是有组织的，尽可能有体系，不仅是编排上的体系，内容上要有联贯。假如我们能把上下层的文化尽可能地找到它们的关系，也就是说它不是东零西碎，不仅是史料的一种排列，而是这些史料都有互相联系的问题存在。这一点我觉得是不是将来执笔的同志也可以考虑。还有就是从这个七编里面看，不是没有提到。比如仪礼，人类各个阶层都有交接的仪礼，就是来往的礼仪，这在社会生活里是很重要的。这个当然应该是在“社会生活编”里面，当然其他的编也要考虑这个问题，但是这里好像没有把仪礼这一点突出出来，明确地弄出来。总之来讲，我很同意张老的意见。这是一个新的创造性的学术活动，当然可能要碰到很多问题，但是我觉得只要路子走得对，就可以达到目的地。因此我今天来也是催化这部书，向负责出版这部书的以及其他一切有关的人员表示敬意，也是对它鼓鼓掌，鼓鼓气。我的话完了。

瞿林东：我接着钟先生的话讲，刚才钟先生首先提出来民族问题。我认真地学习了《编写手册》之后，首先想到的一个问题跟钟先生想的是一样的，就是在我们这个结构里头民族和民族关系，究竟怎么表现比较好。现在在28页里边是在讲到社会结构的时候，第三个问题讲到少数民族。我想这样一部《中国大通史》，用这样的位置、篇幅，来表现中国一个多民族的从秦汉以后是一个不断发展的统一的多民族国家的历史，显然是不够的。就是对我们中国历史的一个很重要的特点，这个特点不仅是历史上的特点而且在现在仍然是一个非常突出的特点，没有充分地反映。所以我很拥护钟老提出的这个问题。我想这个问题应该设立专编，这个专编的名称我也没有想好，是否可以叫做“民族构成编”或者叫做“民族组合编”，我个人更倾向“民族构成”，它有一个不断发展的过程。我们历史上有些民族已经消亡了，历史上有些民族一直到今天还存在，民族关系非常丰富，也非常复杂，这个问题我想不充分表现的话，我们中国的历史特点不能得到明显的反映。再一个问题，我觉得它有点漂浮，这个历史特写不能写成历史小说，可是特写本身就是文学的一个体裁，我们避免历史小说，但是我们又要用“历史特写”。我想编者考虑用“历史特写”的意思，第一是重大、特殊，第二数量可以多、可以少，叫做“特写”，很自如，但是这样一来我觉得它有很多不准确的地方。我们编委会可能考虑到了，中国传统史学领域有一个很重要的体裁，就是纪事本末体，我们这个书很难充分地吸收这个优良传统，所以我倾向于这个“历史特写”不要这样讲，是不是可以考虑再增加一个“纪事本末编”，在前边说明了，这个纪事本末不是记所有的大事，是记我们所要写的特殊的大事，保留原来那个“特写”的涵义。再一个刚才曹大为同志讲到了，就是近年来包括前人的一些研究成果，因为我们特别强调如家庭、婚姻、宗族要在这里面反映。这个问题在中国20世纪以来中国史学并不是没有成果，并不是把它排斥在中国历史之外。就像刚才钟老说的，一部历史很难把所有的问题都写进来。以往的中国通史由于种种原因这个问题不是反映得很充分。实际上从20世纪二三十年代以来关于家庭史、婚姻史、宗族史的著作还是有一些，到近年来也还有一些著作。特别50年代调查也积累了丰富的资料，我们看纳西族的阿注婚姻，还是很生动的。我们还有个年轻同志彭卫不是也研究汉代的家庭、婚姻，是吧？我们师大还有一位校友徐扬杰是研究宋代的家庭史的，所以还是有些著作，只是我们在这方面要有更强的意识，把它恰当地组织到我们这个大通史里头来。另外第23页上面有一个题目叫做“民族与外交关系”。我就考虑外交这个概念，在中国古代史上怎么界定，怎么能够把它划分得比较清楚，同时要考虑到那个时候的关系和后来关系的变化。如果那个时候是简单的民族问题，由于今天是外交关系，我们就把它说成当时是外交关系，这也有很多复杂的问题。是不是要找一个比较进退有余的词。我的意思是说这个问题很复杂，在近代以前，讲外交要很慎重，否则有很多不仅仅是历史问题说不清楚，恐怕还会涉及到现实问题。再一个就是30页上面讲到文化政策与思想控制，我看了下面的这些目，基本上都是讲控制，那么国家的文化政策仅仅剩下一个控制，就是对人们的思想进行控制。当然说到底也可以这样说，可是这个问题要全面看，国家在文化上是否采取过积极的文化政策，我看这里好像就没有讲到。文化专制、罢黜百家、文字狱、宣扬天命论、利用宗教因果轮回和鬼神报应思想灌输三纲五常等等，这些没有一条是正面的。比如说刘向、刘歆整理文献，比如说皇家设立史馆修史，比如说积极地支持中外文化交流，你看高僧到西天取经，皇家都很重视的。这些事情是不是还是有积极意义的，因此这个文化政策不能写成是国家一致地压制文化，或者说仅仅用文化来进行统治，是不是要考虑得全面点？这一编的标题，就是第四编“国家控制编”，这个地方“控制”这个词是不是太狭隘了？我理解编者的意思是要讲国家职能，国家管理职能。因为一个社会的存在，特别是进入文明以后，国家是有多方面的工作要做的，它不仅仅是控制，控制当然是一个方面了。“控制”这个词按照我的习惯的理解好像它就是控制居民，控制民众，所以我建议这一编的题目能不能改为“国家职能编”？控制是职能的一个方面，国家还要保证这个社会正常运转。再说这个通史一直写到中华人民共和国，你也来个控制，这个控制就是广义的，那就是保证人民福利也叫做“国家控制”，这个词、这个概念是不是还要推敲一下。为了节省时间，就说这一些。

李学勤：我想谈一点个人的意见，这可以说是个人的一点希望。最近这个时期大家都知道了，各个出版社都在制订“九五”规划。

我个人由于工作之便也有机会和很多的出版社进行过联系，了解各出版社现在正在设计将要出版的非常重要的一些书籍的情况。我觉得有一个总的趋势就是很多出版社现在很乐于投资出版一些带有重要的学术性质而规模又非常大的书籍。在这些书籍里面，我们中共中央党校出版社这次来支持出版这部《中国大通史》，我想是最重要的之一。工程确实非常大，我也希望这个工作也可以作为学术工作的一项典范，这确实是一个非常重要的工作。我之所以说这是一项非常重要的工作，因为我看了这个编写手册之后，我感到这个项目恐怕不仅仅是一个书，而且兼有研究性。在最近一次会议上我曾经特别说，编书跟研究是两回事，编书很多跟研究是重叠的，可是研究不一定是编书，编书也不一定是研究。因为我们做研究，有的研究最后结果也可能就是短短的一篇文章，一共只有500个字。你看王国维先生写的文章，超过500字的也不太多，根本不成书，它就是一篇文章，可是你不能说他不是研究。我在清华的老师（张先生是我老师了）沈有鼎先生他写了一篇关于《周易》的论文，我认为这是近几十年来最好的一篇《周易》论文，只有二百几十个字，包括新式标点。我觉得研究不一定等于编书，编书也不一定是研究。因为有些书虽然编得很大，可是它一点没有做研究，不是研究。我认为这部《中国大通史》既是编书，又是研究，而且不可避免的是一些很重要的研究，而且研究了一些非常重要而现在必须加以解决的理论问题。这个话也可以倒过来说，因为有一些重要的历史学方面的理论问题，如果不是提到像通史这样一个高度或者广度的水平之上，就不能够看得清楚，而提到这样的高度和这样的广度也不可能回避一些重大的理论问题。所以我想我个人非常希望能通过这样的一部通史的编写，各位学者能够对这些问题进行研究讨论，使这方面的研究有所进展。这个当然是一个非常重大的理论问题，我们已经研究了这么多年了。我个人是30年代出生的，没有赶到这个论争的开始，因为20年代就已经开始这方面讨论了。关于马克思主义的社会形态的理论是不是一定按照五种形态的演变模式，这个问题是一个重大的理论问题。这里提出这个问题，那么怎么样处理这个问题，我觉得这是一个重要的探索和研究。因为这个辩论，说实在的，从20年代、30年代，不管是首先在苏联，然后在日本，然后在我们中国，从来也没有停止过。那么今天我们想要来研究，只要做一些理论研究，还是无法回避。究竟怎么研究这个问题？这里面比如刚才张先生特别提到“封建制”这个词，英文叫做“feudalism”，这个词谁都知道。其实我们老一辈的马克思主义史学家早就注意到这个翻译是不恰当的。在座的各位先生都知道，我们中国社会科学院历史研究所的老所长，大家公认的马克思主义史学家侯外庐先生，他在40年代就指出这个问题。他后来付印出版的《中国古代社会史论》里面专门有一段，假如我没记错的话，他是这么说的，他说“封建制”这个词翻译是不恰当的，中国古书里面说的“封建”根本跟这意思不一样。他甚至用了四个字，他说这个词的翻译是“语乱天下”，造成了很大的混乱。可是他觉得没有办法，他觉得没法改变这个问题，他后来自己也用。他的《中国古代社会史论》之后，又出了第二本，叫做《中国封建社会史论》。虽然他自己不赞成这个翻译。我的意见就是说，我们不赞成这个翻译，并不等于解决一个问题。feudalism，欧洲的feudalism，如果说是作为一种社会形态，特别是作为一种生产方式来说，在中国能不能适用，或者是在什么程度上能够适用？这个问题并没有解决。欧洲的feudalism，欧洲是有feudalism的，任何人不能否认，对不对？那么这个是不是在欧洲作为一种社会形态，而这个社会形态是不是人类社会的一个必经阶段？如果是一个必经阶段，那么在多大程度上，在哪些点上，和中国的社会是相同的，哪些点上是不同的？这样的问题在我看没有最终解决。没有解决的话呢，当然会给我们这个通史带来一定的问题。而我也希望这类的理论问题还包括刚才各位先生提到的不管是历史地理的问题，疆域的问题啦，这个是带有很明显的政治性的问题。大家知道我们编《中国历史地图集》工作的时候，这个问题中央做过多次指示，就是因为它有一定的政治性。那么还有刚才讲的民族问题，这个也是带有一定的政治敏感性。那么种种的一系列的理论问题，我个人希望能通过这次编写，能经过各位专家学者的共同努力，至少能够把这个问题的解决推进一步，能够得到一些新的发展，这是我个人的一点希望。谢谢。

何兹全：刚才曹大为同志讲，“二十不狂没出息，三十还狂没出息”，这狂字看怎么解释。打人呐、骂人呐，到处都是人家不对呀，这个狂不好。从学术上这个狂的精神呐，我觉得在我们这个时代是不是可以这样说：“四十五十不狂没出息，一百岁以下不狂没有出息。”（笑声）还是狂一点，我说狂一点是这个意思，可以不用这个字。我有点想法，实际上我们这个时代应该是到了有点创新、创造的时代了。我们解放后 40 多年了，到今天我们应该有点创新、创造的东西了，各种学术上有点创新的意思了。所谓狂，就是一种创造性、走新路、实事求是，这样一种精神。我们现在说“有中国特色的社会主义”，这是中国的新东西，这是小平同志提出来的新东西。“社会主义市场经济”，这也是新东西。一提的时候大家都不大了解，好像市场经济就是资本主义的东西，怎么还有社会主义市场经济，社会主义就是计划经济。唉，但是社会主义有市场经济，而且还必须有这样一条路，在今天要有这样一条路。社会主义应该加上“有中国特色的社会主义”，这是一条新路，这是个创新精神。现在我老是这样想，中国学术可能有新的高潮了。历史上你看学术上多少年多少年有一个高潮。如果说“五四”时期是一个高潮的话，“五四”时期是接受了资本主义的东西，加上旧的中国的文化传统，有一个新的高潮。那么我们接受马克思主义 40 多年了，到今天我们有新路，我们学术上可能有个新的高潮。所以我在这点上很赞成我们《大通史》前面所设想的一些东西。这种精神，这种创新的精神，我觉得是很好的。理论上提到的一些问题，刚才李学勤同志提到的五种生产方式，这五种生产方式在中国现在有困难，分段分期有困难，从哪个地方分是奴隶制，从哪个时候是封建制，有困难。这个问题可以考虑。这里的问题有些东西，关于中国历史上的奴隶制，怎么办？中国历史上的依附关系、农奴，怎么办？这些问题在这个书里头怎么处理？还有个时间性，同时并存的问题，也有先后的问题。这里头更重要的是有一个理论的说明的问题，怎么办？希望我们这个书将来写成的时候，它里头有一条线，这条线我们常提到的是辩证唯物主义历史唯物主义一条线，有一条线把它串下来，这条线是理论。大通史不是摆杂货摊，这一堆，那一堆。但是做起来困难，我们应该向这方面来走，应该认个宗。好像这些问题要避免的时候，我们有时候也是创新。不用五种生产方式，但是也用了几个时代。这些时代有些问题我觉得我们至少还应该考虑考虑。第10页“宗法集约型家国同构农耕文明”，前面有宗法，底下括号是夏到春秋战国。这“宗法”咱们怎么讲？“宗法”是什么意思？夏是不是有宗法，概括得了概括不了，怎么个概括法？底下是“专制个体型家国同构农耕文明”，这个从春秋战国开始了，一直到明中叶都是专制。这“专制”什么意思，我们怎么理解这个“专制”？春秋时代有没有专制，能不能概括了这个专制？而且真正说专制我觉得在中国历史上明清是真专制了，秦始皇能不能说专制，我有不同的意见。秦始皇是统一了、是集权了，皇帝有很大的权，但是地方上郡县都有很大的权，这算不算是专制？魏晋南北朝的时候，南朝时候，门阀政治，门阀很大的力量，那时候的皇权君主，算不算专制？是皇帝不成问题，是统一的，是集权的不成问题，算不算专制，有没有专制的意思？我觉得用这些词的时候，咱们一方面编写，一方面有些理论上还可以商讨，就像刚才李学勤同志说的，不是避免了就过去了，还是应该研究研究，可以边研究边编写。再一个，关键的问题还是在执笔人，《中国大通史》的写作关键的问题还是在执笔人。每一个执笔的人强了，比这个学术委员会强，比找几个老头重要得多。每一个执笔的人要强。我们跟戏一样，跟艺术一样，一个戏演好演不好，这个戏怎么样，看演员。同是一出戏，梅兰芳去唱是一个味道，另外一个人去唱又是一回事。所以这个大通史成功的关键在执笔人。在“文化大革命”的时候，好多书一呼隆找好多人来执笔，下来的时候也没办法，也就放在那里。今天咱们看到已经出版了很多书，有很多东西，翻译的这翻译的那，你凑起来看的时候成了一部书，也是一部大书，放在那儿很装潢。拆开看，有的部分，有好多地方你看看是很弱的。我们《中国大通史》从现在就应该注意这个问题。执笔人强，咱们这个书就强；执笔人弱，需要返工的地方太多，就太浪费时间了。就先说这点吧。

杨向奎：诸位同志，意见也许很多。我想和商传我们经常见面，将来下去之后和他当面谈谈。另外我想说一点，我很同意李学勤同志和我们老同学他们的意见，编写和研究是不是可以结合起来。我看过这个手册之后我曾经这样想，这样2000万字的一个大通史，会碰到好多的问题。刚才大家也提出来了，生产方式问题，还有好多具体的问题，比如井田问题、均田问题，每一个制度里确有许多的问题并没有解决。虽然好多中国通史、断代史、专门史谈到这些问题，但是还有一些问题并没有彻底解决，还摆在那儿，或者是延续下来。你这样写，我也这样写，事实上全是没有解决问题。所以我希望是不是可以成立一个理论研究小组，就在我们这编委会里边专门有几位同志研究一些重要的问题。像五种生产方式，像封建社会，我们约定俗成了，几十年来大家知道中国是长期的封建社会，现在不要它了，要什么呢？大家每个人脑筋里面全有一个想法，中国这2000多年来的封建社会是什么样子，土地怎么分配，农民地位怎么样，地租问题等等，每个人脑筋全有一整套的封建社会的图形。现在不要了。井田制、均田制，那是个制度，不是生产方式。所以希望成立一个研究小组，专门研究这些大问题和具体的问题。大问题就是生产方式问题。具体问题嘛，每一个制度，某一种制度，如井田制度吧，问题很多的，并没有解决，我们往往是粗枝大叶地那么一说而已。所以我希望成立这么一个小组，我们没有十分把握的问题先研究，提出我们自己的新说来。我们这个《大通史》有好多的创见啦，新的东西啦，但是在具体的问题上我们也能够提出我们的新的见解来的，解决前人没有能够解决的问题。这样子才是真正的新的“中国大通史”。

刘家和：我接着刚才何先生、杨先生他们谈的说一点。我觉得这个书要编的话，可能有些具体东西，有好些具体可谈的想法，那么，以后还可以下面交流，我想现在在这个会议上可以说一些比较总的问题。我看编这样大的书是会遇到些总的问题的。今天听说现在潮流情况，希望出书要快，书要大，出书又快，问题又多，又要见新意，这些东西加在一起，它势必会造成一些矛盾的。没有新意何必写？可是要新意，又不能够充分地研究，怎么办？刚才李先生说的，这个书是一个研究，像这样大的书是不是可以写成几百字的文章那样的研究成果呢？我觉得那样子的要求，这个书可能就达不到了。这个书假设要创新，假设要有些创造的话，是不是在思路上、思想上有一些进步，而在另一方面还要保守一点，另一方面不要出太多的漏子，而比较好地，比较虚心地学习、采用已经有的比较可靠的成果。所以刚才曹大为讲的要狂啊、要不狂啊，好像二十狂啊，三十岁就不狂了。我看是不是这样情况，又要狂，又要不狂。作为一种气派来讲，好像是要狂一点，“狂之为进取，狷者有所不为”。恐怕另一方面，又要不狂，还要“狷者”，还得有所不为。所以又要当二十又要当三十，我看你们的年龄差不多正好不到五十。那么这样子，问题可能会处理好一点。我觉得，这是书的总的情况所决定的。这是第一条。第二条呢，这是一个中国通史，中国通史当然讲的是中国了，这个编写委员会注意到了，中国通史要写出中国东西来的时候，考虑到避免用外国东西来套它。这个想法我觉得是好的。就是说我们现在看到的这个情况，我们要写这样一个东西，我们要写出新的东西来，有时候总会有一些外来的一些观点、外来的一些方法，总会对我们有些影响的，包括这样子一本书也不会不受影响。因为我们这个时代，它必然要受影响的。你比如我们会用文化人类学的方法、各种各样的史学方法，在国外这种情况是相当多的，可我们怎么对待？现在我觉得有两种办法：一个是比较简单的方法，把一些作为模式的这样一些东西套用过来。这样的方法，在我们国家的历史研究上，好像不是从现在开始，从历史上讲，好像套一次就失败一次，或者不说失败一次，套一次效果都不太好，最后套着套着出现自己的情况就比较好了。那么总有这样一个过程。所以我觉得对于我们这些同志来讲，热心做这样的工作，是会接受一些新的东西，我觉得我们应该大胆地或者勇敢地接受一些新的东西。可是我觉得是不是还要在思想上认识一点，我们凡是看到这样的新的东西的时候，它都是有它的角度的。譬如说，现在我们已经看到这样子研究历史的，它是真正地从自己的角度来观察。譬如，从瘟疫、疾病呐，在这个世界上流行，然后考察它的适应性。作为这种考察的一个方法的发明，发现的人呐，它不能够说没有卓见，不能不说对于历史的研究做出自己的贡献。这种方法我们是可以考虑的，但是这种方法我们要用起来，怎么个用法？因为这类方法有好多，有些东西实际上是有冲突的。譬如说年鉴学派，它好长的一个时间，都是搞制度的，搞制度的时候，几乎不见人。可是假设我们换一种方法看呢，一切历史都是思想史，不仅要见人，而且要见思想的，没有思想就没有历史。所以我们吸收新的东西的时候，实际上仍然有一个如何对待、如何处理的问题，我觉得恐怕还是值得思考一下。这是我讲的第二点意见。我讲第三个意见就是中国史真要写出精神来，就要考虑世界的形势。世界形势我觉得无非是两点：一点就是每一个时代，那个时代的它的总的发展形势。中国强盛的时候，不一定就是中国强盛了。可能还有人家弱、我们强的这点呢。说我们不好的时候，是有中国不好的时候，说不定我们倒霉的时候，跟人家正好上升的时候碰上了。所以两种情况结合起来看的话，可能更好地说明问题。我们有时候在火车上看到，两列火车对面开过来的时候，觉得这个火车特别快，为什么呢？是把两个速度加起来看的。有时候火车并排走的是时候，一个车比另一个车即使快的话，看起来也是慢得多。所以我觉得我们看问题恐怕有好多时候要考虑到这些，这是一点。第二点，要考虑中国的文化真正的特色要写出来，不仅仅要看当时的形势，恐怕还要考虑到世界上一些主要文化发展的情况同中国的异同，这样子可能更好地有中国特色。我就贡献这样一点意见，谢谢。

田余庆：看了这个编写说明以后啊，我觉得这是一个大事。这个大事，我觉得关键不在于“大通史”这个“大”字，在于“新”，这个“新”好像不是个人发表一点什么东西，而是比较有系统的思考。过去做通史工作，做一个系统的历史研究工作中间所碰到的问题，能不能解决，应当吸收一些外国什么东西，都有一个整体的考虑，都有新的构思，所以我认为这个书成功不成功，可能关键是在“新”的上头，不总是在“大”字上头。这个“大”字我总觉得不一定追求到那么大一个数字，那么大一个数字成书可能成为一个资料，供翻检的书，不大有多少可读性。我看了之后，思考的中间，对此感触最多。如果让我说一点什么的话，我首先要说明，要表示一种态度的话，那就是，我表示支持对于五种生产方式暂时搁置下来。北大历史系有一个马克思主义认识论的一个讨论班，延续多少时间了。今年春天历史方面需要有人讲一讲，找了我，各个学科吧，寻找科学前沿马克思认识论嘛，从这个意义上来组织一个学术活动。让我谈，我就避不开马克思主义五种生产方式的问题，那么我当时鼓足勇气（一般说我勇气不足），鼓足勇气我就提出这个意思来。我说五种生产方式这个理论当然是一个大问题，曾经是一个大热点，那么现在谈不下去了，进入一个不通畅的胡同里面去了，继续在胡同里钻的话，可能影响我们的步伐，可能现在就是要对这个问题存一个新的看法的问题了。我那个时候并不知道季羡林先生已经有这个想法了。刚才听说季羡林的意见了。我说的马克思主义五种生产方式的问题，在马克思的著作里语言顺序比较零乱，没有形成非常系统的、几刀切的这样一个社会模式，这说明马克思是一个了不起的科学家。他正在考虑人类历史上下多少年代一个总体的理论，但是他觉得是非常困难，非常复杂，可能接触一点新东西，他有点新的思想，可能也否定一点旧的东西。他不断地创新，到他去世的时候，也没有完成，所以，这个问题我认为是马克思所没有完成的理论工作。我们现在觉得棘手的在于斯大林的武断鲁莽，他把这样复杂的问题几刀切下来非常痛快，切下来在《联共党史》里头，世界性的马克思主义教科书里头，人人都得以这个为经典，这样一来，让我们束缚了手脚，让我们自己打自己打了多少年，说不清楚。所以我们长期以来对这个问题绕不过，说不清。说不清绕不过去还得在里头搞来搞去，书都带着这样一种大的问题，包含在每一个通史著作里面，除非你不要用一家之言，敢于承认，我这个书里头用这个理论能够说得通有多少，有的地方说不通有多少，敢于有这样一种勇气，否则的话，没有人有那么大的气魄。就譬如说，你说魏晋封建，我们在很多方面觉得这里和西方相符合的，可是用同样的理论向前推溯的话，把前面的说成非封建的，那你要样样丝丝入扣的话，又觉得是很困难，所以历史上的情况是各民族有自己特点的进化，各民族有自己的外来因素、内在因素相互制约这样一种情况，这一种生产方式的出现可以有重复，也可以有颠倒，也可以有并存，也可以有其他各种可能，由于入侵而带来的很复杂的情况。马克思不能穷尽那个问题，我们今天照样也不能穷尽，所以我觉得这个问题能够说清的话可能不是一代人做到的，也可能一百年、二百年，要马克思主义把这个问题真正解决清楚，能够切几刀的话，那就是对人类文化的一个极大极大的贡献，这东西在我们手里完成了。我是从这样一个角度出发，我觉得应当暂时撇开。那么刚好这个编写说明到手的时候，一看呢，我觉得非常适合近几年的情况，非常符合我们今天的实际情况。如果我们还要像过去一样，一定要持一种见解的话，那我们又会走到老套套里头去。但今天这个情况又跟过去不一样，过去要撇也撇不开，撇开了可能就被认为是一种非马克思主义、反马克思主义等等，会有这样一些情况出现。今天看来呢，大家有一种共识吧，人类历史发展有规律，到今天为止，这是大家的共识，这个规律可能最先从一个没有私有财产观念、没有私有财产，进入到将来一个大同世界，这种认识也没有分歧。分歧就在两头中间，中间这些剥削方式的变化，剥削方式的变化在各个时代，甚至剥削方式的定义，我们到现在都说不清楚，譬如刚才说的封建制度。那你现在说奴隶制度是不是有一个共同的定义呢，也难说。因为封建时期的依附民是半自由的，人身财产有那么一小点点，保证他在封建生产方式下能够发挥生产力的作用；反过来说，奴隶和封建依附民之间到底怎样区别呢？如果一无所有叫做奴隶，有一点点叫做农民，那这个一点点算多少呢？这是不是说奴隶没有那么一点点呢？如果说奴隶任何一点点都没有，他能够生产吗？所以，我觉得依附的极端性质就是奴隶，奴隶制的慢慢松弛也就成为依附。这个中间很难在哪个时候一刀切。过去我们常常说政治史、经济史配合着来讲这个影响，常常希望由某一次战争划到某一个历史时期，说明战争的作用，说明革命的作用等等，这一系列的这种要求使得我们必须在哪里划一刀。现在由此解脱出来，暂时撇开，我们不是否认人类历史的规律性的发展，而是说我们现在没有完全认识的，不讲都认识了。当然所带来的在进行工作中间的困难很多，我们过去习惯于上层建筑和基础怎么配合，那么某种时期有某种时期的意识形态，这个意识形态表现在各种关系里头，你把这个主干抽掉之后，你的枝叶怎么把它配合得很好，所以我觉得目前这样一个大的通史，按这样一个规划，这样一个思考，是非常新颖的思路。新思路带来的困难非常大。要是在这个里面突破一些，能够获得新的一种尝试，一种试验，哪怕没有多大，也会是了不起的一种尝试吧。我个人在过去也这里那里搞一些类似的工作吧，也困扰在这样一种生产方式里辩来辩去说不清楚之中，我现在支持新的通史体例方面所作的选择。暂时是这样做，并不等于我们离开了认识历史的一种规律性这样一个马克思主义道路。但是在目前来说，我希望取得成就，哪怕成就不是非常圆满，走一步，算一步，能够在通史编撰中间闯出一条新的路子来。前面已经有的，特别是像近期白寿彝先生等等的比较大的通史，之前还有社科院的这样一些书，在这样的基础上又上一个新的台阶，作一个新的探索。

我再补充几句。我想，自然科学里用模糊论这个理论，给科技带来很大的影响。这种模糊理论对我们社会科学、人文科学来说不大容易理解，但是在自然科学和技术里头能够起那么大的作用，我们现在是不是在某些方面也稍微模糊一点，不要在样样处处都有这个就必须有那个，有那个就必须有这个，一丝一丝地扣。过去我们在编纂史书中间，丝丝入扣地扣是人为的，不一定是很成功的。现在我不懂啦，是不是可以用一种模糊论的认识逐渐深入到人文科学的研究中间来。

丁守和：我觉得做这个工作，他们写这个说明，是花了很大的力量的。从这个材料来看，他们有很多的想法，不少地方想着突破原来的一些框架或是原来的一些想法，提出新的道理来，我觉得这些都是很好的。关于五种生产方式叫什么，过去我对这个也有意见的。你不叫封建的叫什么，其实列宁有时候说地主社会，有时候说官僚社会，他那个说法也是很随便的，他也没有叫什么社会。我看列宁没有叫什么封建社会，那么这个时候抓住主要的，从生产方式上或者从什么上，抓着主要的叫，我看这个东西可以探讨。这里边第10页讲的内容当然你也可以理解了，但这里边转的弯太多了，第一个多元发展的史前文化，这个还清楚，下面什么集约型的，个体型的什么什么文明，文明当然是物质文明、精神文明，但是这个社会性质占主要的是什么，恐怕这个也不大清楚。你说那不叫封建社会那也可以，有时候它是地主跟农民的关系，有的是庄园的，或国家的土地所有制度，这各种各样的说法，说法虽然不一，但它总是要有一个讲法，你要讲得通。这样的讲法看起来念起来很麻烦的，谁也记不住它，这个讲法需要简约一些。另外它这里面有社会结构、国家结构各方面的很多，这里边各卷的情况也不一样，我倒觉得这么十几卷，那么大的篇幅二千多万字，剑桥的编写方法倒还是一个不错的办法。剑桥的我最近看了《晚清史》和《中华人民共和国史》，因为人家让我鉴定一下，让我看一看读它一下。这两本书都是分两卷，每卷里面又分多少章，每卷肯定都不是一个人的，有时候章也不是一个人的，像“文化大革命”它是一个人写的，“大跃进”则是另外一个人的。我看这里边它也不完全一致，但是我看起来也觉得挺有意思的。是不是这样来做，拿这几个大框架可以，可你写的时候，给你的字数可多可少，不必一刀切，所以我觉着这么大的篇幅，当然一章最好是一个人写，但是不是这几章这么个安排法。反正有这么个框架，我觉着各个朝代，各卷不一定完全一致，而且也不一定面面俱到，面面俱到是可以，但是你有重点地探讨若干问题，我看剑桥那里面就是有重点地探讨若干问题，你说讲嘛，有的都讲了，但是很简单地就过去了。它探讨一些问题就不一样，我觉得从研究方法上来说，不一定平衡地使用篇幅，你可以根据不同情况有所增减。要不然的话，这两千万字，我看谁也看不完的，短时间内很难看完，这是一卷一卷里头，章里边也可以有所不同。大体上可以用，但是探讨问题可以不同，这是一点。我觉得这个研究方法倒是可以探讨。近代史所说，我们自己没弄出一部近代史来，近代史研究所没写出近代史来，实在说不过去，“九五”一定要弄一个。后来说像过去那样一个人主编这个根本不行，后来啊还是采用剑桥式的，戴逸你弄一卷，我弄一卷，谁弄一卷，你找几个弄就算了，观点有些也不一定一样，大概分几个阶段，大概有个要求就是，大家说这也是一个办法。特别是这么大的篇幅，那你怎么办？第二点呢，我看到“明代中叶走向近代”，这个事情到底怎么看，有些人说中国从近代资本主义萌芽很发达，意识形态也有了启蒙了。侯外老讲“启蒙”就是从这个时候来的。这段时间到底怎么样呢？我觉得这一段是有发展，但是这里边你也可以有两个写法，一个写法就说这段商品经济很发展，文化很发达，经济很发达；另外一个写法，就说这些东西很发展，为什么萌芽始终是萌芽，没有出来，为什么是这样的？为什么这段时间阻碍、落后了？反倒是胡适写了篇文章，他从一六零几年直到顾颉刚、章太炎，做了个比较，西方哪几年发明了什么，中国人出了什么书。看了以后呢，他的结论就是除了像《天工开物》这样的少数著作，中国人这段时间，像顾炎武他们这些大学者在干什么呢？是在故纸堆里大放光明，说来说去是在故纸堆里大放光明。而西方呢？科学、哲学都有那么大的发展。胡适一年一年地做了比较，三百年作了比较。那也正是明代末年那个时候了，他从顾炎武的师傅，还有阎若璩什么什么的前后，还有梅鹜他们那里比较起的。我看了以后，觉得很值得我们思考，很有启发。明代这段时间，这不叫封建专制，我觉得是专制主义最成熟的时候，最严密、最严厉、最成熟的时候，也有人说是最民主的时候，有人写文章说什么这时候有廷议、奏议、折议，这么一说，当然也有那样看法了。关键是怎么看，清代这个时候又是怎么样专制，那么这个萌芽为什么没有发展，为什么萌不出来，这个剥削又是怎么回事，官府的捐税是怎么回事，官商又是怎么回事，高利贷的盘剥又是怎么回事，这些都值得探讨探讨，为什么它萌不起来。张卓写了个《九死一生》，他从宋代开始，说中国的资本主义就有了，商品经济九死一生，宋代北宋死了一次，南宋死了一次，明代死了一次，清代死了一次，多少次了，反正九死一生，这个生嘛，到这个80年代才活起来，前边都死了。我说你这个“商品经济”是不是“资本主义萌芽”呀？不一样嘛。春秋战国商品经济很发达，汉代也很发达，这个里边我倒觉得很值得探讨探讨的。17世纪这段时间到底是怎样的，李贽他们“童心”呐什么什么，还有顾炎武他们的思想，到底有没有近代的这些东西，探讨探讨。我觉得这段专制主义各个方面是阻碍了商品经济的发展，把它扼杀了，近代以来资本家很少由原来的资本主义萌芽而萌芽成资本家的，从资本主义经济关系看，很少有这些东西，而是后来的。你着重从这个角度探讨也可以，它从那个角度探讨也可以，各卷由你自己掌握，这样嘛我们的书看起来，虽然说有些不同意见，本来谁也不能整个研究，但是看了收获很多，那这样也是一个大成就。还有一个，他们谈了近现代结构怎么办？解放后的让我帮忙找了个同志，党史研究所的，后来他说弄不了哇，这玩艺，我说解放后当然不能像解放前那样阶级结构、社会结构，这个结构那个结构的，两码事了嘛。这只能根据解放后的情况再设计一个，根据这个框架再设计一下。还有就是人物志，你说近代中华民国史和中华人民共和国史，这个怎么写法？蒋介石民国史写，中华人民共和国史写不写？毛泽东中华人民共和国史写，中华民国史写不写呀？很多呀，一大批的，这个怎么个摆法呀？这怎么个写法？将来恐怕下来了再研究，我就谈这些。

宁 可：上面各位的意见，有很多我都赞成的。我想编这一个大通史，这是一件不容易的事情。如果这个大通史有若干的创新，尤其是一件不容易的事情，正因为不容易，这是一件很好的事情，因为我们这个大通史确实篇幅很大。不用说，这个设想，从指导思想到框架，到一些具体的办法，都有一些新的东西，我觉得这就是一件很好的事情，我希望它能够完成。当然在时间上，可能出版社希望快一点，但是真正就这个工作而言，这也是过去的经验，凡是搞个大东西，很少有如期出版的，事实上它是碰到了很多的问题。我当然也希望在大家努力之下能够快一点，现在喜欢全套出版，如果实在不行也可以考虑分批出。因为这是一个很大的工程，而且是一个新东西，应该说有很多的创新，这个创新是不容易的，有时候要落实下去，贯彻出来，这是不容易的。我觉得我们所追求的应该像刚才有些同志所说的，我们应该有一个研究，有一个创造，应该在这方面下些功夫。那么具体的意见呢，我也没有很多了，我就提几点希望。

第一，指导思想和理论框架。总的看来，我觉得是很好的。有些东西确实是我们过去研究历史或者写通史中间所忽视的，甚至是搞得不太好的，那么这里把它提出来，我想这不光是我们主持这个工作的同志这么看了，有很多问题是经过这么多年实践之后，大家有一种共识，感觉到过去那种单线性的、模式化的做法是不太好的，该有些新东西。这些东西我觉得很好，我认为这个指导思想将来要研究在我们的具体工作中如何落实，然后我就想了一下。譬如说这里边提到两条，一条是提到“过去新中国的史学从一开始就局限于具体上升到抽象的阶段，在总体上未能进入到由抽象上升到具体，充分把握历史多样性的统一”，这个思想很好，但我们现在编的这本书如何从整体上由抽象上升到具体，那恐怕不是说一句话就完事了的，这需要我们下很多的功夫。那从我们现在这个结构和体系上看，是否就已经做到了这一点呢？恐怕我觉得还可以深入地来研究一下。还有一条大家也不会有什么不同意见了，就是第6页提到的指导思想，就是关于偶然性的问题，“在充分展现各种生动活泼、丰富多彩的偶然活动中，揭示出历史发展的必然规律”，这个思想是很好的，我们确实也应该这样来写，这样来处理一些问题。但我们在实际工作中间怎么做到这一点，既使事件能够有它丰富多彩的方方面面，同时又能反映出各种各样的偶然性机遇？这中间的下面还有一种规律性，把二者怎么结合起来。像这些贯彻到我们具体工作中间去，要很好地来研究。我想这是我的第一个想法，就是说，我们很多的思想，应该说是很好的，但是我们如何深入理解我们所提出来的思想，同时把它能够贯彻到我们的具体工作中间去，这还要做研究，做很多的工作。这是一个。

那么第二个，就是相反，就是通史。通史这个“通”，我想无非是“纵通”，就是时代的先后；“横通”，就是社会生活的各个方面；还有“旁通”，跟整个世界的关系等等。那么我们目前采用这样一个组织的方法：有一个编委会，各个编委负责各段，再组织一批作者，分别来写其中的若干题目。所以要使这个书真正能够通啊，恐怕我们主编、编委会，包括作者本身能统到一起，通到一起，这个恐怕有很多问题。我们每个人有自己的学术道路，有自己的特点，有自己的弱点，很多问题已经有自己的研究，有自己的看法。这些看法，有些是跟我们这个一样的，但是有些出于一种习惯势力往往又跟我们这个路子不一样，往往我们谈来谈去，也统一不起来。我过去也参加过编这样一些书，大家讨论来讨论去，觉得好像意见一致了，结果最后拿出稿子来一看，有时候还是各吹各的号，他也说他同意，也说可以按这么做，但是吹起号来还是有它自己的调。这个问题我们在这方面怎么做，我们真的要是能通贯的话，应该怎么样使大家能够认识一致，当然，认识不是在每一个问题上都要一样。我也赞同很多同志的意见，这个大通史里边各部分的写作，应该由做过研究的同志来写，写的东西有些跟其他的段落，跟其他的部分或许有些论点上，有些观点上不很一致的话，这个我觉得倒没关系，但是你这个总的思想、总体的指导思想、一些总的问题，恐怕需要一个通的问题，不见得是很具体的问题，这是讲到通。另外呢，我们这个通史，还有一个，就是“变”，注意发展，注意历史的发展，注意历史的变化。目前，我在这个指导思想里看到这个“变”的思想是有的，而且比较强烈，问题在于这个“变”如何跟刚才说的历史发展的必然规律结合起来。换句话说，这个“变”变的是什么，为什么会这样变，怎样变的？对这点呢，尤其是这样一个大书，这么一个大的阶段哪，至少要在一些重大的问题上能够取得共识。比方说像讲到明清，这位说明是专制主义最成熟的时期，那位认为明清时期是最民主了，你有廷议，他还有廷杖，这都是“廷”啊，在这些问题上，这个变化是什么变化？为什么会这样变？像这些问题在一些大的方面、大的线索方面能够真正通下来，能够通而贯之，否则的话，我们还不如拆零了，大家就你来写一本，他来写一本，那么最后也是一个通史，像《剑桥中国史》这样也是一个通史，这也是一种办法。我们这办法应该说比较新的，我认为是比较好的也是比较难的一个做法，所以我觉得我们作者、编者应有充分的考虑和认识。另外还有一个相互关系问题，这就不多说了，比如说有综述，有类编。类编里边把各式各样的问题包括进去了，刚才瞿林东提了一下民族问题，民族问题不只是在类编里边，在七个编里边，我翻了一下，差不多有五个都讲到民族。从各个角度来讲民族，这个好处是好，但是也有一个怎么能够安排协调的问题。像这样的问题还有很多，比如自然资源的问题，讲到每个时期，不见得都要把中国的自然地理呀、经济资源呐都来重复一遍，但是你又不能不涉及这样的问题；比方河流的变迁，湖泊的变迁，甚至于气候的变迁，它确实也还是有的，那么像这些东西怎么处理法，这些问题恐怕都需要很好地安排一下。我就说这几点意见。完了。

庞　朴：我讲晚了，讲不出什么新意思来了，老意思也讲一讲吧。我是非常支持这样一个工作的，因为我记得在一些地方我提过这样建议，就是要编写一个新的中国通史，但是后来我发现我还非常保守，因为我认为好像现在准备工作做得还不够。我曾经建议一些历史性的刊物来组织一个比较长期的讨论，就是关于编写这个新通史的指导思想、体例、框架等等，进行一年到两年的这种方方面面的讨论，然后庶几乎才可以着手。做过这样的建议之后才发现，人家也认为，自己也发现，这未免有点迂阔。但是现在我也有点担心，因为我没有在这整个一本材料中看出需要多少年完成这项庞大的工程。我想这是以十年为期吧。以十年为期，庶几乎希望我自己还能看到这个东西，我想十年为期还是一个比较合适的一个年代，我不觉着三五年能把这个事情搞好。因为正如刚才许多专家所说的，确实有许许多多的问题需要研究，问题太多。有许多观念，虽然我们立志去反它，立志去弄它，最后还是陷在里边。我就举这本材料的一个例子，就是关于“国家控制编”这个问题。刚才瞿林东先生谈到，我在看这个材料的时候首先也碰到这个问题，我想得比较多一点，我想为什么会发明一个“国家控制编”呢？一看内容确实是谈控制的，谈控制比较多。刚才瞿林东先生提出一个具体东西，我就想这个后边有个东西，这后边有个阶级斗争为纲的这个观念，我们怎样弄它也清除不掉，作为一个非常顽固的东西盘踞在我们脑袋里边，虽然我们第一条就说要破阶级斗争为纲。我们不认为国家的职能就是控制，这个当然只是一些阶级夺取政权之后的一个理论，一个宣传，一个策略。譬如说，《国家与革命》认为国家是阶级斗争的工具，一个阶级压迫另一个阶级的产物，关于国家的定义就是这样。但是还有些别的定义，是不是？当然有些非常抽象，非常中间的定义，说国家是土地、主权、人口，我们说这是资产阶级的定义，但是马克思也曾经说过，国家有经济管理的职能呐。马克思特别举东方、举印度、举中国的例子，说对水利的管理是国家，东方国家——中国、印度的职能。水利必须要管，我们知道，现在整天还是防汛防汛呐，每年到这时候就闹它一阵，确实是这样。经济管理，当然你也可以说经济管理的目的是为了控制，当然也可以这样说啦，当然我们现在不会这样说。所以我一看到“国家控制编”，就想到一个非常大的问题，我们理性上非常明确地要反对一些什么，要树立一些什么的问题，要建立什么框架，但是在做的过程中，在潜意识当中有些具体的习惯的用法、习惯的用语，往往还会不自觉地蹈入这个覆辙。当然，也许可以这样说，“控制”这两个字没有贬意，就好像“策划”曾经有贬意现在成了褒意一样，我们不是讲总策划嘛，那么“控制”也首先是中性的意思，也许是这样，但是不行，“控制编”谈的内容不是物理学上控制论的那个“控制”的意思，还是政治术语，所以我想这事情是非常难做。我说这话的意思没有泄气或者甚至挑毛病的意思，我说事情非常难做的意思是，凡是深入到每个人的脑袋里边的，都非常难做，本来我建议一些历史杂志来认真地讨论一些时候的。再一个意见，刚才瞿林东同志也谈了，就是关于“历史特写”，里面提到既要深沉，又要有激情，这一要求也可以这样说，司马迁写《史记》，许多篇激情是非常高的，非常动人，传为美谈的，所以有激情也不是坏事，也不会偏向文学特写啊、传记文学那些东西。那些东西里边蓄的都是水，但是我建议把它跟人物合成一篇，就叫“人物与事件”，这样好不好？瞿林东先生刚才提到的纪事本末编啊，搞个纪事本末编名字上还可以推敲一下，我建议把它与人物篇合为“人物与事件编”，这样看看可不可以执行啊。因为事件嘛当然必须称为历史事件，人物也必须称为历史人物，“历史”两个字当然可以省掉。再一个就是“经济与科技编”，我想提一点建议，现在我们把科技放到“经济编”里边去了，放到“经济编”嘛，那就意味着更多地从技术角度来谈作为第一生产力的这样一个东西。作为第一生产力来谈科技，这从中国的科技历史来说当然没有多大的问题，外国人一直也说你们中国没有纯科学，都是些技术等等，我们自己也愿意承认，或者不大承认，也不大反驳这个东西。而现在我们一旦把它跟“经济编”放到一起去呢，等于我们彻底承认了，我们这个科学就是科技，就是技术，当然科学必须落到技术、成为第一生产力，大概才好一点，空谈科学不是好事。但是我总觉得如果在“精神文化编”里边没有科学，没有自然科学思想，没有自然科学理论的话，总觉得是一点缺陷。“精神文化编”呐，我看一下，里边没有自然科学，没有自然科学原理、自然科学思想，后来我就找了，包括天文，包括别的东西全在“经济编”里边了。当然天文最后也会变为生产力，它也会跟经济有关系，可是里边虚的东西说老实话离生产很远很远，离技术也很远很远，它是科学或者是来自于纯科学，只是那么想，根本不是那么回事，但是作为一种思想，作为一种科学思想，或者非科学但是以科学形式出现的一种思想呢，它作为精神文化可能更合适一点，看这个怎么办？可能有一部分要放在“经济编”里边，更偏重于技术一点，另外有些东西更偏重于理性的东西，可能要放在“精神文化编”里边。总的说呢，我是非常支持这个事情，但是我觉得难度很大，希望在编写过程中，我还是希望一些杂志讨论这种事情，当然，我们在编写过程中会出现一些问题，希望作者能主动向社会提出碰到的问题来引起讨论，这样会把事情弄得更好。谢谢。

宋德金：这个编写说明我前后看了两遍，初稿出来以后看了一遍，最近又看了一下，很受启发。我觉得无论从这个理论框架上，从书的形式上看都很有新意。我觉得如果能够把这个事情办好，这是一个很有意义的事情。近年，改革开放以来吧，中国史学在文化史、社会史、民族史的研究方面取得了很大的进展；再者，引进西方的史学理论和方法，对我们都有很大启发。我想，现在有条件能够写这样的一部大通史，虽然具备了一定的条件，但是这件事情做起来也很难的。这些年在这方面做了一些工作，比如前几年出了一种《中华文明史》，对这里提到的问题也有一定的考虑，比如关于以往的历史分期问题，淡化历史分期问题，在《中华文明史》那里也提到了，在处理的时候，淡化和模糊历史分期；再如处理民族关系的问题，大体也是这么个办法；但是那个书在理论框架上好像还没有这部书编者考虑得这么详尽，如果在这方面做一些努力，在这一点上还是可以解决很大问题的。特别是这个书设的总论，能够详细论述作者的观点，我想这是非常重要的。以前，比如范文澜的《中国通史》里边那个序言，我觉得很重要，因为在那里边范老用那么大的篇幅，全面论述了范老对中国通史的看法，是作为全书的纲领，起到很大的作用，我觉得这是非常必要的。再一个我想从体例上也是一个很有意义的尝试，大通史有总论，各册还有综述，还有图表，可以适应不同读者的需要，无论专业读者还是普通读者都可以从这里边得到一定教益。我想特别是在全书的总论和各册的综述能够下功夫写出新意，我觉得还是很有价值的。再一个，我想提一下，从编一些大书的经验教训来说吧，因为出版社要求时间很紧，但是写作起来，这书认真做起来确实难度很大，一个是刚才各位先生提到的一些重大的理论问题，再有就是参加的人很多，到最后截稿的时候，又有人拖到最后完成，这样各分卷主编统稿的时间就很少，因为参加的人多，风格不一样，掌握的繁简也不一样。在一卷里边你要它统一起来也比较难做，但是各卷要尽量在这些方面做些工作，这样在繁简的掌握上，在观点上的冲突尽量减少一些。各分卷的主编在这项工作上花费的时间能否尽量多些。以前因为有些大书编撰到最后都弄上去，出版社急着要交稿，必须限期交稿，到最后一章交出去了，出来以后有许多矛盾的地方。如果最后各分卷主编的时间能够充足一些，可以减少一些问题。至于新书里边一些具体的问题，我同意上面一些学者提出的一些意见。开始在书稿里边也提到了，我觉得有一些问题是应当注意，关于几个历史阶段的划分，开始我跟一些编者谈到，方才有的学者也提到，这个是不是要再考虑一下，因为这几个阶段的划分会显得特别零碎，另外这个也是这部书出来后大家比较关注的地方。如果这个章这一部分一定要设，尽量地把它论述清楚，不然这方面恐怕会引起一些不同的看法吧。完了，谢谢。

郭松义：前面很多同志都讲得很好，我也没有什么可补充的。我觉得现在这个大的框架已经有了，当然这个大的框架里边还需要调整一下，比如像民族问题怎么搞，还有其他的一些问题也需要调整。现在主要的问题就是具体落实的问题。因为到现在，各卷的具体章目还没有出来，难就难在各卷具体的章目了。这几年我自己也断断续续搞一些大的项目，像《中国史稿》啊，往往讨论提纲的时候也是想得很好，但是落实到具体问题上，在处理具体问题的时候，确实还需要花很多的功夫，因为搞通史这样的作品跟专著文章不一样。通史凡内容应该有的你都要写，可能有些东西你并没有很好的研究，或者现在整个学术界还没有很好的研究，但是内容有的你就要写，不像专著，我熟悉的就写，所以这里边牵涉怎么样写，有个研究的问题，有些东西实际上到现在还没有搞清楚，这些问题在中国通史上必然要碰到。从现在最基本的东西来看，你比如像人口问题，这里面讲的人口表，再有土地问题，实际上在史学界很多问题还没有搞清楚。讲人口那就讲明代人口吧，明代人口现在有好几种说法，那么这几种说法你怎么来弄？还有许多具体问题。这些具体问题都要认真细致的处理。还有民族问题，我想民族问题，最敏感的民族问题实际上也就是清代的问题。现在已经消逝的民族这比较容易解决，主要就是还存在的，有些甚至与国外是都有关系的，这些问题就难处理。像国家之间的关系，主要像从朝鲜到越南这些周边国家，但这些问题你又不能回避，这些问题你将来怎么处理？比如像高句丽，将来你写不写，中国历史你不能不写高句丽，你既然要写南诏，写大理，写辽、金，写西夏，你不能不写高句丽，那么高句丽你怎么来处理？你比如将来写不写西辽，写不写北元，就是明朝以后的北元，这些问题将来大家都会在具体的各卷里边碰到。我想这些问题都是要很好的研究的。还有就是，刚才庞朴同志也讲了，这么难，要写十年，出版社恐怕不会给你十年了。过去我们搞《中国史稿》搞了几十年，现在总算写完了，最后一卷都交掉了，以后大概不可能这么来搞，但是确实会问题很多。这里边就牵涉到很多的成果的借鉴的问题。这个问题呀，牵涉到学风的问题，我们现在不太注意，但是有一个好的学风很重要。我最近碰见两个问题，有人就谈到，有一本书就是写到明清的江南经济这样的书，有好多是用了罗斯基（E. Rowski）的东西，甚至包括用的表都是人家的，连人家名字提都不提，后来罗斯基很生气，她说你用了人家的成果，你怎么能不提？还有一本书，这是一套书中的，这套书出了好几版了，名字我不提了，其中有一本，有好多地方他利用了人家的成果，甚至材料，整个论点，那么这本书出来，那位先生写了篇文章，拿到我们这儿来，要求发表，后来我们觉得国内还没有这么尖锐，因为他是一条一条地给你提出来了。他要求发表，后来我们同出版社商量，出版社说现在不要发，因为大家都很熟，人很熟，作者也很熟，如果这篇文章发出来，恐怕对作者名声不好，对这本书的名声不好。因为很多东西都是硬的，一条一条给你摆出来。所以特别像搞通史这样的东西，本身就是这样一种综合成果，很多东西都要借鉴人家成果，综合成果，你应该很好地尊重人家，现在因为大家知识产权讲得比较多了，我们自己有时不好意思，但是国外他们很敏感，他们就给你捅出来。所以我觉得这个问题，我们这本书里边应该有一个好的学风，老老实实的科学的学风，我觉得这个也是很重要的。我就谈这些。

潘吉星：只有十分钟了，简单说一说。看了《编写手册》以后，我感到很受启发，在指导思想和理论框架这方面摆脱了50年代以来长期的“左”倾的影响。这里面我感觉到了在提法这方面的变化：我提炼出八条吧。可以说是史学理论的一种新的突破，在运用和发展马克思主义这方面，我觉得是一个范例。我记得好像西方有一个什么人说了一句话，他说：西方人研究学术哇，如果他不了解中国，不了解东方的历史，那他只能用一只眼看世界，只有同时了解西方又了解东方，或者了解中国，才能用两只眼睛来看世界。我觉得这种提法很好。马克思、恩格斯过去在研究历史的过程中，就没有很好地下功夫去研究中国的历史。对这两位前辈来说，以他们的语言知识和当时的条件来讲，他们应当充分研究中国的材料，因为当时大量文字都被译成西洋文了，可是他们没有做到。他们比起他们的老一辈比如黑格尔和莱布尼茨来讲呢，我觉得是一种缺憾。如果马克思、恩格斯他们能下功夫研究中国，研究中国的历史，他们的视野会更广，而我们作为中国来讲，不能简单用马克思、恩格斯关于欧洲历史的那些理论来套我们的历史，所以这个手册里讲的这种思想，我完全拥护，感觉到提得非常好，现在恐怕也是势在必行了。因此落在我们中国史家肩头的一个历史的责任，就是要用这种方法来结合我们本国的历史，来发展我们的理论。好像在他们晚期已经感觉到，中国和东方有些社会形态跟西方不一样，所以马克思提出来一个亚细亚生产方式——Asian model production，那么他这里实际上还是依据 18 世纪一个法国传教士对印度莫卧尔帝国的那种分析，还没有碰到中国的这种情况。所以关于中国这个特点，这里涉及到手册里讲的那种社会形态，不光是咱们中国讨论的一个题目，甚至国际上也讨论。我曾经参加过几次国际汉学家会议，中国是不是有奴隶制啊，中国封建制是怎么样，这西方也在讨论，汉学家也在讨论。比如像今年刚去世的一位老先生——英国李约瑟博士他就曾经怀疑过，他曾经很委婉地批评了中国史家套用马克思这些提法，而且李约瑟先生对马克思这个材料是了解很深的，曾经细细读过。比如他觉得关于奴隶制这种提法，如果跟西方的那个东西来比，他认为中国没有奴隶制，另外，关于封建制这种提法也跟各位先生发言一样，也是存在翻译上的问题，那么叫什么名字呢？李约瑟先生也叫不出名，他说干脆叫个“官僚社会”，“官僚”他是用西方来拼汉语这个发音。“官僚社会”呢，在他使用的意义上并不是贬意，而是好的一种词。总之，我们大纲里提出回避这种经济形态，把更多的时间和更多的精力，放在今后我们来研究，我们来提出这种理论，我觉得这种提法非常好，说明我们这个编委会起草这个文件有很大的理论上的魄力，中央党校出版这个书也很有魄力，我向他们表示敬意。至于很多提法，我个人完全赞同，写得非常好，另外是跟我原来的想法也是一致的。比如说这里关于社会分期的问题，他不用一个偶然事件做为一种分期，这个我觉得非常好，我们搞历史就是实事求是。至于提到明代中叶以后走向近代，这一条我本人表示同意。从自然科学的角度看那时侯是不一样，明中叶以后的科学中西融合了，利玛窦来了，天文、历法、数学等等跟传统的东西几乎都不一样，从中国来讲跟那个时候好像是不一样，已经进入近代科学那种范畴了。当时哥白尼的很多理论，还有伽利略的很多学说，也都通过某种方式反射到中国来了。从自然科学思潮，从自然科学的角度看，我觉得明中叶以后可以认为我们已经走向近代，尽管我们的程度和水平跟西方来讲不一样，但是我们参与了。明末中国的好些科学家参与了西方的文艺复兴活动，所以李约瑟博士把当时的很多人都称作文艺复兴时代的某某、某某，都是跟西方文艺复兴相比，比如李时珍，认为他可以跟伽利略这些人来比，所以这种分期方法我本人表示同意，而不是像过去那样 1840 年鸦片战争一声炮，就是中国近代史了。我认为，我们现在这种提法比较好。还有比如这里边有几个观点我都很支持，有几个关键的观点、基本的观点，比如对突出人的主体能动性、思维相对独立性等等这样一种评价方法，在过去可能被认为是主观唯心主义，扣好多帽子，实际上搞历史就应该注意这些，历史是人创造的。我本人过去搞过一段造纸技术史，这我深有体会。某一个皇帝他对某种纸的好恶就影响这一个时代的纸的水平，比如南唐的程金塘纸，李后主喜欢诗词，他特别讲究纸，因此造出程金塘纸，这从南唐一直影响到明清。又如康熙皇帝，他喜欢某种纸，就必须要制造出来，所以就促进这个发展，包括印刷术等等在内，某一个皇帝他的好恶就影响到当时的某些科学技术。所以咱们手册这种提法我们可以从科学史这种角度给你提供很好的证据，证明这种观点是非常好的，在这方面我就不多谈了。底下关于各个阶段内容设置的问题，我认为是开创了通史的一个新的体例，而且有些地方吸收了咱们传统史学的有些内容，而在解放以后却没有做到的，比如像“人物篇”，“人物篇”的设置这就很好。我们翻二十五史，人物传占大部分，可是在咱们过去通史里没有专门篇幅为人物来写传，我们这里做到了这一点，这个我表示很拥护。我建议篇幅内容上增加一个单独的篇幅，就是对外关系这一部分。我建议作者们要有这样一种主导思想，要从世界史的高度来研究中国历史，把中国史置于世界之中应有的地位，每一个作者在写中国史的时候，思维要看到全球，要看到当时中国历史在世界中这种地位，要同其他国家进行比较，因此要把对外关系这部分列入相当重要的一编。因为这里头我看了，对外关系在治乱兴衰那部分谈了一些，在精神文化里谈了一些，还不如像刚才那位先生介绍的，把民族问题集中一下，跟对外关系和文化交流、对外交流放在一起，因为咱们中国文化特别是自然科学技术，在世界上约1000多年长期领先，对世界文化的影响太大了，因此我们要列出这么一编。另外在传统史学里，什么西域史，这个国那个国传，都有专门篇。所以我建议我们也来这么一编。关于科学技术，这里怎么个写法，这个我觉得可以研究。现在呢，把科学技术同经济放在一起。这个作者可能有自己的想法，这种想法我认为也有道理，但是在具体操作过程可能有某种重叠，不太好写。比如，25页部门经济讲农牧林渔，这里边肯定谈到技术，谈到工具的时候就谈到农学、农学史好多内容，这就跟后面的26页农学部分势必要重叠；那么在25页手工业里边内容同上，按行业分，这就有可能跟26页技术那一部分要重复。还有包括交通运输在内，水呀、船呀、车呀等等，都跟科学技术有关，就是怎样能够把科学技术同部门经济协调在一起，避免前后重复，希望今后能加以考虑。还有就是在精神文化这方面，我个人也觉得要把有关科学理论呀、科学思想要适当地谈一谈，否则我们这个精神文化怎么讲？咱们中国人是有科学思维头脑的，比如我举个例子，比如筷子，中国人发明这筷子就很不简单，筷子这个本身就是科学仪器，咱们中国人每天都用科学仪器来吃饭，数学、天文学很多都是跟筷子有关的。最后关于文献的处理上，作为史学著作的读者，谈谈我的要求。第一，我希望史学家的著作，他引的参考文献应该是比较具体的，应该有卷数，有页数，有版本。过去我们看有些东西就觉得很难利用，它就讲到《汉书·地理志》就完了，《汉书》多少卷你不告诉我们。你们史学家很熟悉呀，我们不了解，多少页也不清楚，所以我们国内的读者，非史学界的读者来读各位的书的时候，希望能更具体一些。我认为咱们这个大通史今后出齐以后，可能会在世界上产生某种震动，因为我们的思维、我们的想法有很多新的突破，因此会引起国际上注意，会引起国际汉学家、首先懂得中文的这些人的注意。他在利用我们书的时候，核实我们书的时候也希望我们更具体，在文献上要求得更具体。其实并不费事，各位写的时候，再多写几个字，某某多少卷，多少页，什么年代出版，这样我们就把我们中国史学在文献处理这方面跟国际接轨，我们这个成果西方都可以接受了，这并不费事。我就提出这么个小要求。最后希望《大通史》运作成功，早日问世。

苏秉琦：这本大书，我读得太晚了，没来得及细看，回去再看。谈一点跟我工作有一点关系的一点提法。在我最近 94 年的那本书《华人——龙的传人》的序《六十年圆一梦》里边，一个是讲到 60 年当中，前 30 年主要的是绕开两个怪圈，走出一条自己的路。两个怪圈是什么呢？就讲到中华一统思想根深蒂固，在我们学科里还数中华一统的思想根深蒂固，在头 30 年甚至在 60 年当中的一大半绕在这个怪圈，这是第一件事情。第二件事情嘛，就是社会发展史，解放后大家一起研究从猴变人，研究社会发展史，把这当作一个经典，非常重要的，当作一个信条。研究社会发展史，这个考古也罢，历史也罢，要按照社会发展史来做，好像要把这个当作一个信仰。至少我们花两个 30 年当中一大半的时间在这两个怪圈里绕，绕不出来，后来这段时间我们算是从怪圈里绕出来了，知道走自己的路了，所以这是件大事情。我看我们这个大通史在这一方面也颇有新意。我个人经历了60年当中，我自己是走过这两条路，一个呢，钻怪圈花了一大半时间，后来这段时间我们绕出怪圈之后，才知道走自己的路了，这样子我们才看见新的中国通史。这可以说是偶尔相合吧。因为这材料我还没有好好看，在这里体会太晚了，回去我再好好看。谢谢！谢谢大家！

戴　逸：时间已经到12点了，今天这个会开得非常好。各位学术委员都发表了宝贵的意见，这些意见可以供编委会进行研究考虑。就是这样一部通史，规模非常大，路子非常新，必然有很多困难，很多难点。要完成这样一部通史，一方面我们有充分信心、有充分的决心来进行这项工作，因为这项工作非常有意义，在通史里面能够开辟出一个全新的局面。如果能够搞得好哇，这部书是非常有意义的一件事情，但是难度非常大，刚才很多同志讲了，难度很大，不仅规模宏大，2000万字，不容易，而这样一些论点，大的论点，你比方说具体的观点，有全新的面貌出现，这个是很不容易的。当然今后会要反复研究，有很多问题要反复研究，反复讨论。今天下午嘛，就是要进行一次编委会，开一次编委会来启动这项工作。今天非常感谢许多老先生在这儿呆了三四个小时，我们表示非常感谢吧。下边我们大家下去照个相，照相以后有便餐。

商　传：简单说两句，我代表我们编委会向今天上午参加我们这个会的这些前辈们、专家学者，这些学术委员表示感谢，尤其向咱们学术委员会的主任戴逸先生表示感谢，主持了这个会。今天是一个非常好的会，而且提了非常宝贵的意见。从今天下午开始，我们编委会就进行讨论，一定把前辈专家学者的意见吸收进来，争取把这个书做好，不辜负老专家对我们的期望。以后恐怕还会有很多地方，要多多给学术委员们添一些麻烦，到时候恐怕还有请教的地方，希望给我们今后工作支持，谢谢大家。

1995年6月12日于中央党校

（韩欣、窦旭耀根据录音直录，略有删节）

附录三　关于新编《中国大通史》的几点理论思考[①]

曹大为

编者按：本文对中国通史研究中的两个理论问题，“即如何把握中国历史发展的特殊道路和反映重大社会转型的历史发展阶段分期问题”，提出了自己的观点。历史认识是一个复杂的过程，任何人都很难一次性获得终极的真理性认识，因此，对上述理论问题有不同的认识是正常的。历史认识正确与否，有待于在科学和社会的实践中得到检验。发表此文，目的在于引起大家对中国历史进程中的一系列理论问题的关注。

历史唯物论和辩证唯物论是研究历史，也是指导编纂中国通史的科学的理论和方法。

自从马克思主义传入中国，特别是新中国成立之后，中国的历史研究取得了重大进展，这突出表现在50年代对中国古史分期、封建土地制度、资本主义萌芽、农民战争和汉民族形成等问题集中讨论所取得的成果，这些成果被充分吸收到通史著作的撰作之中。现代史学大师在史学理论、观点、研究方法更新的同时，也对创新通史体例做出重大贡献，尤其在历史阶段的划分，通过章节显示历史现象之间的内在层次关系和主要从政治、经济、文化三大块描述历史的框架，是对传统史学的重大突破。白寿彝先生70年代末期着手编纂的大型本《中国通史》，又在范文澜、郭沫若、翦伯赞等同类著作基础上有所

① 本文写作过程中曾与商传、王和、赵世瑜等专家学者一起反复研讨、修改，某些段落直接采用他们的表述，系集体劳动的成果。文中不当之处，由我个人负责。

发展，创立了由序说、综述、典志、传记多体裁配合、多层次反映历史的通史新体例，并在处理民族与疆域问题等方面提出了独到的见解。

新中国史学是在继承民主革命时期建立的中国马克思主义史学的基础上发展起来的。革命时期的中国马克思主义史学，在变革旧的专制主义文化、发展新的民主主义文化、建立科学的世界观等事业中曾起过巨大的积极作用。但革命时代的特征也不能不使它着力于说明中国社会历史所蕴含的人类社会历史发展的共性，而对其个性较少探究。这就使新中国的史学认识一开始就局限于“从具体上升到抽象”的阶段，在总体上未能进入“从抽象上升到具体”，充分把握中国历史的多样性的统一。加上50年代后期开始形成的“左”倾思潮的长期影响，史学研究不仅未能突破这一局限，其缺陷和不足反而日形严重。那种不顾中国历史发展的特点，简单、生硬地把马克思、恩格斯主要是针对欧洲历史得出的某些个别结论拿来机械地裁量阐释中国历史的做法，造成简单化、形式化、绝对化的偏向。对文化学、社会学等学科的错误批判、封禁和对当代国外史学的盲目排斥，导致史学研究领域狭窄、方法简单、观念僵化。那种随意剪裁历史从而为图解政策做注脚的做法，那种一味片面夸大经济基础、阶级斗争决定作用的倾向，实际上都在很大程度上背离了历史唯物主义和辩证唯物主义原则，把唯物史观庸俗化。毋庸讳言，这些缺憾也不可避免地在那个时代的通史著作中或多或少留下一些痕迹。

改革开放以来，通过对史学的上述种种偏向的认真清理，中国史学研究取得了长足进步。无论理论、观点、视野、角度、范围、内容、方法，以及史料的挖掘考证和各类专题与综合研究的成果，都较前大为丰富和发展。这就为我们今天站在世纪之交的高度，继承前辈史家优秀传统，吸收和反映近一二十年国内外多学科研究的最新成果，编纂一部既反映历时性社会纵向流变，又展示共时性社会全貌的全方位中国大通史，奠定了坚实的基础。

鉴于以往在理解、运用唯物史观方面出现的偏差曾对“通史建设”带来消极影响，今天，当我们新编《中国大通史》重申坚持以唯物史观为指导思想之际，理当就我们对唯物史观的理解作出解释。这里，我们不可能针对所有的问题一一详加辨析，只集中论述两个带有总体导向的重大问题，重点探讨如何把握中国历史发展的特殊道路和反映重大社会转型的历史发展阶段分期问题，其他相关问题仅略陈基本看法，不再详论。

一

长期以来，史学界在运用唯物史观研究历史、充分肯定经济基础的决定作用时，也存在着把这种经济作用过分夸大，将其视为刻板、先验的教条的倾向；而忽略了对人的主体能动性、思维的相对独立性和文化的多样性以及对文化进行价值判断和社会功能考察的研究。在以往通史著作中所设的“文化”这一块，大体上限制在对哲学、宗教、史学、科学、文学艺术一类较为狭隘层面的介绍。“文化”实际上只被看作是历史发展的“果”，而被排除在影响历史发展的诸种“因素”之外。仿佛“经济因素是唯一决定性的因素”，本来生机盎然、生动活泼的历史，变成了干巴枯燥“毫无内容的、抽象的、荒诞无稽的空话”①；充满灵气的创造历史的主体，成了体现、演示某种抽象规律、公式的毫无生命的躯壳和工具，从而很难和庸俗机械唯物主义以及形而上学、宿命论划清界线。其实经济基础的决定作用往往只是宏观的远程控制，即在大的趋势、倾向、性质、特点上起到根本性的制约作用；而人们的主观意志和精神活动同样是人类创造历史的前提，或者说，人类创造历史的一切活动都离不开人的主观意志和精神

① 《恩格斯致约·布洛赫》，《马克思恩格斯选集》第4卷，人民出版社1995年第2版，第696页。

活动，归根结蒂，“历史不过是追求着自己目的的人的活动而已”①。这种主体意志活动的个性，必然要在创造历史的活动中留下独特的轨迹。在新编大通史中，文化将不仅是和政治、经济并列的一个门类；因为在我们看来，文化不但表现为各种意识形态，表现为深刻的理性认识，同时也表现为人的素质和潜力，或者以感情意向的形式流露，以无形的心态氛围四处弥漫，或者显现出一种大致趋同的价值取向、行为模式，成为一种民族性格、时代精神。总之，我们把文化视为一个依存于客观物质世界和社会历史实践的、有机的、动态的、有独特个性的，集中反映人类主体意志和实践活动的整体系统。我们在研究历史上发生的重大事件，探索各种变革的原因时，理所当然不应忽略这一影响人们行动意愿以及改造世界能力的文化因素。因而在我们的大通史中，文化的多重涵义都将受到高度重视和充分展现，包括注意把握文化精神和生活方式、制度以及各种意识形态等文化具象之间的内在关联，考察中国传统文化成为一种特殊类型的原因及其社会效应和历史影响。这一切都将被放置在贯通全书各部分的特殊重要地位，真正体现上层建筑、意识形态、精神生活受到经济基础、生产方式的制约；同时一经产生，又具有相对的独立性，发挥巨大的反作用力，反过来能动地“掌握世界”② 这一唯物史观的精髓。

与此相应，关于偶然与必然、随机与规律问题，本书将力求展示这样一种观点：在古代，就任何一特定的人类社会而言，越是在长期的历史运动和历史发展的总趋势中，“必然”与“规律”的作用体现得越明显。而相对于任何一个较短时期的具体历史来说，则存在着向不同方向发展的可能性。从这个意义上讲，当相关的基础条件确定之后，只有历史发展的总趋势是必然的，而历史的无数具体事件和过程

① 马克思、恩格斯：《神圣家族》，《马克思恩格斯全集》第2卷，人民出版社1975年第1版，第118、119页。

② 马克思：《〈政治经济学批判〉导言》，《马克思恩格斯选集》第2卷．人民出版社1995年第2版，第19页。

都带有很大的偶然性。以农业自然经济社会的量变积累过程为例，在中华民族生存繁衍的这块特定的地理条件和自然环境的地域内，历史的发展总趋势是一种高度成熟与长期延续的农业自然经济，以及与此相适应的社会制度、政权形式、意识形态，乃至风俗习惯和民族心理的存在——这种总趋势是必然的，只要既存的条件不改变，它就必然呈现为这种类型与状态。但是，在这一总趋势的具体过程中究竟出现过哪些王朝，发生过哪些事件，这些王朝是延续得长一点还是短一点，疆域是大一点还是小一点，阶级矛盾是激化得快一点还是慢一点，以及某次农民起义在何时何地发生、取得何种结果等无数具体事件和过程，都在很大程度上取决于无数的偶然因素，如领导者具有什么样的才能和品格，采取了哪些方针策略，乃至发生过哪些意外的天灾人祸等等。即使在社会形态行将发生质变的临界时期，革故鼎新的大趋势谁也无法扭转，但反映在社会结构、生产关系等方面变革的政策调整究竟由谁来实现，其具体过程和时间的早晚，包括历史上一些适应社会需要迟早会出现的重大科技发明问世的时间和水平的高低，也都在很大程度上取决于诸多偶然因素。特别是在大量存在着的不确定系统、随机性系统面前，可供选择的道路、方式是多样的；而经历了无数历史关头的无数次选择之后，尽管不能改变历史发展的总趋势，但确实导致不同国家、不同民族之间在具体发展道路和发达程度上表现出很大差异。我们在肯定经济基础为决定历史发展终极原因的前提下，认为整个人类历史在某种意义上就是一部物质变精神、精神变物质的历史，其间转变的中介便是人类的实践活动，通过实践的渠道将两者沟通，实现互化飞跃。我们在高度重视人类主体意志活动的同时，尤其注重人类作为历史主体改造世界的各种实践活动。当然，这并不意味人便可以不受物质基础和社会存在的制约，为所欲为。如马克思所说："人们自己创造自己的历史，但是他们并不是随心所欲地创造，并不是在他们自己选定的条件下创造，而是在直接碰到的、既定的、从过去承继下来的条件下创造。一切已死的先辈们的传统，像梦魇一样纠缠着活人的头脑。”① 作为历史主体的人，只有在不违背客观规律的前提下，才能获得充分的选择和创造的自由。总之，我们强调各种主、客观因素之间的相互关系和综合作用，揭示各种“合力”推动社会发展的多重性和复杂性。在充分展现各种生动活泼、丰富多彩的“偶然性”活动中，揭示出历史发展的必然规律。

二

恩格斯在《家庭、私有制和国家的起源》一书中提出了关于两种生产的理论，即物质生产和人类自身繁衍是影响历史发展的决定性因素，社会制度相应受到劳动发展阶段和家庭发展阶段的制约。一般愈是生产不发达的人类社会早期，后一因素的作用愈显重要；而随着地域关系的发展，其作用则相对递减，直至“以血族团体为基础的旧社会，由于新形成的各社会阶级的冲突而被炸毁”，组成以地区团体为基层单位的国家，于是“家庭制度完全受所有制的支配，阶级对立和阶级斗争从此自由开展起来，这种阶级对立和阶级斗争构成了直到今日的全部成文史的内容”②。这显然是研究欧洲早期历史得出的结论。中国在跨入文明门槛时，却经历了一条颇为独特的道路。被称作中华民族文化发祥地的中原地区，属于典型的精耕细作型农业文明，生产相对稳定，格外安土重迁。生产力的发展并未使这里的血缘纽带遭受严重侵蚀，氏族首领直接转化为剥削阶级新贵，血缘组织与国家形态融铸一体，奠立起宗法农耕型社会的基本格局。此后虽然经历了个体家庭经营取代大规模强制集体耕作、亲贵合一血缘纽带松弛和社会转向以个体家庭为本位重新组合的变迁，但在农业自然经济条件下，人们实际上还是普遍聚族安土定居，宗族血缘关系仍以不同形

① 马克思：《路易·波拿巴的雾月十八日》，《马克思恩格斯选集》第1卷，人民出版社1995年第2版，第585页。

② 《马克思恩格斯选集》第4卷，人民出版社1995年第2版，第2页。

式、不同性质重新组合，顽固滞存。直到毛泽东在第一次国内革命战争时期分析井冈山根据地斗争形势时还在强调，“无论哪一县，封建的家族组织十分普遍，多是一姓一个村子，或一姓几个村子，非有一个比较长的时间，村子内阶级分化不能完成，家族主义不能战胜”①。中国古代宗族、家族血缘纽带就这样纵贯几千年，并与农业自然经济、国家行政组织相互耦合，凝为社会深层结构，制约、规定着中国历史上阶级斗争的特点和中国古代社会发展的走向。只有把握住中国古代社会结构的这一根本特征，才有可能对中国历史上一系列重大问题做出合理的解释。例如李大钊在论及孔子的学说所以能支配中国人心两千余年的原因时，就曾指出：“因它是适应中国二千余年未曾变动的经济组织反映出来的产物，因它是大家族制度上的表层构造。”②新中国成立后史学领域中排斥家族、家庭研究的做法，使得现有的各种通史著作无法把这个问题放到应有的地位，一般只在谈原始社会、早期宗法制度和魏晋门阀制度时述及，而忽略了宗族制度在中后期的发展变化及其历史影响。显然这种忽略不只是一种局部的缺陷，而是带有总体倾向性的偏失。《中国大通史》的撰作，不仅在内容编排上将对此给予高度重视，而且要始终紧紧抓住这一有别于西方的中国古代社会深层结构的基本特征，贯穿到对整个中国历史的研究之中，从而对中国历史发展的特点和规律，做出更加符合实际的科学合理的剖析和诠释。

三

基于上述认识，新编大通史除上面提到的之外，在以下几个问题的理论把握上，也将与以往的通史著作有所区别：

---

① 毛泽东：《井岗山的斗争》，《毛泽东选集》（一卷本）第 71 页，人民出版社 1964 年版。

② 李大钊：《由经济上解释中国近代思想变动的原因》，《新青年》第 7 卷第 2 号，1920 年 1 月 1 日。

1. 不再套用斯大林提出的“五种社会形态”单线演变模式作为裁断中国历史分期的标准。事实证明，并非所有地区或国家都完全按照这一模式一成不变的发展。马克思也只是在《〈政治经济学批判〉序言》中提到“大体说来，亚细亚的、古代的、封建的和现代资产阶级的生产方式可以看作是经济的社会形态演进的几个时代”①，而且马克思、恩格斯还曾依据不同的视角和标准对人类社会历史的发展阶段做出不同性质类型的划分。例如马克思在《资本论》第1卷将史前时期“按照制造工具和武器的材料，划分为石器时代、青铜时代和铁器时代”②，恩格斯在《家庭、私有制和国家的起源》一书中则用蒙昧时代、野蛮时代和文明时代的概念划分人类社会的三个主要时代。马克思、恩格斯依据劳动资料、生产力类型，将人类历史演进从宏观上划为采集渔猎、农业文明、工业文明三大时代，更为人们所熟知。本书对宏观大历史阶段的划分即大体参照这一反映人类历史发展共同规律的分期框架。

当然，同处于一种大生产力形态下的不同国家、地区之间，主要因生产方式不同而表现在社会形态方面仍存在着共时性的差异；即使同一国家在同一大生产力形态中，社会形态也还存在阶段性的变化。在西欧的一些国家，迄今为止大体经历了古典时代的公社制——奴隶制——封建制——资本主义社会四个阶段。问题是，马克思并没有把这种局部国家、地区社会形态演进的序列悬为世界通行图式。他在给俄国《祖国纪事》编辑部的一封信中说，把他“关于西欧资本主义起源的历史概述彻底变成一般发展道路的历史哲学理论”，“会给我过多的荣誉，同时也会给我过多的侮辱”③。显然，无视中国历史实

① 《马克思恩格斯选集》第2卷，人民出版社1995年第2版，第33页。

② 《马克思恩格斯全集》第23卷，人民出版社1975年第1版，第204页。

③ 《马克思恩格斯全集》第19卷，人民出版社1975年第1版，第130页。

际，机械地把斯大林概括的模式当放之四海而皆准的现成公式，按照它来剪裁中国各种历史事实的做法，并非历史唯物主义的科学态度。

首先，奴隶社会是不是人类社会在文明之初普遍经历过的一种社会形态呢？恩格斯在《家庭、私有制和国家的起源》中明确指出，“我们已经根据希腊人、罗马人和德意志人这三大实例，探讨了氏族制度的解体”①，极为慎重地指明他们所概括出来的奴隶制、农奴制和雇佣劳动制这“三大奴役形式”的事实来源。而中国古代在农耕自然经济与宗族血缘纽带双重制约下跨入阶级社会门槛，血缘纽带的滞留阻碍了完全将族人化为“非人”的活财产的奴隶制趋势，中原王朝不存在一个以奴隶制剥削形式为主体的奴隶社会阶段。经过反复讨论，这一点已愈来愈为史学界所认同。我们注意到，白寿彝先生在为他主编的《中国通史》第3卷所写《题记》中也已审慎地表示，“从历史发展顺序上看，这约略相当于一般历史著述中所说的奴隶制时代。但在这个时代，奴隶制并不是唯一的社会形态。我们用‘上古时代’的提法，可能更妥当些”。

其次，我们还主张避免笼统使用涵义不清的封建制度的概念。长期以来学术界流行的“封建制度”一词，并非中国古代“封土建国”的原义（西方使用的“封建制”概念与此相类），而是从“五种社会形态”角度确定其含义，这实际上是译介、创新语汇时遗留下来的问题，极易造成混乱和争议。事实上马克思在《摩尔根〈古代社会〉一书摘要》中曾明确指出：“两个半球在这方面（指自然条件——笔者）的差异以及谷物方面的特殊差异，在达到了野蛮中级阶段这一部分人类的发展上，造成了显著的差别。”恩格斯也说：“两个半球

① 《马克思恩格斯选集》第4卷，人民出版社1995年第2版，第158页。

上的居民，从此以后，便各自循着自己独特的道路发展。”[①] 马克思从来不提古代东方是奴隶社会或封建社会（日本例外），而通常使用“东方社会”、“亚洲式社会”等概念。在这种社会，生产方式的广阔基础，是由小农业和家内手工业的统一形成的，并在此基础上建立起君主专制集权的统治，在社会发展上呈现出迟缓、循环的特点。而且，马克思还明确地提出过“封建主义一开始就同宗法式的君主制对立”[②] 的观点，可见关于“欧洲封建主义”的概念明显与中国历史发展的实际进程不符。

结合中国古代历史的具体情况，我们可以把这种“循着自己独特的道路发展”、与欧洲古典奴隶社会和中世纪封建社会表现出“显著的差别”的中国古代社会，概括为专制个体型家国同构农耕社会。确切点说，春秋战国之前还曾经历过一个宗法集耕型家国同构农耕社会的阶段。本书在中国古代史部分使用的“封建”概念，将恢复周人“封建亲戚，以藩屏周”[③] 的原义。尽管西周时期的这种“封建”制度与后来中世纪欧洲封建社会在庄园经济和诸侯兼集行政、司法、军事数权于一身等方面颇多相似之处；但在血缘纽带滞存、社会以大宗族为本位建构以及劳动者的身份地位较高等根本之处存在明显差别，不宜简单比附划一。经历春秋战国社会转型之后，郡县制取代分封制，至隋唐又进而奠立三省六部制和科举选官制度，生产上则呈现个体、细小、分散的特点，逐步形成租佃制地主经济，又兼随土地买卖而导致的不稳定性，大土地所有者无法兼集诸权于一身。虽然秦亡之后，各代仍屡有分封之举，但后世的藩王如《明史》所述，已大

① 恩格斯：《家庭、私有制和国家的起源》，《马克思恩格斯选集》第4卷，人民出版社1995年第2版，第20、21页。

② 马克思：《哲学的贫困》，《马克思恩格斯全集》第4卷，人民出版社1975年版，第176页。

③ 《左传·僖公二十四年》。

抵是“分封而不锡土，列爵而不临民，食禄而不治事”[1]，这和经典作家概括的“在中世纪的封建国家中……政治的权力地位是按照地产来排列的”[2]、“战争中和法庭裁判中的最高权力是地产的属性”[3]、司法职能与行政职能“是土地所有权的属性”[4] 等特点迥不相同。显然，马克思、恩格斯不把中国这种与中世纪欧洲存在“显著的差别”的古代东方社会笼统划入封建社会的模式，体现了实事求是的精神。马克思主义经典作家的这一真知灼见，是我们不盲目套用斯大林五种社会形态单线演进模式的重要理论依据。

需要辨明的是，20 世纪 20 年代中国共产党人和早期马克思主义者曾在实际政治生活中使用“半封建”、“反封建”的概念。这当然不是从学术研究角度对中国古代社会性质做界定，而是有着“为实现民主政治而斗争”、反对“贪官污吏买办大地主豪绅土匪”等“半封建势力”[5]、反对“现在的中国经济政治制度”[6] 的特定的现实涵义。我们在近现代史部分正是在这个意义上使用“封建”、“半封建”的概念——既指一种“农业生活方式和自然经济占统治地位”、“把中国农民束缚在土地上”、“以皇帝为整个制度首脑”[7] 的落后的（实即专制个体型家国同构农耕社会形态下的）剥削制度和反动的政治统治，也指以“贪官污吏买办大地主豪绅土匪等”为代表的“半封

① 《明史》卷 120。

② 恩格斯：《家庭、私有制和国家的起源》，《马克思恩格斯选集》第 4 卷，人民出版社 1995 年第 2 版，第 173 页。

③ 马克思：《资本论》第 1 卷，人民出版社 1975 年第 1 版，第 369 页。

④ 马克思：《资本论》第 3 卷，人民出版社 1975 年第 1 版，第 436 页。

⑤ 《周恩来政论选》上册，中央文献出版社、人民日报出版社 1993 年版，第 115、113 页。

⑥ 《中央文件选集》第 4 册，中共中央党校出版社 1983 年版，第 196 页。

⑦ 列宁：《中国的民主主义和民粹主义》，《列宁全集》第 21 卷，人民出版社 1990 年第 2 版，第 429 页。

建势力”，是愚昧落后、专制迷信的象征。不言而喻，近现代史中指称的“封建”和中世纪欧洲以及中国历史上西周的“封建”制度尽管也多少有相似之处，但毕竟有其特定涵义，同样不宜混淆。

当今政治生活中通行的“封建社会”概念，是指“一种社会形态，特征是地主占有土地，农民只有很少土地或全无土地，只能耕种地主的土地，绝大部分产品被地主剥夺”，在这种社会，“农民可以有自己的个体经济，但终身依附土地，实际上仍无人身自由。保护封建剥削制度的权力机关是地主阶级的封建国家”；“封建主义”，则指以地主占有土地，剥削农民”为基础的社会制度。同时，“封建”亦指“带有封建社会的色彩”，如“头脑封建”。① 从资产阶级民主革命到无产阶级领导的新民主主义革命，都把推翻这种地主阶级剥削农民的封建专制制度列为革命的一个主要目标，这是本书近现代部分所要充分展现的一条主线。以上关于“封建社会”的概念，也是对历史上地主剥削农民制度的一种概括，在这一点上，无论中国古代周秦、唐宋，以至近现代，包括欧洲中世纪，都存在着相类的“共性”，农民阶级和地主阶级的矛盾，俱为这些社会的主要矛盾。农民阶级反抗地主阶级剥削、压迫的阶级斗争，同样是本书古代部分要充分展现的“多少推动了社会生产力的发展”②，从而推动历史前进的一条主线。不过，这种“封建社会”的概念毕竟过于抽象、笼统，不同国家、地区之间，以及不同国家的不同发展阶段之间，除了这一极为概括的共性之外，还存在着许多不容忽略的重大差别。实际上人们都清楚，中国共产党领导的伟大的反封建斗争，既非针对“君主把土地分给宗室和功臣，让他们在这土地上建国”的周代“封建”制度；也非

① 中国社会科学院语言研究所词典编辑室编：《现代汉语词典》（修订本），商务印书馆1996年版，第379页。

② 毛泽东：《中国革命和中国共产党》，《毛泽东选集》（合订本），人民出版社1964年版，第619页。

针对“欧洲中世纪君主把土地分给亲信的人，形式跟我国古代封建相似，我国也把它叫做封建”的制度①。

在戎马倥偬的革命战争年代，这种对古代历史的学术上区分也实在并非当务之急。时至中国人民在共产党领导下迈入社会主义初级阶段的今天，在研究中国古代历史时，对因涵盖面过于宽泛以及译介创新名词造成的混乱加以澄清，更加准确地展现共性之中的个性差异和历史发展丰富多彩的原貌，更好地总结中国历史发展道路的特点和演变的规律，为建设中国特色社会主义提供宝贵的“历史资源”，方始成为必要。而且中国近现代的资本主义在殖民势力挤压下畸形发展，比起欧洲原生型资本主义也颇多差异。就是今天我们正努力建设的，也还是带有鲜明中国特色的社会主义。本书不但在剖析中国古代社会时要实事求是地反映出其自身发展的独特轨迹，就是在把握中国资本主义、社会主义和西方、东欧的“共性”的同时，也要如实地反映出中国独特的“个性”。

江泽民同志在中国共产党第十五次全国代表大会上的报告明确指出，有中国特色社会主义的文化，“渊源于中华民族五千年文明史，又植根于有中国特色社会主义的实践”。我们认为，邓小平提出建设有中国特色社会主义的理论，一个重要依据就是实事求是地认识和把握中国的“国情”。而当今中国特殊的现实“国情”，恰恰是历史上中国有别于西方的特殊道路发展的结果。正如邓小平同志指出的，“世界上的问题不可能都用一个模式解决”②，“别人的经验可以参考，但是不能照搬”③，中国的“现代化”并不等于“西化”。中国迈上新民主主义革命以及中国特色社会主义的现代化道路，正是有自身特色的历史发展的必然结果。因此，建设中国特色社会主义的理论，不

---

① 中国社会科学院语言研究所词典编辑室编：《现代汉语词典》（修订本），商务印书馆1996年版，第379页。

② 《邓小平文选》第3卷，第261页。

③ 《邓小平文选》第3卷，第265页。

仅具有理论的和现实的科学依据，也有充分的历史依据。毛泽东曾把马克思、恩格斯创立的辩证唯物主义和历史唯物主义的思想路线，“用中国语言概括为‘实事求是’四个大字”；而邓小平则进一步指出：“实事求是，一切从实际出发，理论联系实际，坚持实践是检验真理的标准，这就是我们党的思想路线。”① 我们在探讨中国历史的发展过程中，益发感受到这一理论体系的正确性。其基本原则不仅是指导我们今天社会主义建设，而且是指导我们进行历史研究的强有力的思想武器。

2. 在充分认识阶级斗争、暴力革命重大作用的同时，也不应忽略变革前的长期积累和革命后的长期延续，尤其要重视生产力的发展变革。这是因为：“革命是要搞阶级斗争，但革命不只是搞阶级斗争。生产力方面的革命也是革命，而且是很重要的革命，从历史的发展讲是最根本的革命。”② 同时我们也将比以往更多地关注社会长期性、连续性、渐进性的发展变化过程，更多注意结构性的变化，从社会结构——功能及其运行机制和生产方式、社会制度漫长的孕育过程中去寻找经济增长、社会发展的原因。虽然在较短时段中不妨用重大政治、经济事件作为划分历史阶段的转折点；但对于长时段的历史分期，则避免仅仅使用某个具体的重大政治、经济事件作为变化的标志。这一方面是因为我们充分肯定生产力和生产关系矛盾运动是社会发展的终极动因，而这种变化不可能在一朝一夕迅速完成；另一方面用个别政治、经济事件作为变化的标志，容易流于表面化，往往是引起争论的原因之一。

依据生产力、生产关系和社会结构为主要标准，综合政治体制等多种因素考察判断，本书将中国历史划分为以下几个阶段：

① 《邓小平文选》第2卷，第278页。

② 《邓小平文选》第2卷，第311页。

原始文化（渔猎采集经济）

农耕文明

宗法集耕型家国同构农耕社会（夏——春秋战国）
专制个体型家国
同构农耕社会

确立与反复（秦汉——魏晋南北朝）
发展与成熟（唐宋——明中期）
传统中的变异：走向近代（明中后期——清中期）

向工业文明转轨

工业文明大潮中的近代中国：曲折的近代化进程（19 世纪中后期——20 世纪前期）

传统社会解体与近代化启动
资产阶级民主革命
新民主主义革命

社会主义初级阶段：向现代化推进（20 世纪中后期）

奠基与探索
改革与飞跃

以上分期分三个层面标示。第一级层面依据以生产力形态为主要标准的社会文明类型，从宏观上划为原始文化、农耕文明、向工业文明转轨三大阶段。进入文明社会以前的史前时期，属于采集渔猎生产方式，后经新石器时代革命过渡到原始农业、畜牧业生产方式，呈现出文化多元发展的特点。进入文明社会之后，即长期保持着以农耕为主（包括与农耕经济对垒和互补的游牧经济以及作为农耕经济补充形式的手工业、商业与海洋贸易经济）的半自然半人工形态生产力状态，至今仍处于向工业文明发展的过渡阶段。鉴于中国尚未实现现代化，我们把这一向工业文明转轨的过渡阶段和农耕文明阶段列为同级序列来把握。第二级层面则以社会形态为标准，在同一大阶段之中进行阶段性分期。第三级层面属于同一社会形态下的不同发展阶段。

以上第二级层面各阶段就全局范围来看，均处于多种社会形态和生产方式并存的状态，本书的分期主要依据当时占据主导地位的社会结构和生产方式定性。鉴于生产方式和社会结构的变动是一个长期的过程，而社会形态和经济、政治、意识形态等方面的变动并不完全同步，因而我们的分期是一种较大跨度的模糊性分期。

从宗法血缘系统和国家机构二系合一（宗君合一）基础上的大规模强制集体耕作过渡到建筑在个体家庭经济基础上的专制集权体制的变化，大约完成于周秦之际。而从国家控制严密、劳役负担占据较大比重的体制过渡到人身依附关系相对松弛、租佃经济占据主导地位的变化，则大体完成于唐宋时期。明中后期以至清前期尽管比起步入资本主义轨道的西方国家，国力相对趋于衰落，但就其在自身农耕文明轨道的发展而言，又在唐宋高度发展成熟的基础上有所提高和突破（例如“一条鞭法”、“摊丁入亩”）。正是在这种背景下，明显出现了工业文明萌动的迹象和趋向。

需要说明的是，近代与现代在西方语言中是同一词，而在我们这里，现代化是指从产业革命开始的使人类生活形态和生产方式发生根本性变化的技术和经济以及与之相应的政治、社会结构、意识形态的变迁过程。而近代化则是指产业革命的准备阶段和向工业文明发展的过渡阶段，即从农耕文明中分离出迥异于传统模式的经济、社会与思想文化方面的变异，这些变异的发育成长带有向工业文明演进的鲜明趋向。

明中后期以降局部地区在商品经济、市场空前发展和人身依附关系大为松驰的背景下，城镇经济发达，士绅与市民阶层壮大，手工工场作坊中的生产关系和劳动组合发生了近乎西方资本主义生产关系的新变化，科学巨匠迭出，通俗文学繁荣，意识形态相对活跃，兴起一股带有早期启蒙性质的思潮。人们的价值观念、社会风尚呈现出逐新求变、活泼开放的新鲜气息。无论在政治、经济、思想文化，还是在社会生活方面，都显露出新旧冲突变动的征兆。这些中国历史上前所未见的诸种内在关联因素的同时涌现并非偶然，它标志着烂熟的农耕文明母体并非万古不变，新因素的萌芽已经在为产业革命的启动准备条件。这表明即使不被鸦片战争打乱中国历史发展的自然进程，在中国高度发达农耕文明的母体中也同样孕育着工业文明的因素，为此我们把明中后期视为走向近代的端倪。

不过，向工业文明演进的近代化趋向并不必然导致进入资本主义社会。马克思曾表示，“我明确地把这一运动的‘历史必然性’限于西欧各国”[①]，并反对把西欧资本主义发展道路看成是“一切民族，不管他们所处的历史环境如何，都注定要走这条道路”[②]。中国明中后期呈现近代化趋向和西方显露资本主义曙光大致处于同一历史时代，由此而引发的一系列变动曾程度不同地在东西方同时显现。而且中国当时在生产力发展水平、生产关系状况、局部地区市镇经济繁荣程度以及远洋航海能力等方面都明显处于领先地位。但“资本在它的萌芽时期，由于刚刚出世，不能单纯依靠经济关系的力量，还要依靠国家政权的帮助才能确保自己榨取足够的剩余劳动的权利”[③]。明清时期的诸多近代化因素非但未能得到国家政权的保护支持，反而遭到专制集权统治的严重压抑摧残。特别是明清鼎革的动荡和清初的倒退逆转，一度遏制了向近代社会演进的进程。康雍乾时期社会经济全面恢复发展后，又因空前严厉的文化专制统治，使政治层面和科学技术、思想文化领域的近代化因素难以发育。明清时期农村自然经济和乡土宗族血缘网络的再度胶合强化也阻滞着社会结构的更新。中国高度成熟的专制集权制度具有极富韧性的自我整合机制，不断扭曲化解异质变革因素，修补完善自身的体制，成为桎梏近代化因素发展的巨

---

① 马克思：《给维·伊·查苏利奇的复信草稿》，《马克思恩格斯全集》第19卷，人民出版社1975年第1版，第430页。

② 马克思：《给〈祖国纪事〉杂志编辑部的信》，《马克思恩格斯全集》第19卷，人民出版社1975年第1版，第130页。

③ 马克思：《资本论》第1卷，人民出版社1975年第1版，第300页。

大障碍。密集型劳动模式和先进市镇被广大农村包围、牵制等诸多因素，也使中国突破产业革命的瓶颈格外艰难。当西欧主要国家实现商品经济取代自然经济，大工业生产取代手工作坊，以法律为标志的国家权力取代君主贵族特权，人的理性冲破中世纪神学禁锢，科学战胜蒙昧，并通过产业革命相继进入近代工业文明轨道时，中国清皇朝专制集权体制却更趋强固，对外更加闭关自守，缺乏革新启动机制，仍旧滞留在近代化因素孕育阶段。不过专制政权的阻挠并不能完全阻挡社会深层的变动，清前期资本主义生产关系萌芽在规模、数量、分布领域和范围等方面均较前有所发展，继续在为产业革命的启动准备条件。这种在社会深层变动方面显示出的延续性、导向性，表明了中国向近现代工业文明转轨的历史必然性，尽管尚需经过一个相当长的历程，而且在具体发展道路上既会有和西方资本主义国家实现近现代化相同相近的一面，也必然会带有其自身独具的特点。

清皇朝的闭关锁国政策终究不能阻止殖民主义势力的入侵。资本主义的迅猛发展将全世界卷入商品流通巨大潮流之中，中国的发展进程再也不能孤立于世界历史发展之外。明清之际殖民势力的东来和“西学东渐”，是中国历史上第一次和在社会发展上居领先地位的工业文明相遇。在这次碰撞较量中，未能实现向近代化转轨的清帝国无可挽回地败退衰落。鸦片战争中断了中国正常发展的历史进程，使中国社会发生了巨大变化。如马克思论及中国近代历史进程所说，“与外界完全隔绝曾是保存旧中国的首要条件，而当这种隔绝状态通过英国而为暴力所打破的时候，接踵而来的必然是解体的过程，正如小心保存在密闭棺材里的木乃伊一接触新鲜空气便必然要解体一样”①。帝国主义一方面通过一系列不平等条约严重损害了中国主权，给中国人民带来极大苦难；同时为了剥削廉价劳力、倾销商品、掠夺原料，进一步控制中国经济命脉，又在中国直接开办厂矿，修筑铁路，客观

① 马克思：《中国革命和欧洲革命》，《马克思恩格斯选集》第1卷，人民出版社1995年第2版，第692页。

上播下了“新的社会因素”。这场马克思称之为殖民统治在亚洲造成的“最大的”、“唯一的一次社会革命”，破坏了中国传统的专制个体型家国同构农耕社会形态，并“充当了历史的不自觉的工具”①，促使中国走向某种程度的近代化。

当然，他们的目的并非要在中国实现现代化，而只是在有利于实行殖民统治的前提下，故意保留落后的旧社会关系，有限制地发展资本主义。正如毛泽东指出的：“帝国主义列强侵略中国，在一方面促使中国封建社会解体，促使中国发生了资本主义因素，把一个封建社会变成了一个半封建的社会；但是在另一方它们又残酷地统治了中国，把一个独立的中国变成了一个半殖民地和殖民地的中国。”②（这表明所谓“半殖民地半封建”的确切含义是指半殖民地半独立与半封建或半传统半资本主义）同时毛泽东还指出：在帝国主义侵略造成的冲击或改造过程中，“随着也就产生了中国这类国家的民族资产阶级和无产阶级。同时并使农民破产，造成了广大的半无产阶级。这样，西方资产阶级就在东方造成了两类人，一类是少数人，这就是为帝国主义服务的洋奴；一类是多数人，这就是反抗帝国主义的工人阶级、农民阶级、城市小资产阶级、民族资产阶级和从这些阶级出身的知识分子，所有这些，都是帝国主义替自己造成的掘墓人，革命就是从这些人发生的”③。在一个多世纪扭曲的近代化进程中，中国人民正是通过反对帝国主义、封建主义和官僚资本主义的斗争，不断推进民族工业的发展，并在政治上推翻专制帝制，民主共和观念逐步深入人心。继而中国共产党领导的新民主主义革命，又赋予资产阶级性质的革命以社会主义的前途。中华人民共和国的成立，结束了半殖民地

① 马克思：《不列颠在印度的统治》，《马克思恩格斯选集》第1卷，人民出版社1995年第2版，第765、766页。

② 毛泽东：《中国革命和中国共产党》，《毛泽东选集》（合订本），人民出版社1964年版，第624页。

③ 毛泽东：《唯心历史观的破产》，《毛泽东选集》（合订本），人民出版社1964年版，第1517页。

半封建社会的历史，迈入社会主义初级阶段，经反复探索，走上改革开放之路，推行重大经济体制改革，终于得以加快向工业文明转轨的历史飞跃。

当然历史并非直线发展，在各阶段中的不同历史时期也会出现一些有悖于整个历史发展大势的非主流的变异；我们勾画的分期框架也还只是一种粗线条的把握，有待各分卷进一步精确化、细密化。各分卷可根据本时段具体情况，概括自身的时代特点，列为本卷的副标题。至于以往通常用“封建时代”概念涵盖的历史时代（周秦之际——明清）则大体相当于本书“专制个体型家国同构农耕社会”时期。

3. 注重中国历史发展的多样性和不平衡性，充分认识到因地理生态环境和社会人文背景差异而导致中国历史上不同时期、不同区域、不同民族在经济文化类型方面的差异与距离，承认这种多样性和不平衡性在空间上的犬牙交错和在时间上的长期共存，真实反映中国历史纵向不断从低级向高级演进，横向不断由分散闭塞走向融合统一的发展总趋势。关于疆域与民族问题，则首先应确定以当代中国和中华民族为本位，以此作为撰写中国大通史的立足点，而不能只从汉族和历代王朝的角度考察。应该肯定今天祖国的领土（包括近代帝国主义掠夺的土地）即为中国历史上各民族先民活动的历史舞台，也就是说，中国的历史主要是历史上活动在今天中国疆域范围内各民族共同创造的历史。从这个意义上看，中国历史上大一统王朝或中原王朝与周边少数民族政权之间的关系，基本上是同属中华民族范畴内的中央政权与地方民族政权之间的关系（多数是隶属关系，有时也演变为不同民族政权之间互相对峙的关系）。我们反对沿袭汉族本位的观念，但也实事求是地承认汉族作为中华民族的主体民族在中国历史上的特殊地位和作用；同时还应看到一些少数民族也曾在某些历史进程中发挥关键作用，并在某些区域的开拓发展中占有独特地位。我们在肯定汉文化作为高度发达农耕文明总体领先地位的同时，还要体现各民族文化自身的独特价值和意义，以及各民族共同对促进中华民族整体文化发展做出的贡献。在坚持上述原则的前提下，我们还认为，无论疆域、民族还是国家都是一个历史的范畴，中国历史上的统一多民族国家也曾经历一个形成、发展演变和盈缩的过程，应该尊重和承认这样一个历史事实，并真实地反映这一历史嬗变的轨迹。对于历史上各民族政权之间曾经产生的冲突乃至战争，应予公正、客观的描述，不用“侵略”、“爱国”一类的概念，而代之以“入侵”、“侵犯”等词汇。对争战双方仍应作出正义与非正义、进步与倒退的性质判断。对于反抗民族压迫、恪守民族气节、促进民族融合或推动本民族社会发展的各类人物，都应具体分析，从不同的角度给予历史的肯定。本书将着重反映历史上各民族在碰撞中交融的潮流与趋向，正是这种多元民族文化碰撞与融合带来的兼收并蓄、熔铸创新、杂交综合优势，才使中华民族具有强大的凝聚力、生命力，成为牢不可分的整体。在从世界历史范围考察各国的地位、作用时，我们反对一成不变的西方中心论或中国中心论。我们认为在特定的历史时期，某些国家、民族或地区有可能处于该时代的主导、中心地位，同时要看到随着时代变迁也会造成这种中心地位的转移。总之，我们将坚持以当代中国和中华民族为本位的辩证的发展的疆域观和开放、平等、多元（多民族）一体（中华民族）的发展的民族观。

4. 如前所述，中国古代跨入阶级社会门槛时形成的家国同构二系合一结构，比起以古希腊、罗马为代表的西方阶级关系完全取代血族团体形成国家的模式判若两途，成为一种原生的特殊社会遗传基因，在相当漫长的历史时代制约着中国社会发展的格局，影响到政治、经济、意识形态等方方面面。诸如《左传》所载“国之大事，在祀与戎”，《礼记》标榜“礼有五经，莫急于祭”；“齐家”一向被视为“治国平天下”的前提；“夫妇别”列于“父子亲，君臣严”之前，“三者正，则庶物从之矣”①；以及历代帝王倡导“百行孝为先”、以孝治天下一类的千古信条，便都源自这种家国一体的社会结构底蕴。因而我们对一向被忽略的婚姻、家庭、宗族、各阶层、社群等社

① 《礼记·哀公问》。

会结构和社会问题的探考，绝非一般拾遗补阙，而是在深入探究中国历史特殊传统的真谛。即使对妇女问题的关注，也意在切实体现马克思关于“没有妇女的酵素就不能有伟大的社会变革”① 的科学论断，全面、深入剖析促使社会变革的各种因素，而非刻意标新立异的猎奇和可有可无的点缀。

此外，以往通史多半是通过强调农民战争来体现人民群众创造历史这一基本原则，而且往往实际上把农民战争当成改朝换代的工具和陪衬，而对劳动人民日常生产、生活和思想文化等方面的状况则很少涉及。本书增加大量社会史、文化史方面内容的另一重要原因，还在于要力图真实再现丰富多彩的社会生活全貌，揭示人民群众在衣食住行方面的需求引发、制约着价值追求及其导向，促进生产发展、技术改进，不断推动历史前进的过程，全面体现人民群众创造历史的主体作用。在选设和撰写社会生活、习俗风尚、文化观念这类专题时，应注意和当时的经济、政治和社会变动关照，互相渗透联接。例如秦始皇大规模追捕和拘役赘婿、扫荡母系制遗俗和竭力倡导女子从一而终贞节观念，便顺应了个体生产逐渐取代大规模强制性集体耕作（从“公作则迟”到“分地则速”）以及维系巩固父家长小家庭私有制的生产关系、血族家庭关系方面的深刻变革，在社会转型中发挥了催化凝固作用，因而被赋予稳固新生产方式和新兴政权的崭新意义。只有从这个角度和力度来把握社会史、文化史方面选题的写作，才能既使经济、政治方面的内容表现得更为丰满、生动、有血有肉；又不致使社会、文化方面的专题游离于大通史之外，成为单摆浮搁的零碎。也唯其如此，才能使大通史类编的各部分更好地条块结合，成为浑然一体的完整的体系。

以上观点将在各卷综述的撰作和全书的体例设计安排上充分体现

---

① 《马克思致路德维希·库格曼》，《马克思恩格斯全集》第32卷，人民出版社1975年第1版，第571页。

出来。

四

最后，我们想强调指出的是，20 世纪以来，特别是第二次世界大战以来国际史学的发展趋势也给我们提供了可资借鉴之处。综合法国的年鉴学派、美国的新史学、英国和德国的社会史研究，我们发现了以下一些特点：首先，马克思主义的历史哲学思想对历史编纂产生了深远的影响，巴勒克拉夫的《当代史学主要趋势》中提到的五个方面可证，下面提及的其他特点与此均有密切联系；其次，无论撰写宏观的历史还是微观的历史，“总体史观”或“全史”，或是布罗代尔的所谓“长时段”观念，已经被史学界广为接受，孤立地、静止地考察一个地区、一个国家，或政治、经济、军事、法律、宗教……等方面，而不加以总体的、综合的、变化的分析，显然已经落后于时代；再次，历史学长期以来只注重时间的脉络，而不甚注意空间的观照，因此新史学对环境、生态、区域社会的发展投放了极大的注意力；又次，以往的历史大多是精英的历史，是重大事件的历史，忽视了历史上的广大人民群众，忽视了具有相对独立性的民间文化，忽视了占历史中大多数时间的日常生活；最后，从理论和方法论而言，新史学大力倡导历史学与社会科学诸学科的结合，比如人类学、社会学、经济学、人口学、语言学、地理学、政治学、宗教学、心理学等等，这一方面是上述新领域拓展的需要，另一方面也是因为历史研究应该加强对历史表象背后深层意义的分析，而不是仅仅停留于一般描述。显然，西方史学理论的一些观点，包括重视主体在历史发展过程中的自主能动性，以及在研究方法上注意整体的、系统的、多层次的相关分析，确有不少合理、精辟之处，给我们以有益的启示。但是过分夸大主体作用，忽视社会关系的制约，未能揭示社会存在的决定作用，则是使西方史学研究陷入唯心史观的致命弱点。即如年鉴学派强调研究普通人的历史，注意地理的、经济的、社会的、心理的各种因素对历史发展的影响，但他们却否认物质生活的生产方式制约着社会生活、政治生活和精神生活的过程。再如马克斯·韦伯用伦理道德观念去解释社会发展的思路产生了广泛影响，以至被余英时称作已构成“对唯物史观的一种有力的反驳”。而事实上新教伦理固然推进了资本主义的发展，但它本身却正是资本主义物质生产关系发展的产物。韦伯的理论是对庸俗唯物论的有力挑战，却丝毫不能动摇马克思主义唯物史观的权威性。正如江泽民同志所指出的，“马克思主义必定随着时代、实践和科学的发展而不断发展，不可能一成不变”①，历史唯物论和辩证唯物论本身体现了批判、变革、开放、创新的精神，它要求兼采博取最新科学文化成果，接受新的实践经验的不断检验，以调整、丰富、充实、发展自己。我们认为，江泽民同志关于在中国真要建设社会主义，“那就只能一切从社会主义初级阶段的实际出发，而不能从主观愿望出发，不能从这样那样的外国模式出发，不能从对马克思主义著作中个别论断的教条式理解和附加到马克思主义名下的某些错误论点出发”② 的指示，对于研究中国历史同样具有极大指导意义。毕竟“马克思主义是科学，它始终严格地以客观事实为根据”③。马克思、恩格斯没有机会对中国历史进行系统深入的研究，《家庭、私有制和国家的起源》一书没有片言只语谈及中国古代社会。而中国古代的社会结构和文化类型与西方相比又确有很大差异。今天我们坚持以历史唯物论和辩证唯物论为指导，纠正以往简单化、

---

① 江泽民：《高举邓小平理论伟大旗帜把建设有中国特色社会主义事业全面推向二十一世纪——在中国共产党第十五次全国代表大会上的报告》。

② 江泽民：《高举邓小平理论伟大旗帜把建设有中国特色社会主义事业全面推向二十一世纪——在中国共产党第十五次全国代表大会上的报告》。

③ 江泽民：《高举邓小平理论伟大旗帜把建设有中国特色社会主义事业全面推向二十一世纪——在中国共产党第十五次全国代表大会上的报告》。

教条化偏向对马克思主义的曲解和对史学研究的误导，批判地汲取国内外史学研究的最新成果，详细占有史料，实事求是地对中国历史展开深入研究，理当在通史建设的体例、内容、观点方面有所突破，并在马克思主义历史唯物论和辩证唯物论指导下对历史研究的有关理论有所丰富和发展。

（原载《史学理论研究》1998年第3期）

附录四　落实《课程标准》精神的改革尝试

——北京师范大学出版社实验教材《历史》七年级上下册编写体会与思考

曹大为

[关键词] 史学观念；结构设计；更新

[摘要] 新教材对历史分期、历史发展动力、民族关系等重大问题的理论把握以及在框架结构设计方面的改革尝试，体现了历史学科与历史教育方面的观念更新和将两者有机地统一起来的努力。

[文献标识码] A

[文章编号] 1002－5308（2003）03－0001－07

[中图分类号] G633.513

北京师范大学出版社出版的《义务教育课程标准实验教科书·历史》，是由国家基础教育历史课程标准研制组组织编写、体现课程标准精神的实验教材。《全日制义务教育历史课程标准（实验稿）》（本篇以下简称《课程标准》）的制订，旨在解决当前历史教育中存在的“不能适应时代要求和国民素质教育”的诸多问题。具体到教科书方面，则要纠正传统教材“难、繁、偏、旧”的偏差，有利于改变学生死记硬背和被动接受知识的学习方式。这种改革，既体现为历史学科观念和编写内容的更新，也表现为对中学历史教育传统理念和方法的转变。本文拟就实验教材《历史》七年级上下册（中国古代史部分）编写过程中的一些体会与思考作概略陈述，以期得到广大师生和社会各界批评指正，使新教材得以不断改进、完善。

一、单元课目的设置：学科特点和学习方式内在统一

《课程标准》明确要求：“使用学习主题的呈现方式。”据此，新

教材在课程主体结构方面做出重大变动，在传统的“一条鞭”式课文排列之上增加“单元”一级的层次，将中国古代历史划为“中华文明的起源”（远古人类和原始时代）、“国家的产生和社会变革”（夏商西周与春秋战国时期）、“大一统的秦汉帝国”（秦汉时期）、“政权分立与民族汇聚”（三国两晋南北朝时期）、“繁荣与开放的社会”（隋唐时期）、“多元文化碰撞交融与社会经济高度发展”（宋〈辽、西夏、金〉元时期）、“明清帝国的繁盛与近代前夜的危机”（明清〈鸦片战争前〉时期）七个单元。每个单元标题都是突显那个时段时代特征的历史主题；同时，一个单元就是一个学习主题。

单元的“前言”，简略勾勒本时段历史演进的轮廓、线索、发展大势，阐明该时段的历史特点及其在世界与中国历史上的地位，并进而横向概括本时段各层面之间的递进互动关系，阐释导致这一时期历史变化的原因。例如新教材《历史》下册第1单元“繁荣与开放的社会”前言，便概略指出：隋唐时期“先进的犁耕与水利灌溉技术推动了社会经济发展。建立在个体农耕基础上的地主阶级冲破豪门大族世袭垄断，在国家政治生活中发挥重要作用，由此开启了一系列影响深远的制度创新。科举选官制度的确立，巩固和强化了这一变革，焕发出社会发展的活力……国家统一、经济繁荣、政治开明、科学技术和文化教育高度发展，造就出盛唐开拓进取、兼容并蓄的时代风貌。”单元“前言”实际上也是对本单元各课分别展示的内容进行总体整合，为学生提供总领各课、鸟瞰全局的宏观视野。

按照《课程标准》“不刻意追求历史学科体系的完整性”的精神，新教材对某些无重大阶段性历史特征的王朝、时段作了简化、淡化的处理。但这并不意味课目的设置便可以随意倒置年代，或以王朝更迭为标准简单按时序远近堆积罗列，成为杂乱无序的断烂朝报。新教材单元课目的设置，建立在对不同时期社会性质的判断和对中国历史发展道路的特点、类型的把握之上，努力使丰富多彩而又零散杂乱的历史事象贯通一气，使历史主线更加清晰，体现出对中国历史发展脉络流变规律性的认识。

单元之下的各课，在纵向勾画该时段流变的基础上，围绕历史主题从政治、经济、思想文化、科学技术、社会生活等方面横向展开，使学生在对关联互动的社会各层面逐次认知的基础上，进一步归纳、升华，加深对本单元历史主题的理解。

我们认为这种学科特点和学习方式内在统一的单元课目有机组合，较好地体现了《课程标准》关于“使用学习主题的呈现方式，可以更好的体现国家基础教育课程改革的基本理念，有利于改变‘难、繁、偏、旧’的现象，促进学生学习方式的转变，同时又能兼顾历史发展的时序性与学习内容的内在联系，以反映历史学科的特点”的要求。

二、史学观念与编写内容的更新

随着新材料的发现、研究手段愈趋丰富和史学理论的发展，人们对历史的认识不断深化、更新。新教材理当与时俱进，站在新世纪的时代高度，剔除陈旧的观点和内容，反映改革开放以来史学研究的重大进展。这种历史观念和编写内容的更新，主要体现在以下几个方面。

关于历史分期 对社会历史发展阶段分期的把握，体现了对中国历史发展的总体认识，是关系到统领全书的主纲、主线能否奠立的重要前提。

新教材不再套用史学界长期沿袭的“五种社会形态”单线演进的分期模式。虽然迄今为止，世界上存在或经历过原始社会、奴隶社会、封建社会、资本主义社会、社会主义社会等社会形态，或如马克思所说，“大体说来，亚细亚的、古代的、封建的和现代资产阶级的生产方式可以看作是经济的社会形态演进的几个时代”①；但马克思从来没有将其视为放之四海而皆准的演进图式。他在致俄国《祖国纪事》杂志编辑部的信中明确表示，把他“关于西欧资本主义起源的历史概述彻底变成一般发展道路和历史哲学理论”的做法，“会给我过多的荣誉，同时也会给我过多的侮辱”。[②]中国古代确实存在过奴隶制社会形态，但由于古代中原地区在农耕自然经济与宗族血缘纽带双重制约下跨入阶级社会门槛，血缘纽带的滞留阻碍了完全将族人化为“非人”的活财产的奴隶制趋势，中原王朝不存在一个以奴隶制剥削形式为主体的奴隶社会阶段。白寿彝先生在为他主编的《中国通史》第3卷所写《题记》中便审慎地表示，“从历史发展顺序上看，这约略相当于一般历史著述中所说的奴隶制时代，但在这个时代，奴隶制并不是唯一的社会形态。我们用‘上古时代’的提法，可能更妥当些”。基于同样的理由，新教材在分期问题上不用奴隶社会的概念；并在上册第6课描述夏商西周存在奴隶制的同时，实事求是地指出“这一时期的平民阶层隶属于贵族，被驱使进行大规模的集体劳作。他们一般拥有生产工具和家庭副业，是农业和手工业生产部门的主要劳动者”。

新教材还避免笼统使用涵义不清的封建制度和封建社会的概念。这是因为，西周“封建亲戚，以藩屏周”的宗法分封制尽管与后来中世纪欧洲封建社会在庄园经济和诸侯兼集行政、司法、军事数权于一身等方面颇多相似之处；但在血缘纽带滞存、社会以大宗族为本位建构以及劳动者的身份地位较高等根本之处存在明显差别，不宜简单比附划一。而且经历春秋战国社会转型之后，郡县制取代分封制，至隋唐进而奠立三省六部制和科举选官制度，中央集权制度不断强化；生产上则呈现个体、细小、分散的特点，逐步形成租佃制地主经济。这和经典作家概括的“在中世纪的封建国家中……政治的权力地位是按照地产来排列的”[③]，军事、司法职能与行政职能“是土地所有权的属性”[④]等特点迥然不同。因而新教材只是在《现代汉语词典》所说的“地主占有土地，剥削农民”的意义上使用“封建”的概念，例如上册第2单元“前言”称，春秋战国时期“地主剥削农民的新型封建生产关系开始确立”；第3单元“前言”则表述为：“秦汉时期，地主经济进一步巩固，个体农民人身依附关系相对松弛。”

如所周知，马克思、恩格斯曾依据劳动资料、生产力类型，将人类历史演进从宏观上划为采集渔猎、农业文明、工业文明三大时代。新教材对历史分期和单元阶段的划分，便主要依据这一框架并结合中国古代历史发展的特点确定。第1单元谈“中华文明的起源”，第2单元“国家的产生和社会变革”及以下诸单元描述中国古代进入农业文明之后的阶段性发展与变迁，最后一单元“明清帝国的繁盛与近代前夜的危机”则从农业文明向近代工业文明演进的角度对明清时期审视定位。

与传统教材认为明清（鸦片战争前）封建制度日趋没落、处于封建社会衰落时期的定位不同，新教材肯定“明清两朝鼎盛时期，社会经济高度发展”，“统一多民族国家空前巩固和发展，综合国力在世界范围仍保持领先地位”，诸种新因素的发育成长“带有向近代文明演进的趋向”，这一时期“中国在传统农耕文明的轨道上发展到一个新的高峰”。同时指出：“明清农耕文明的繁盛已无法和西方工业文明抗衡”。正是由于“明清时期专制集权极度膨胀，在推行闭关锁国政策、镇压人民、钳制思想、遏制近代化因素成长、阻碍社会变革等方面带来严重恶果”，才最终导致“近代前夜的清中期，陷入深刻的危机”。我们认为，只有把明清放置到世界工业文明潮流的大势中考察，才能从本质上把握这一时期中国的历史走向并揭示其在自身轨道臻于鼎盛的同时从世界先进行列殒落的原因。

新教材的历史分期符合人类社会发展的共性，又阐释了中华文明自身独特的演进历程，是对僵硬教条搬用“五种社会形态”单线演进陈旧观念的重大突破。

关于历史发展动力 新教材不再把阶级斗争视为推动历史发展的根本动力。事实上，马克思早就提出了生产力是人类“全部历史的基础”。[5]邓小平也明确指出，“生产力方面的革命也是革命，而且是很重要的革命，从历史的发展讲是最根本的革命”。[6]新教材“铁器牛耕引发的社会变革”、“推动社会进步的科技成就”等课的标题，以及前引关于隋唐时期“先进的犁耕与水利灌溉技术推动了社会经济发展”的一段论述和下册第3单元“前言”关于“明中后期，江南等局部地区工商业市镇勃兴，商品流通扩大，在经济、社会、科技、思想文化等方面显露出新旧冲突的征兆，这些因素的发育成长，带有向近代文明演进的趋向”等表述，都贯穿和体现了对生产力尤其是科学技术是历史发展终极动力这一历史唯物主义观点的理解和把握。

同时，我们认为，在以农立国的中国古代反复爆发的大规模农民战争，确实为调节旧生产关系落后环节扫清了障碍，对制约新王朝政策产生积极影响，“多少推动了社会生产力的发展”。⑦但这并不意味要用大量篇幅去介绍起义经过和战略战术特点。新教材未用多少笔墨便充分体现了隋末农民起义对导致贞观新政出现所起到的历史作用，即为一例。

历史并非全是金戈铁马的杀伐争战和波诡云谲的政略谋算，人民群众在衣食住行方面的需求从根本上引发、制约着价值追求及其导向，促进生产发展、技术改进、制度创新，不断推动历史前进。新教材大量增加科技、文化和普通民众社会生活、时代风貌的内容（如“昂扬进取的社会风貌”、“气度恢弘的隆盛时代”、“丰富多彩的社会生活”等课），意在真实展现历史丰富多彩的全貌，并揭示人民群众创造历史的主体作用。

关于民族关系 新教材坚持以当代中国和中华民族为本位的辩证的发展的疆域观和开放、平等、多元（多民族）一体（中华民族）的发展的民族观。中国的历史主要是活动在今天中国疆域（包括近代帝国主义掠夺的土地）内各民族共同创造的历史。中国古代大一统王朝或中原王朝与周边少数民族政权之间的关系，基本上是同属中华民族范畴内的中央政权与地方民族政权之间的关系（多数是隶属关系，有时也演变为不同民族政权之间互相对峙的关系）。我们反对沿袭汉族本位的观念，但也实事求是地承认汉族作为中华民族主体民族在中国历史上的特殊地位和作用；同时还应看到一些少数民族也曾在某些历史进程中发挥关键作用，并在某些区域的开拓发展中占有独特地位。新教材“政权分立与民族汇聚”、“多元文化碰撞交融与社会经济高度发展”两单元对三国两晋南北朝和宋（辽、西夏、金）元时期所作的历史定位，以及“‘贵姓何来’：中华诸姓的来历”活动课的设计，包括“辽统治者在推行汉法的同时，还注意革除北宋赋役繁杂的弊端，以至长年生活在辽境的汉族人也能在当地安居乐业，而‘忘南顾之心’”之类的表述，都渗透、体现了上述理念。

新教材对历史上各民族政权之间的冲突乃至战争，回避使用“侵略”、“爱国”一类的概念；同时对争战双方鲜明地作出正义和非正义、进步与倒退的性质判断。对岳飞、文天祥等反抗民族压迫、恪守民族气节的英雄人物，给予高度赞扬；并对两宋军民抗击辽、金、元等统治者发动的掠夺性战争，包括对清初“各族人民的抗清斗争促使征服者改变野蛮落后的政策，制止了社会经济的倒退逆转”的进步作用予以充分肯定。与此同时，对那些推动本民族社会发展或促进民族融合的北魏孝文帝拓跋宏、辽萧太后、西夏李元昊、元世祖忽必烈等各类历史人物，也都具体分析，从不同的角度给予历史的肯定。

新教材力图真实反映中国历史纵向不断从低级向高级演进，横向不断由分散闭塞走向融合统一的发展总趋势。正是这种多元民族文化碰撞与交融带来的汇纳百川、熔铸创新的优势，才使中华民族具有强大的凝聚力、生命力，成为牢不可分的整体。也正是从这样一个宏大的视野出发，新教材认为万里长城是促成农牧民族长期和平有序交往的重要保证；并结合史实阐明长城是“促进北疆经济开发的生命线和联结统一多民族国家的纽带”，将长城视为凝聚中华民族的历史丰碑和中华民族的精神象征。

对其他若干问题的诠释与评价　新教材在充分吸收学术界最新研究成果的基础上，力争做到史实表述客观、准确，历史评价辩证、科学。例如在评价隋炀帝的问题上，新教材述及“隋统一后，励精图治，采取一系列措施改革前朝制度，加强中央集权，社会经济迅速发展”，并明确肯定“隋炀帝继位后，进一步巩固和发展统一大业”。如果只是把隋炀帝简单描绘为一无可取的暴君，不但显失公正，而且无法对当时推行一系列影响深远的重大改革创新举措做出合理的解释，并影响到对隋代历史地位的评价。

新教材还特别注意将中华文明放置在世界范围之中，用全球视野和发展的眼光考察。既充分体现中华文明的辉煌和对世界文明的贡献，也实事求是地看到，“公元前3000多年，西亚的两河流域和非洲的埃及率先进入了文明时代”，“与夏商西周同时的古埃及、古巴比伦和印度河流域的居民，也创造出光辉的古代文明。春秋战国时期，欧洲希腊、罗马文明高度发展，东西方文明互相辉映”。下册第23课，则在高度赞扬“郑和下西洋”伟大壮举的同时，指出其“目的主要是宣扬国威和到西洋‘取宝’，不计经济效益；用来输出的物品也大多由官府督造或低价强征硬派，造成大量手工工匠逃亡”。这就从性质上和西方后来的远航活动做出了区分，诠释了这一空前壮举昙花一现、终成绝响的原因。对于明清之际的科学技术，新教材结合以往长期忽略的李时珍《本草纲目》含有生物进化的思想、宋应星《天工开物》运用了定量和比重的概念、朱载堉提出“理由数显”思想和重视数学研究的实践等史实，强调这一时期“在传统科技领域取得一定突破”，“重视实验，注重运用数理方法，开始显露出一些近代科学研究的特点”；同时也指出：“但从总体来看，明清的科学技术和西方近代科技相比，已远为逊色。特别是清朝实行文化专制，闭关锁国，使中国和西方科技水平的差距越拉越大。”这种阐释为后来清帝国陷入“西方列强挤压下的危机”，“终于无力抵抗殖民主义血与火的劫掠”，未能避免被西方列强宰割的厄运，做出了合乎逻辑的铺垫。我们认为此类实事求是、科学、辩证的表述，真正有利于激发学生民族自豪感和理性的爱国主义情怀，增强民族自信心和忧患意识、国际意识，培养投身现代化建设、振兴中华的历史责任感和使命感。

三、转变学习方式的课文结构设计

遵照《课程标准》“激发学生学习历史的兴趣”、“符合学生的心理特征和认知水平”、“设计灵活多样的教学方式”、“拓展学生学习和探究历史问题的空间”的教改要求，我们在课文结构设计方面做出了如下尝试。

新教材课文分常规课和“学习与探究”活动课（每单元一课，共七课）两种类型。

常规课文的主体部分由导语、正文、阅读课文组成，其间穿插图片、文献资料引文、启发性设问等板块。

每课前面的导语，简洁概括本课主线，用生动活泼的设问提示主题，激发学生主动思考和探究的兴趣。例如“辽、西夏与北宋并立”一课导语：“北宋时期，中国境内还有辽、西夏等少数民族政权与之并立。你想知道北宋与它们之间的关系吗？为什么少数民族政权纷纷改行汉法？长年生活在辽境的北方汉族人民居然不思南归，这说明了什么问题？各民族是如何从碰撞走向融合的？”“大一统气派与中华民族的象征”一课导语：“你到过首都北京吗？当你登上景山，俯视雄伟壮观的北京城，或是在八达岭、慕田峪眺望宛如巨龙腾飞的万里长城时，心中升腾起的是一种什么样的感情？你能感悟到其中蕴涵的文化意义和精神象征吗？”

教材中宋体字正文，是《课程标准》要求掌握的必读内容。楷体字阅读课文，是对正文的阐释或适当的补充与扩展，起到串联线索、帮助理解正文的作用。文边穿插的设问，意在提示重点，调动学生主动参与的积极性。例如“从千耦其耘到个体农耕”一目所设“想一想”，请学生思考：“你怎么理解史书上记载这一时期‘公作则迟’‘分地则速’的现象？”“军队、刑法与礼仪教化”一目则在“商朝文字所见武器和使用简表”之后，给出四个象形甲骨文字，请学生试试看：“你能从下列商朝文字中看出当时施行过什么刑罚吗?”这些启发性设问紧密配合正文，激活学生思维，使课堂生动活跃。

文物本身含有大量历史信息，是历史教科书不应忽略的真实、具体、生动的资源。新教材大量配置相关时代的文物图片，将其提升到与正文相辉映的地位，为学生营造图文互动的立体阅读空间。“传说时代的文明曙光”一课，正是借助河南濮阳距今6000多年前墓葬中贝壳堆塑的龙虎图造型，对“龙代表着中华民族的形象”做出如下解析：“龙是多种动物形象的复合体……喻示龙是众多部落图腾的融合体，反映出不同部落之间从战争走向联合，进而构成华夏族主体的历程。”唐代蒲津渡开元铁牛、铁人图片，不但曲折展现出当年黄河浮桥运输的壮观景象，而且使人深为盛唐时代的恢弘气度所震撼。历史不再只是一些枯燥的文字和遥远的记忆，只要具备相关的历史知识和敏锐的观察能力，学生便能通过这些文物图片真切地感受到古代社会的各种信息，进入特定的历史情境。如下册第17课引古人记载《清明上河图》所述，“恍然如入汴京，置身流水游龙间，但少尘土扑面耳”。

与正文紧密配合的文献引文，也尽量选自第一手资料，多为关键之处以一当十的点睛之笔。例如上册第16课《丝绸之路》一目，即引公元1世纪罗马普林尼名著《自然史》的记载：“虽然铁的种类很多，但没有一种能和中国来的钢相比美。”真实可信，极有说服力。

课文中插配的地图和表格，则为培养和加强学生时空观念所必不可少。

常规课正文之后设“每课一得”、“材料阅读”、“自我测评”和“活动建议”四个栏目。

“每课一得”，精选一些与本单元、本节课文相关，正文中不宜展开而学生又颇感兴趣的知识，作较为系统的介绍。例如“中华大地的远古人类”一课的“每课一得”为“考古学家怎样测定远古人类生活的年代”；“传说时代的文明曙光”一课设“你知道什么是传说时代吗”；“三国鼎立局面的形成”一课设“你知道《三国志》和《三国演义》有什么区别吗”；“元帝国拓展统一多民族国家的基业”一课设“你知道历史上‘中国’的含义吗”；（明清）“科学技术与世俗文学”一课设“你知道中国传统科技与西方近代科技的区别吗”；“近代前夜的盛世与危机”一课设“你知道什么是工业文明吗”等等。“每课一得”提供的背景常识，帮助学生加深对课文的理解，并为学生创造进一步学习探究的空间。

“材料阅读”多选择与课文内容相关的第一手文献资料（附原文大意），并围绕材料设问，以增强历史感，提高古文阅读水平，培养学生从原始文献中提取信息加以解析推断的兴趣与能力。例如第16课列举有关长城的史料后，引导学生思考：“有人说长城是封闭保守的象征；有人认为长城在秦汉帝国向西开拓推进的过程中，起到了关键作用。你同意哪种观点？”

“自我测评”一栏，用绘图、列表、问答等多种形式，为学生提供对是否掌握本课重点进行检测的自我评价手段。这种测评并非对所学知识简单机械的重复，而是侧重对归纳、概括、分析、创新能力的检验。例如“明清帝国的专制统治”一课的自我测评为：“比较隋唐与明清时期科举取士的不同，想想它发生了什么变化，为什么会有这种变化。”

“活动建议”的设计，为学生的课外活动提供参考方案。例如结合“神奇的编钟”课目设计：“你相信利用瓶、碗、铁条等材料能够组合成打击乐器，并演奏出美妙动听的乐曲吗？试试看，也许你会发现自己也是个音乐天才。”结合“郦道元和《水经注》”课目设计：“考察、描述自己家乡的自然地理环境，体验郦道元在撰写《水经注》中所表现出来的科学精神。”（宋代）“丰富多彩的社会生活”一课的活动建议是：“了解家乡的节日活动，想一想，与古代相比有哪些变化。”下册第18课则建议了解“自己所在的地方有哪些古代保留至今的老地名？有兴趣的同学可选择一个，查找资料或进行调查，写一篇短文，贴在历史学习留言板上”。此外还包括组织参观、收集和讲述历史故事、小型辩论会、展示会、编演历史短剧等多种活动方案。在有条件的地区，引导有兴趣的学生开展形式多样的课外活动，有利于增长知识、扩大视野，加深学生对历史的体验与感悟，培养和提高实践技能。

常规课之外的“学习与探究”活动课，每单元设一课，依次为“破解彩陶之谜”、“了解身边的‘历史’”、“寻访‘丝绸之路’”、“成语历史故事竞赛”、“‘贵姓何来’：中华诸姓的来历”、“探究《清明上河图》展现的社会风貌”、“设计2008年奥运圣火传递路线”。

这些活动课均为相关单元的有机组成部分，是对本单元学习主题的探讨与拓展。以“中华文明的起源”单元活动课“破解彩陶之谜”为例：教材列举一组新石器时代的彩陶图片，请学生通过观察彩陶的造型、颜色和图案探究它们传递了哪些信息。如观察人形陶罐，想一想：“这个小女孩面目清秀可爱，你觉不觉得与她似曾相识？什么事情使她有这样的表情？”观察小口尖底瓶，想一想：“这只汲水用的瓶子为什么被做成这种样子？如果用这个瓶子去河里汲水，会出现什么奇妙的现象？为什么？”观察舞蹈纹陶盆，想一想：“彩陶盆上人们手拉手的图案，体现了当时人们什么样的生活情景？”并进一步提出：“彩陶上的许多刻画符号和几何图形，都是众多历史学家长期以来未能解开的谜。你能破解彩陶之谜吗？”通过观察探究，学生自然会形象地感知先民的相貌、思想、能力、社会风貌，对远古历史产生真实感、亲切感，从而使整个单元的学习满盘皆活。

除了紧密配合各单元的历史主题、学习主题之外，各活动课还分别设立了不同的能力培养目标，以观察、社会调查、识读历史地图培养空间意识、收集归纳历史资料、使用工具书考辨分析问题、信息转换、综合重组信息、独立获取新知识等为主题循序展开。举凡有可能与现实生活联系的地方，都强调由当今切入，尽量溯源，并激励学生察往知来，展望未来发展趋向，体现青春与古老的对话。

“学习与探究”活动课和课外“活动建议”的设计，彻底转变传统教学模式，为更好地培养学生上述各种能力，包括培养“倾听、交流、协作、分享”的合作意识和交往技能、创造性地运用历史文化知识解决现实问题的能力以及培养主动学习探究历史的浓厚兴趣，开辟了崭新的路径。

我们在编写教材的过程中深切地体会到，落实《课程标准》精神，关键要实现历史学科和历史教育方面的观念更新，并将两者有机地统一起来。教育学家常用“授人以鱼不如授人以渔”的道理告诫人们培养能力的重要。但这只是在强调施舍糊口之资不如传授谋生之道这一点上堪称经典之论；如果用来比喻知识与能力的关系则是严重的误导。因为吃鱼和捕鱼之间并无必然联系，但是离开知识又哪里谈得上什么能力？对于历史教科书来说，如何把握好这两者关系的尺度，尤为有待进一步探索的课题。无论是《课程标准》还是新教材，还都处于实验阶段，真切地希望听取各方面的批评意见，以推动这一意义重大而又影响深远的改革不断发展创新。

参考文献

[1]《马克思恩格斯选集》(第2卷)(第二版)[M]. 北京：人民出版社，1995：33.
[2]《马克思恩格斯全集》(第19卷)[M]. 北京：人民出版社，1975：130.
[3]《马克思恩格斯选集》(第4卷)[M]. 北京：人民出版社，1995：173.
[4] 马克思：《资本论》第3卷[M]. 北京：人民出版社，1975：436.
[5]《马克思恩格斯全集》(第27卷)[M]. 北京：人民出版社，1975：477.
[6]《邓小平文选》(第2卷)[M]. 北京：人民出版社，1994：311.
[7] 毛泽东：《中国革命和中国共产党》，《毛泽东选集》第2卷[M]. 北京：人民出版社，1991：625.

（原载《学科教育》2003年第3期）

附录五　关于《普通高中历史课程标准（实验）》教材建设的对策与思考

曹大为

（北京师范大学历史系　北京　100875）

中华人民共和国教育部制定的《普通高中历史课程标准（实验）》（以下简称高中历史课标），旨在解决当前普通高中历史教育中存在的“不能适应社会发展要求、不利于学生全面发展”的诸多问题，对于提高现代公民的人文素养，应对新世纪的挑战，具有重大的战略意义。

高中历史课标依据“全面发挥历史教育的功能，尊重历史，追求真实，吸收人类优秀文明成果，弘扬爱国主义精神，陶冶关爱人类的情操”的基本理念，提出建立高中历史课程新体系结构的原则，在对课程性质和课程目标的定位以及对课程设置、内容选择、体系构建的设计方面较前有重大调整。这势必要求新教材要有相应的系统性的改革与创新。本文拟结合岳麓版教材编写实践，从历史学科观念和历史教育、教学方法理念更新的角度，对新“课标”高中历史课程的教材建设思路，作初步探讨。

一、体例创新：建构“以时间为经，空间为纬，人类社会发展进程为主轴”的教材结构体系

高中历史课标划定政治、经济、思想文化与科学技术三个必修模块和《历史上重大改革回眸》《近代社会的民主思想与实践》《20世纪的战争与和平》《中外历史人物评说》《探索历史的奥秘》《世界文化遗产荟萃》六个选修模块，分别以某一领域中重要历史内容为主题，各成一册。每册以古今贯通、中外关联的若干专题构成。总体上

属于荟萃古今中外相关内容的专题史。这种专题史的课程设计，有利于帮助学生“学会从不同角度认识历史发展中全局与局部的关系，辩证地认识历史与现实、中国与世界的内在联系”；但处理不好则容易错乱时空，流为互不关联的拼盘。因而在全套教材结构总体设计上如何使之关联有序，成为能否体现高中历史课标精神的重要关节。

众所周知，创造历史的主体是人，人的活动必定在一定的时间、空间中展开。历史的记录与表述自当以时间为经——勾勒纵向渊源流变，时序清晰；空间为纬——展现不同地域、民族、国家以及社会各层面之间的横向互动。

鉴于人类的活动极为纷繁多彩，只有避免杂芜失序、把握住总体发展趋势和规律，历史的记述与研究方才成其为科学。对于“人类社会发展进程”这一主轴的把握是否到位，是关系到能否正确认识历史的关键，也是关系到统领全套教材的主纲、主线能否奠立的重要前提。

对人类社会发展进程的把握，集中体现在对反映重大社会转型历史阶段分期的辨析。新教材显然不宜再套用史学界长期沿袭的“五种社会形态”单线演进的分期模式。虽然迄今为止，世界上存在或经历过原始社会、奴隶社会、资本主义社会、社会主义社会等社会形态，或如马克思所说，“大体说来，亚细亚的、古代的、封建的和现代资产阶级的生产方式可以看做是经济的社会形态演进的几个时代”；但马克思从来没有将其视为放之四海而皆准的演进图式。他在《摩尔根〈古代社会〉一书摘要》中曾明确指出：“两个半球（指欧洲和美洲）在这方面的差异以及谷物方面的特殊差异，在达到了野蛮期中级阶段的这一部分人类的发展上，造成了显著的差别。”恩格斯也说：“两个半球上的居民，从此以后，便各自循着自己独特的道路发展。”[1](p.20)亚洲的情况与欧美相比也存在明显差异。中国古代确实存在过奴隶制社会形态，但由于古代中原地区在农耕自然经济与宗族血缘纽带双重制约下跨入阶级社会门槛，血缘纽带的滞留阻碍了完全将族人化为“非人”的活财产的奴隶制趋势，中原王朝不存在一个以奴隶制剥削形式为主体的奴隶社会阶段。白寿彝先生在为他主编的《中国通史》第3卷所写《题记》中便审慎地表示，“从历史发展顺序上看，这约略相当于一般历史著述中所说的奴隶制时代，但在这个时代，奴隶制并不是惟一的社会形态。我们用‘上古时代’的提法，可能更为妥当些”。同样，所谓“封建社会”也是一个涵义不清的模糊概念。这是因为，西周“封建亲戚，以藩屏周”的宗法分封制尽管与后来中世纪欧洲封建社会在庄园经济和诸侯兼集行政、司法、军事数权于一身等方面颇多相似之处；但在血缘纽带滞存、社会以大宗族为本位建构以及劳动者的身份地位较高等根本之处存在明显差别，不宜简单比附划一。而且经历春秋战国社会转型之后，郡县制取代分封制，至隋唐进而奠立三省六部制和科举选官制度，中央集权制度不断强化；生产上则呈现个体、细小、分散的特点，逐步形成租佃制地主经济。这和经典作家概括的“在中世纪的封建国家中……政治的权力地位是按照地产来排列的”[2](p. 173)，军事、司法职能与行政职能“是土地所有权的属性”[2](p. 436)等特点迥然不同。马克思从未把中国等与中世纪欧洲存在显著差别的古代东方社会笼统划入封建社会的模式，他还明确指出“封建主义一开始就同宗法式的君主制对立”[3](p. 176)，可见关于欧洲“封建主义”的概念明显与中国历史发展的实际进程不符。马克思在给俄国《祖国纪事》编辑部的一封信中还特别强调，把他“关于西欧资本主义起源的历史概述彻底变成一般发展道路的历史哲学理论”，“会给我过多的荣誉，同时也会给我过多的侮辱”。[4](p. 130)事实上中国古代血缘组织与国家机构融铸一体的二系合一结构，比起以古希腊、罗马为代表的西方由阶级冲突、炸毁血缘团体形成国家的模式判若两途，成为一种原生的社会遗传基因，影响到政治、经济、意识形态等方方面面。诸如《左传》所载“国之大事，在祀与戎”、《礼记》标榜“礼有五经，莫急于祭”以及历代帝王倡导“百行孝为先”以孝治天下一类的千古信条，便都源自这种家国一体的社会底蕴。这种与西方有别的社会深层结构，在相当长的历史时代制约着中国社会发展的特殊路径。显然，无视中国历史实际，机械地把斯大林概括的模式当作放之四海而皆准的现成公式，按照它来刻舟求剑式地剪裁中国各种历史事实的做法，并非历史唯物主义的科学态度。

马克思、恩格斯依据劳动资料、生产力类型，将人类历史演进从宏观上划为采集渔猎、农业文明、工业文明三大时代，为我们提供了科学反映人类历史发展共同规律的分期框架。当然，同处于一种大生产力形态下的不同国家、地区之间，主要因生产方式不同而表现在社会形态方面仍存在着共时性的差异；即使同一国家在同一大生产力形态中，社会形态也还存在阶段性的变化。在农业文明时代，既有奴隶制、族长役使制，也有封建庄园经济和租佃制地主经济。在向工业文明过渡的阶段，既有原生资本主义、东亚等地区继发资本主义，也有苏联、东欧、中国等社会主义现代化模式。人类历史的发展，总体上呈现出纵向由低级到高级、从农业文明到工业文明，横向从分散到整体的趋势。现代化成为近现代历史发展的主线。从全球文明进程的宏观视野观察历史，特别是从现代化进程的视角重构现当代史的学科体系，已愈来愈为学术界所认同。

按照这样一个社会发展进程的主轴，各册教材单元的排列可设计为如下顺序：开始分列中外古代农业文明时期的相关历史，然后叙述西方率先近代化的轨迹，继而在描述欧美发达国家发展进程的同时，展现中国等国家与地区在自身内因与西方冲击影响下独特的近现代化历程。以必修课程历史（Ⅰ）的框架结构为例：

高中历史课标的内容标准划定的该模块学习要点为：

1. 古代中国的政治制度；2. 列强侵略与中国人民的反抗斗争（包括近代西方列强侵华与抗日战争）；3. 近代中国的民主革命（包括太平天国、辛亥革命、五四运动和新民主主义革命）；4. 现代中国的政治建设与祖国统一；5. 现代中国的对外关系；6. 古代希腊罗马的政治制度；7. 欧美资产阶级代议制的确立与发展；8. 从科学社会主义理论到社会主义制度的建立；9. 当今世界政治格局的多极化趋势。

这是一种先中国后外国，然后大致按时序罗列的要点提示。如果简单、机械地照搬，就很难体现出高中历史课标要求学生了解“人类社会的基本脉络”的精神，给“认识历史发展中全局与局部的关系”和“中国与世界的内在联系”带来障碍。按照高中历史课标精神及其所提示的知识点，可考虑将历史（Ⅰ）体系结构整合设计为如下七个单元：

1. 中国古代的中央集权制度；2. 古希腊和罗马的政治制度；3. 近代西方资本主义政体的建立；4. 内忧外患与中华民族的奋起；5. 马克思主义的产生、发展与中国新民主主义革命；6. 中国社会主义制度的探索；7. 复杂多样的当代世界。

这一设计把高中历史课标所列专题3“近代中国的民主革命”中的太平天国、辛亥革命、五四运动与专题2“列强侵略与中国人民的反抗斗争”中的鸦片战争等内容合为“内忧外患与中华民族的奋起”一单元；新民主主义革命则与专题8“从科学社会主义理论到社会主义制度的建立”合并为“马克思主义的产生、发展与中国新民主主义革命”一单元，由此理顺单元之间的时间顺序，并将中国与世界联系起来，体现出科学社会主义理论对中国革命的影响。而将高中历史课标专题5“现代中国的对外关系”并入专题9“当今世界政治格局的多极化趋势”，合为“复杂多样的当代世界”一单元，则不但理顺了时序，而且弥补了高中历史课标讲世界政治多极化而不提中国的缺陷。再以选修课程（一）《历史上重大改革回眸》的框架结构为例：高中历史课标划定的该模块学习要点为：

1. 梭伦改革；2. 商鞅变法；3. 北魏孝文帝改革；4. 王安石变法；5. 欧洲的宗教改革；6. 穆罕默德·阿里改革；7. 1861 年俄国农奴制改革；8. 明治维新；9. 戊戌变法

按上述原则，可将该册教材体系结构整合设计为如下五个单元：

1．古代历史上的改革（上）（外国古代改革，除梭伦改革外，增加“有文字记载的首次改革”、“效仿唐制的改革——日本大化改新”、两课）

2．古代历史上的改革（下）（中国古代改革，增加“忽必烈改制”、“张居正改革”两课）

3．西方近代早期的改革（除欧洲宗教改革外，增加“俄国彼得一世改革”一课）

4．工业文明冲击下的改革（包括“内容标准”中的第6、7、8、9点）

5．改革开放与中华民族的伟大复兴

将高中历史课标所列9个专题进行结构性整合，理顺了古代、近代早期和工业文明冲击的时序；并在同一大时代背景下展现中外各自不同类型的重大改革，从而清晰地体现了中外历史发展的时空内在逻辑关系。

传统教材通常认为明清（鸦片战争前）封建制度日趋没落，处于封建社会衰落时期。而事实上明清两朝鼎盛之际，社会经济高度发展，统一多民族国家空前巩固和发展，综合国力在世界范围仍保持领先地位，诸种新因素的发育成长带有向近代工业文明演进的趋向，这一时期中国在传统农耕文明的轨道上发展到一个新的高峰。之所以与西方相比从先进转为落后，其症结在于明清农耕文明的繁盛已无法和西方工业文明抗衡。正是因为明清时期专制集权极度膨胀，固守农耕藩篱，闭关锁国，钳制思想，遏制近代化因素成长，才最终导致近代前夜的清中期陷入深刻的危机。因此，只有把明清时期放置在世界工业文明潮流的大势中考察，才能从本质上把握这一时期中国的历史走向并揭示其在自身轨道臻于鼎盛的同时从世界先进行列陨落的原因。同样，唯有跳出“姓资还是姓社”的简单划线，把社会主义视为自工业文明时代以来吸取了人类文明优秀成果的现代化模式，才有可能对现当代历史的一系列重大问题做出合理的诠释；才有可能正确认识社会主义初级阶段理论和中国特色社会主义现代化道路的本质和内涵。

以上对社会进程主轴与历史分期的把握既符合人类社会发展的共性，又阐释了中华文明自身独特的演进历程，是对僵硬教条搬用“五种社会形态”单线演进陈旧观念的重大突破。

生产力、生产关系发展的阶段性，为各种历史事象的演变、为那一时代人类创造历史的活动提供了特定的出发点，是氤化出各种历史事象阶段性特征的底蕴。在这一时段，各历史主题受到同一时代背景共同底蕴的制约，既呈现出各自领域的独特风采，又存在着互相关联互动的内在联系。例如隋唐时期呈现繁荣与开放的局面，是因为先进的犁耕与水利灌溉技术推动了社会经济发展。建立在个体农耕基础上的地主阶级冲破豪门大族世袭垄断，在国家政治生活中发挥重要作用，由此开启了一系列影响深远的制度创新。科举选官制度的确立，巩固和强化了这一变革，焕发出社会发展的活力。国家统一、经济繁荣、政治开明、科学技术和文化教育高度发展，造就出盛唐开拓进取、兼容并蓄的时代风貌。

社会发展阶段的演进，是人类在各领域创造性实践活动和各种主、客观因素共同作用的结果，而当这种“合力”把文明推进到一个新的阶段之后，又必然导致人类在各领域的活动及成果出现新的飞跃，其间清晰地显现出历史发展流变的规律。工业革命全方位震撼人类社会经济、政治、思想文化各领域，改变了整个世界，便是明显的例证。

在同一历史主题同一时段中，“以空间为纬”横向展开的中外对比，有利于学生通过认识各地区、民族、国家的个性，从中概括出该历史主题演变的共同规律；同时也有利于学生在把握共同规律的基础上，认识历史演变异彩纷呈的多样性和个性。

鉴于初中历史课标所设知识点的跨度和跳动性较大，高中历史课标又采用分专题古今中外混编的模式，学生在对历史共时性横切面整体状况及其演变的把握方面有一定困难。因此理清时空线索，注意照应历史Ⅰ、Ⅱ、Ⅲ以及其他六门选修课之间的关系，就显得格外重要。建构“以时间为经，空间为纬，人类社会发展进程为主轴”的体系框架，应该是整合九个模块、强固高中历史课标体系“软肋”的有效对策。

必修教材附录《中外历史大事年表》，将重大历史事象归纳为主题词，分别以本册历史主题为主，中外分列，并附另两册相关领域平行发展的线索，以资对照。《年表》把中外史事置于人类文明进程大背景下，同时纵向展现社会的各横切面。既瞻前观后，反映社会总体演变，并洞悉不同侧面的各自流变；又左顾右盼，兼顾各横切面之间以及不同国家、地区之间的关联互动，使各种事象、人物在时空纵横交织的文明坐标中定位。例如《年表》的“经济”栏中列入“意大利出现资本主义萌芽（14 世纪）”、“新航路的开辟，世界市场的形成，西欧商业革命（1500 年前后）”、“第一次工业革命（1760—1840）”。相应时段“政治”栏为“尼德兰革命（1566—1609）”、“英国资产阶级革命（1640 年）”。“文化”栏则列“欧洲文艺复兴运动（14—17 世纪中期）”、“欧洲宗教改革运动（16 世纪）”、哥白尼、伽利略、牛顿等人的科学成就、“启蒙运动（1660—1789）”。其间的因果互动关系一目了然。与其并列的中国部分，“经济”栏为“资本主义生产关系萌芽的出现和发展（明中后期以来）”、“清政府推行‘摊丁入亩’（1724 年）”。“政治”栏与尼德兰革命同时的是“张居正改革（1572—1582）”，与英国资产阶级革命同时的是“李自成农民军推翻明朝”和“清军入关（1644 年）”。与“法国大革命（1789 年）”、欧洲“启蒙运动（1660—1789）”同时的则为康乾时期的“闭关政策”和“文字狱”。其时中外文明发展的态势以及中国在世界范围由先进转为落后的原因，清晰可辨。

本框架体系对高中历史课标所提示各专题整合重组（包括对选

修课“根据实际情况，增加相关学习内容”所做的补充)，总体上按人类社会发展线索分时段中外合编。在体现历史发展时序的阶段性与连贯性，勾画、揭示各时段演变线索、原因的基础上，就各专题进行中外对比，进而体现其内在的递进、互动关系和内容的逻辑顺序，从而避免了因对高中历史课标刻板僵硬理解而导致流为杂凑拼盘的弊端，使全套教材真正体现高中历史课标要求的“多视角，多层次”、“古今贯通，中外关联”、“从不同角度认识历史发展中全面与局部的关系，辨证地认识历史与现实、中国与世界的内在联系”、“在分析重大历史问题的基础上，揭示历史发展的整体性和规律性”的精神。

二、教育理念更新：转变学习方式的课文结构设计

转变“不利于学生全面发展”的注入式“教本”模式，努力为学生自主学习创造必要的前提，是新“课标”教材建设的重要原则。为此在课文结构编排方面可做出如下设计：

——在每本教材前设“导读”，每单元前设“单元导语”，每课前设“导引”，用来概括主线，提示重点，激发学生主动思考和探究的兴趣。

——大字正文与小字阅读文字相间，互补互动，生动活泼。大字正文，叙述主题内容，要求掌握。小字阅读部分是对正文的阐释或适当的补充与扩展，起到串联线索、帮助理解正文和开阔视野的作用，不作考核要求。

——课文中设教学插入语，或概括、提示重点，或启发性设问，调动学生主动参与的积极性。

——单独设“综合探究”活动课，作为对本单元学习主题的深入探讨与拓展，有的还起到勾连有关单元、贯通古今中外的作用。例如在“西方近代科技”之后设《破解“李约瑟难题”》探究课，自然和前面“中国古代科技”部分连接起来。常规课正文后根据情况分别设“知识链接”、“阅读与思考”、“解析与探究”、“自我测评”、

“活动建议”等环节，引导学生参与历史习作、历史制作、历史调查和历史探究，锻炼和提高学生历史思维、语言文字表达、收集和处理历史信息的能力，以及综合运用历史知识、创造性地分析和解决现实问题的实践能力。

在课文结构编排与教材使用方面，力求体现以下三个特点：

1. 学科特点和学习方式内在统一的单元课目设置

教材不刻意追求历史学科体系的完整性，但这并不意味课目的设置可以随意倒置年代，或简单按时序远近堆积罗列，成为杂乱无序的断烂朝报。学习与研究历史毕竟不能脱离历史总体流变的宏观视野，研究历史的能力也包括高中历史课标所要求的“深入地了解历史发展的基本线索”、“初步认识人类社会发展的基本规律”的能力。在扭转过于细碎繁琐、面面俱到偏失的前提下，“通史”的传统仍应坚持。新教材单元课目的设置，建立在对不同时代人类社会发展进程和对中外历史发展道路特点、类型异同的把握之上，努力使丰富多彩而又零散杂乱的历史事象贯通一气，使历史主线更加清晰，体现出对人类历史发展脉络流变规律和中外互动异同的认识。学生在对各课逐次认知的基础上，加深对本单元主题的认识，并进而加深对本册历史主题的理解。而这种体现历史学科特点的单元课目设置，同时又以“学习主题”的方式呈现，有利于体现课程改革的理念。总之，历史学科特点和学习主题内在统一的单元课目有机组合，是兼顾历史学科时空特点和促进学生转变学习方式的可行方案。

2. 提升课文辅助系统的地位与功能

所设辅助板块并非聊备一格的点缀，而是千方百计激活思维、调动学生主动探究积极性的重要手段，旨在转变传统教学模式，为更好地培养学生各种能力以及培养主动学习探究历史的浓厚兴趣开辟新的途径。辅助系统注意选择与现实生活联系的内容，强调由当今切入，并鼓励学生察往知来，展望未来发展趋向，体现历史与现实、将来的双向沟通。用生动细节描述补充正文的“阅读与思考”以及引导学生探索历史奥秘的“解析与探究”一定会受到学生的欢迎。在学生兴致盎然的状态下，阅读与思考辅助系统的内容，将不再是负担。

辅助系统中的部分“阅读与思考”、“解析与探究”与“综合探究”活动课，适当增加思考与探究的力度，力争做到“深入浅出”，即起点高、视野宽，但探究过程与落点要照顾学生实际水平。对于一些在学术界尚属“难题”的问题，并不要求做出完美的答案，不求“定于一尊”；而是鼓励关注、鼓励思考、鼓励参与，期望从探究中获得有益的启示，凡有一得之见，都应给予充分的肯定。总之，重在为转变传统教学模式开辟新的路径，以更好地培养学生前述各种能力，包括“倾听、交流、协作、分享”的合作意识和交往技能、创造性地运用历史文化知识解决现实问题的能力以及主动探究历史的浓厚兴趣，进而加强报效祖国、献身全人类的历史责任感、使命感。

将辅助系统提升为与正课紧密、有机结合的“读本”，有利于提高学生的兴趣和拓展主动探究的空间。教师因此可以有更大余地针对不同学生的具体情况因材施教；同时也为对历史学习有兴趣的学生的进一步发展提供条件，有利于学生个性的发展。

从整体上看，强化辅助系统的地位与功能，有助于将课程目标要求的“知识与能力”、“过程与方法”、“情感态度与价值观”三方面相互交融、渗透为连续过程和有机整体。

3. 强化史料解析、探究的功能

现行教材在课文中和课文后辅助系统引用史料，多半是对课文观点的说明与补充，这固然起到了加强历史亲近感、真实感、认同感的作用，但多少还带有一些论证预设观点的“灌输式”痕印。新教材在确保课文线索流畅、重点突出的前提下，可适当增加史料比例。史料选编的范围包含文物图片、原始文献、后人的记述以及当代学者的研究成果（包括互相矛盾的资料和与教材不同的观点），引导学生对史料进行辨析、解读，探究历史真相，做出评价和解释，从而使学生增强证据意识、问题意识、探究意识以及逻辑推理、思维和理论分析的能力。历史学习不再是机械的记忆、复述，而是通过独立思考、主动探究，加深对历史本质的认识和掌握探究历史的方法的过程。

文物图片本身含有大量的历史信息，是教科书不应忽略的真实、具体、生动的资源。更多配置相关时代的文物图片，将文物图片提升到与正文相辉映的地位，可为学生营造图文互动的立体阅读空间。只要具备相关的历史知识和敏锐的历史洞察力，便能通过这些文物图片真切感受古代、近代、异域社会的多种信息，进入特定的历史情境。如古人观《清明上河图》所述："恍然如入汴京，置身流水游龙间，但少尘土扑面耳。"

当前世界各国在历史教材编写实践中百花齐放，涌现了许多新创造、新观念、新理论和新方法，形成了面向新世纪的教材改革浪潮。总体来看，帮助学生认识历史整体发展的时序与规律，培养分析、解释、研究历史的能力，把被动灌输的教本变为主动探究的读本，已成为各国认同的趋向。问题在于，要加强横切面微观研讨，就难免影响纵向表述的流畅；而注重时空的系统关联，又多少妨碍微观探究能力的培养，横竖难以兼顾。本文提供的将宏观时空整合的框架结构、单元课目设置与提升辅助系统和史料功能、地位的设计相结合的对策，将为解决这一两难困境，全面贯彻高中历史课标倡导的"充分发挥学生的主动性、积极性与参与性，培养探究历史问题的能力和实事求是的科学态度，提高创新意识的实践能力"的理念，提供一个有效的、可供操作的平台。

需要说明的是，本文只是对高中历史课标格局下教材建设的思考，并不涉及对高中历史课标本身及初高中课程衔接的评价。目前高中历史课程的"专题史"体系，只是在对总体历史有相当了解的前提下才具有合理性。而初中的历史教学显然还远不足以提供对这种古今中外混编专题史学习的支撑。这或许是本次课改一个不容忽略的误区，亟待在实践中认真研究解决，以确保新一轮课改健康深入地发展。

参考文献:

[1] 恩格斯:《家庭、私有制和国家的起源》。《马克思恩格斯选集》第4卷，人民出版社，1995年第2版。

[2] 马克思:《资本论》第3卷。人民出版社，1975年。

[3] 马克思:《哲学的贫困》。《马克思恩格斯全集》第4卷，人民出版社，1975年。

[4]《马克思恩格斯全集》第19卷，人民出版社，1975年。

(原载《历史教学》2004年第8期)

后　记

本书的写作与参与编纂《中国大通史》的经历密不可分。

1994年秋，我的学生、原国际文化出版公司蔡翔提出要站在世纪之交的高度，组织编写一部不再以论代史、不再以阶级斗争和农民战争为主线的大型通俗读物《中国大通史》。我自感才疏学浅推辞未就，但在力荐一些“大家”担纲未能如愿的情况下又心存侥幸，以为“通俗读物”的编写定位或许难度不会太大，遂勉为其难草拟了一份《编纂创意与框架创计》（参见附录一），并邀集社科院历史研究所商传、《历史研究》杂志王和以及我的北师大历史系同事赵世瑜共襄此举。中共中央党校出版社雷厉风行，接到《创意》仅一周即表示全力支持，拨款启动。

投身其中之后，才深感即使是“通俗”读物，同样在理论把握和呈现方式等方方面面存在大量难题，可谓举步维艰。此后近一年的时间，四位主编“如履薄冰，如临深渊”，几乎每周都要聚在一起反复研讨理论框架，落实体例设计的编、章、节、细目，编制各类样稿。与此同时延请分卷主编，组织编写队伍。除编委会外，还成立以时任中国史学会会长戴逸为首的学术委员会和以中央党校副秘书长赵广、新闻出版署闫晓宏为首的工作委员会。1995年6月正式召开学术委员会、编委会“两会”（参见附录二），编写工作全面铺开。

各项工作就绪后，中央党校出版社因此项工程规模超过预期，影响到日常业务的周转，出版事宜转由以广州市委宣传部和广州报业集团为后盾的广州出版社接替。广州出版社社长兼总编辑黎小江亲自主抓，并在北京专设工作室运作。该书还被列入国家出版总署“九五重点图书出版项目”。此后数年间编写工作风生水起，多数分卷陆续交稿，经曾任《中国社会科学》和《历史研究》总编、副总编的徐仲勉、李伯昆、蓝永蔚、宋德金、高世瑜等资深专家审稿，修改补正后排出清样。

天有不测风云，跨入21世纪不久，鼎力支持大通史项目、时有“中国报业第一人”之称的广州市原市委宣传部部长兼报业集团董事长因故“双规”落马，黎总也调任市体育局党组书记兼局长。失去市委宣传部和报业集团支持的广州出版社无力且不便继续运作，但在投入大量精力并已支付半数稿酬即将大功告成之际又不舍轻易放弃。这种进退两难的状态延续了将近十年之久。直至2009年方经新闻出版总署孔德龙等斡旋，转由学苑出版社接替。

停摆十年之后重新启动的艰难远超预期。不但史学界十年间在理念、方法和研究成果方面焕然一新，许多内容需要吸纳更新；就是原有的清样甚至有的分册部分或全部手稿也迷失不存。孟白先生为首的学苑出版社的高度重视和深度介入，对一度“濒危”的书稿最终得以面世发挥了至关重要的作用。

为了确保全书质量并避免迁延过久再度“烂尾”，编委会和出版社商定，各分册“人物编”部分因质量参差不齐暂时撤出，俟整体达标后单独出版。“纲目主线”部分系后期统一组织编制，与各分册相关内容难以榫合，也改为单独成书。原计划首册为《导论·纲要》，其中“纲要”的主体部分业已先行出版（曹大为、孙燕京：《中国历史》，五洲传播出版社2010年1月中、英、法、西班牙、阿拉伯及多种小语种文字同时出版）；“导论”部分则因结构调整导致有的论述显得文不对题，且体量不足以单独成册，于是索性将首册浓缩成一篇长序列于《史前》册之前。编委会和出版社一致认为这种拆分调整是相对明智可行的方案，尽管不能一次性整体出版难免会在展现大通史全貌及精髓方面带来一些缺憾。笔者在总主编中分工负责《导论·纲要》册编务，调整出版计划之际已写成部分章节初稿。继续完成“导论”的写作，冠之以“建构中国通史：理论·中国路径·体例”书名另行出版，当可完整展现“大通史”思路构想，也算是在理论和体例设计方面对建构中国通史做出的探索。

出版本书的另一个考虑是想借此与中学历史教学界师生分享交流。我自2001年起先后为国家“义务教育历史课程标准研制组”主编了七年级上、下两册《历史》教材，为人民教育出版社主编了八年级上、下两册《历史与社会》教材，并与赵世瑜共同担任岳麓书社出版的全套九册《普通高中课程标准实验教科书·历史》总主编。此外还曾参与一些与高考命题相关的工作。期间深切感受到无论建构中国大通史还是编写中学教材，其实在理念、视野、方法等方面都一脉相通。或者说本书探讨建构中国通史所涉及的诸多问题，正是中学历史教学关注的热点和焦点，都不同程度融入历史教材编写之中。希望本书能够为中学教师了解动态、拓展视野、更新观念提供参考，以此为推进课改克尽一份绵薄之力。

本书的核心部分都曾在大通史总主编之间反复切磋琢磨，其中体例框架中的编、章、节、细目系由几位总主编分别执笔草拟。总主编之间在一些具体问题上的看法不可能也没必要完全一致，重要的是，通过探讨辩驳方能互相启发、深化认识，对重大问题达成共识。总主编中商传现任中国明史学会会长，王和从《历史研究》副总编岗位退休后就任北师大历史学院“985”特聘教授，赵世瑜先后入选国家

“跨世纪人才”、“百千万工程人才”，现为北京大学历史学系教授。总策划蔡翔现任中国传媒大学副校长。在大家合作过程中，他们的视野、学识和治学精神使我深受教益。

本书的有些片段是在以往相关文章基础上写成，其时有些注释未能尽合今日规范。鉴于本书不过是关于建构中国通史方面若干思考的论稿以及一些相关的材料，部分古文献方面的注释就一仍其旧，不再一一规整补正了。特请读者曲谅。

图书在版编目(CIP)数据

建构中国通史:理论·中国路径·体例/曹大为著.—长沙:岳麓书社,2017.1(2024.9重印)
ISBN 978-7-5538-0690-7

Ⅰ.①建... Ⅱ.①曹... Ⅲ.①中国历史—研究
Ⅳ.①K207

中国版本图书馆 CIP 数据核字(2016)第 250386 号

JIANGOU ZHONGGUO TONGSHI LILUN ZHONGGUO LUJING TILI

建构中国通史:理论·中国路径·体例

作　　者:曹大为
责任编辑:李伏媛
责任校对:舒　舍
封面设计:刘　娟

岳麓书社出版发行
地址:湖南省长沙市爱民路 47 号
直销电话:0731—88804152　88885616
邮编:410006
岳麓书社网址:www.yueluhistory.com

2017 年 1 月第 1 版　　2024 年 9 月第 2 次印刷
开本:890×1240　1/32
印张:9
字数:242 千字
ISBN 978-7-5538-0690-7
定价:78.00 元

承印:唐山楠萍印务有限公司

如有印装质量问题,请与本社印务部联系
电话:0731—88884129